Júlio Maria

palavra cruzada

o jogo da entrevista

SEOMAN

© Editora Seoman - Todos os direitos reservados

Coordenação Editorial MANOEL LAUAND

Capa e Projeto Gráfico GABRIELA GUENTHER

Dados Internacionais de Catalogação na Publicação (CIP)

Maria, Júlio
   Palavra Cruzada: o jogo da entrevista / Júlio Maria
– São Paulo : Seoman, 2007.
ISBN 85-98903-07-8

1. Entrevistas - Coletânea 2. Jornalismo 3. Brasil I. Título

CDD - 070.92

EDITORA SEOMAN
Rua Pamplona, 1465 - cj. 72 - Jd. Paulista
São Paulo - SP - Cep 01405-002
F: (11) 3057-3502
info@seoman.com.br
www.seoman.com.br

Todos os direitos reservados e protegidos pela Lei 9.610/98.
é proibida e reprodução total ou parcial sem a expressa anuência da editora.

Foi feito depósito legal.

Agradecimentos

Ao pai Josias, pela sabedoria, e à mãe Ângela, pelo amor. Uma vida toda de estudos não ensinaria o que se aprende com vocês.
Ao meu pequeno Du, pelos olhinhos curiosos.
Ao amor de minha mulher Daniela Tófoli, co-autora de cada entrevista.
Aos editores do Jornal da Tarde, Ilan Kow e Felipe Machado, pela confiança de sempre.
À Mônica Maia, editora de fotografia da Agência Estado.
Madá, Rubens, Adalto e Aldemir, pelas consultas no arquivo.
Aos motoristas do Grupo Estado, que garantiram a pontualidade de todas as entrevistas.
E aos brilhantes fotógrafos, que souberam congelar o espírito de cada entrevistado.

Para Dani, com todo meu amor

Sumário

Adriane Galisteu
Estilingue contra canhão 17

Amado Batista
O enigma do feio 23

Antônio Fagundes
Acertando os ponteiros 29

Arnaldo Jabor
"Arrogante não. Sou provocador" 34

Baby do Brasil
Sem pecado e sem juízo 39

Beth Carvalho
Samba, suor e Hugo Chávez 45

Carla Perez
A revolução É o Tchan 50

Casagrande
A Seleção só tem a perder 57

Cauby Peixoto
A voz e o marketing 63

Chico Anysio
"Não sei mais quem procurar" 69

Cid Moreira
"Não gosto da minha voz" 77

Clodovil
Brasília que se cuide 83

Dercy Gonçalves
"Sou um retrato da esculhambação do país" 89

Dinho Ouro Preto
Sem medo de Renato Russo 95

Erasmo Carlos
Uma história de arromba 101

Fábio Jr
Porta-voz de alienígenas 107

Fernanda Torres
Quanto mais conflito melhor 114

Fernando Henrique Cardoso
"Político que não é ator não transmite nada" 119

Fernando Morais
O contador de histórias reais 126

Francisco Cuoco
A hora da verdade 133

Gilberto Gil
"Deus é invenção dos Homens" 138

Glória Menezes
"Por que o povo não vai mais ao teatro?" 146

Jorge Benjor
Fazendo música, jogando bola 151

J.R. Durán
Fotógrafo de fantasias 157

Luciana Gimenez
A vingança de Gimenez 164

Luciana Vendramini
Flores depois do inferno 170

Luciano
De É o Amor a Dostoievski 176

Luciano Huck
"Minha origem foi maquiada" 182

Luiza Brunet
Sobrevivente das passarelas 187

Maitê Proença
"Vou criar cabras em Cariri" 193

Mano Brown
"Não acredito em líderes. Só acredito em pessoas" 198

Manoel Poladian
"Por dinheiro faço qualquer negócio" 204

Marcelo Yuka
"A música está me salvando" 210

Marco Nanini
Sorrir para não surtar 216

Marília Gabriela
A angústia da rotina 222

Mauricio de Sousa
Hora de virar gente grande 227

Milton Neves
O ódio que dá audiência 233

MV Bill
Por dentro da Cidade de Deus 238

Ney Matogrosso
"Não quero ser um estandarte gay" 243

Odair José
"A Igreja me excomungou. E nada mudou na minha vida" 250

Paulo Autran
Visitando senhor Paulo Autran 255

Paulo Coelho
Só falta mudar o mundo **261**

Raul Cortez
"Sabia que não iria morrer" **267**

Raul Gil
O incansável caça-talentos **273**

Rita Cadillac
"Deveriam me levar para negociar com o Marcola" **280**

Rodolfo Abrantes
"Eu era usado pelo diabo. Agora sou usado por Deus" **286**

Ronnie Von
Sempre na contramão **291**

Sérgio Reis
"Como virei cantor sertanejo? Mistério não se discute" **298**

Sidney Magal
"Muito medo de ficar ridículo" **303**

Zeca Camargo
A espinhosa arte de fazer a pergunta certa **309**

o jogo da entrevista

GILBERTO GIL PARECIA UM HOMEM INATINGÍVEL. Suas roupas brancas o faziam uma entidade de corpo blindado e seus olhos sempre muito perto das sobrancelhas reforçavam a autoridade de um Ministro da Cultura empossado havia poucos meses. Fechado em uma sala de sua produtora, no Rio de Janeiro, Gil recebia poucos jornalistas, um a um, para falar como músico, não como político. Estava lançando um CD chamado *Eletroacústico*, o primeiro depois de migrar para Brasília. E tinha pouco tempo. Vinte minutos para cada repórter, cronometrados pelo relógio e pela impaciência de seus assessores.

O homem que parecia de pedra, por algum motivo, ruiu. Falou sobre sua missão como ministro, criticou a geração da filha Preta Gil, reforçou seu ceticismo quanto à existência de Deus e pensou sobre algo que pode ter sido o clímax daquela conversa que já durava quase 50 minutos. Sobre o fato de fazer sempre discursos tão prolixos, disse o ministro da Cultura em tom de confissão: "Eu não tenho uma inteligência muito ágil. O domínio preciso do vocabulário requer uma inteligência ágil, e eu não domino o vocabulário."

Um ano depois, em São Paulo, cenário e personagem são outros. Sentado no camarim do Teatro Cultura Artística, o ator Antônio Fagundes parecia a mais vulnerável das criaturas. Gentil, estava ali para falar sobre a peça *As Mulheres da Minha Vida*, de Neil Simon, lançada por ele havia poucas semanas. Sem assessores de imprensa para controlar o tempo, tudo parecia estar a favor do entrevistador, pronto a voltar para a redação com declarações inéditas e pensatas excitantes de um dos rostos mais conhecidos do País.

O homem que parecia de neve, por algum motivo, se converteu em uma muralha. Fagundes desconfiou do repórter, suspeitou de suas intenções, acreditou que estava ali diante de alguém à procura de declarações dúbias. Vinte minutos e a entrevista de colocações frias estava encerrada. Nenhuma resposta e nenhuma pergunta além do que já havia saído em outros jornais. O jogo da entrevista havia chegado ao final, com uma derrota humilhante para o repórter.

Arte para os românticos, guerra para os céticos, entrevista jornalística é, antes, um jogo. Perto de fazer a de número 100 para a seção Palavra Cruzada do Jornal da Tarde, publicada semanalmente desde outubro de 2004, sempre com um nome da área cultural, comecei a perceber suas regras com mais clareza. Uma disputa psicológica resultava em 'vitória' do entrevistado quando ele havia dito só o que gostaria de dizer. E em 'vitória' do entrevistador quando este havia feito seu interlocutor dizer também o que ele não pensou que diria.

Há reações que se repetem com uma exatidão quase matemática. A sambista Beth Carvalho disse exaltada que a jovem guarda foi uma tragédia na música brasileira motivada pelo mesmo tipo de impulso, que passei a chamar de 'choque', que fez o escritor Paulo Coelho se impacientar e considerar pouco importante algumas regras da língua portuguesa. O cantor Fábio Jr. discorreu sobre seus contatos com seres extraterrestres envolvido pela mesma sensação, a segurança, que motivou o humorista Chico Anysio a desabafar contra a patroa Rede Globo e o ator Raul Cortez a falar sobre a suposta cura de sua doença (a mesma que lamentavelmente o levaria sete meses depois). Uma palavra mal-usada, uma pergunta malfeita ou uma postura arrogante do repórter e a entrevista se vai. O sertanejo Sérgio Reis voltou atrás em uma declaração-bomba sobre Roberto Carlos ao sentir o mesmo tipo de ruído no ar que sentiu o fotógrafo JR Durán ao se negar a falar sobre as inúmeras mulheres que fotografou para a revista *Playboy*. Algo aconteceu para que eles não confiassem o bastante no repórter a ponto de fazer tais declarações.

O jogo da entrevista tem início no momento em que o entrevistado se aproxima para o cumprimento. São segundos em que se ganha ou se perde pontos valiosos. O olho no olho, a mão e a voz firmes e um sorriso simpático derretem a geleira de uma celebridade. A irritação e a pressa fazem com que adotem a estratégia de defesa antes mesmo da primeira pergunta. Ao olhar nos olhos da apresentadora Luciana Gimenez, eu estava irritado por ter esperado em sua sala de estar por quase duas horas enquanto ela se maquiava. De alguma forma aquela irritação transpareceu. Depois de pedir ressabiada para que sua assessora também gravasse a entrevista, Gimenez levou tempo demais para se soltar.

Ao abordar o cantor e compositor Jorge Benjor às três da manhã no camarim da casa de shows Credicard Hall, de São Paulo, logo após uma longa apresentação, eu estava desgastado por um dia de trabalho e pela espera no corredor em frente a seu camarim. Havia aprendido a importância da perseverança do sorriso e da gentileza, mas o desafio ali seria outro. A entrevista estava preparada para durar o mínimo de 50 minutos, conforme combinado com o escritório do cantor. Aos quinze minutos de conversa, no entanto, fui informado por sua assessora de imprensa de que deveria fazer a última pergunta. E meu trabalho pareceu ruir antes mesmo de começar.

Quinze minutos só valem para o 'aquecimento', para que o repórter convença o artista de que tem boas intenções e um interesse profundo por seu trabalho, não por sua vida particular. As perguntas aqui devem ser brandas, simpáticas. Não se começa uma entrevista com um chute na porta do entrevistado. Ele só vai abri-la depois de se convencer de que não está diante de um abutre. E fará isso lentamente, quando perceber que aquele estranho à sua frente, com um gravador e um bloco de anotações nas mãos, pesquisou muito sobre sua vida.

O jogo começa com o repórter e o entrevistado pisando sobre um campo minado. Um está apreensivo por saber que assuntos polêmicos sobre os quais ele não gostaria de falar virão. O outro o rodeia à espera do momento certo para o bote. Nunca vi um bote funcionar antes dos 20 minutos de 'aquecimento'. Só consegui perguntar a Cid Moreira sobre a censura no Jornal Nacional durante os anos de ditadura, respondida ainda assim com muita cautela, depois de falarmos por mais de meia hora a respeito dos CDs bíblicos que ele lançava naquela ocasião.

A pressa da assessora de Jorge Benjor naquela madrugada fria me ensinou a importância de se ter no bloco algo que passei a chamar de 'tratamento de choque'. É uma pergunta forte e pretensamente bem elaborada, de tom introspectivo, que provavelmente ninguém havia feito antes e que fará o entrevistado mergulhar dentro de si em busca da resposta certa. E perguntas bem elaboradas trazem respostas bem pensadas. O 'choque' passou a ter duas funções: 1) Atrair a atenção de um entrevistado que não lhe dá a mínima. 2) Fazer com que assessores de imprensa se sintam constrangidos em pedir para que a entrevista acabe.

O 'tratamento de choque' a Benjor saiu no momento em que sua assessora se aproximava decidida a encerrar a conversa. Antes que falasse algo, disparei no desespero: "O senhor seria músico se não existisse futebol?" Benjor fez uma longa pausa e sua assessora não disse o que ameaçou que iria dizer. "Eu seria mas... Não sei... Eu seria músico mas sem a alegria que tenho quando falo desse esporte." A entrevista durou mais 40 minutos. Assisti a um dos melhores 'choques' em um documentário feito por Martin Scorcese sobre a vida de Bob Dylan. Dylan odiava entrevistas por sentir-se pressionado. Sua saída era desdenhar dos repórteres e ridicularizar as perguntas. Até que um americano o questionou: "O senhor acredita no que canta?" Furioso, ele não pôde mais continuar ignorando os jornalistas.

O silêncio é o coração da entrevista. É dele que saem as respostas da alma. Só fui entender isso quando transcrevia algumas fitas de entrevistas. Mais do que a frustração com as perguntas que não fiz, percebi quantas boas respostas havia perdido por uma única razão: eu é quem preenchia os espaços vazios com novas perguntas. Controlar a ansiedade e deixar os vácuos das respostas para o entrevistado ocupar até que esgote seu pensamento passou a ser outra estratégia. Pensando assim, fui uma tarde para a casa do ator Raul Cortez, em São Paulo. Seria uma entrevista importante, a primeira que ele concederia a um jornal depois de ter tido a informação de seus médicos de que estava praticamente curado de um câncer. Creio que aquela conversa só deu certo porque as pausas, ainda que emocionadas, foram preenchidas por ele.

Mais do que uma sucessão de perguntas e respostas, entrevista também existe naquilo que não é palavra. É um objeto, uma mania, uma roupa ou uma cena paralela que, rendendo perguntas ou não, refletem traços da personalidade do entrevistado. Se o escritor Fernando Morais escreve o capítulo de um novo livro no momento em que o repórter chega para a entrevista, nada impede de se perguntar o que é que ele estava escrevendo. Se os fãs de Cauby Peixoto gritam na porta do camarim para que ele os atenda durante a conversa, isso é dado jornalístico. Se o ex-presidente Fernando Henrique Cardoso pede ao repórter que não o chame de doutor, também é dado jornalístico.

As entrevistas com Clodovil e com Baby do Brasil renderam cenas paralelas interessantes. A primeira, com Clodovil esbravejando com sua empregada, publiquei. A segunda, de Baby 'abençoando' o repórter em pleno Aeroporto de Congonhas, só conto aqui. Marquei encontro com Baby em um restaurante do Aeroporto, em São Paulo. Ela apareceu no horário marcado e me recebeu simpática para falar, entre outras coisas, da forma como suas convicções religiosas haviam interferido em sua carreira e em sua vida pessoal.

O aeroporto estava cheio e algumas pessoas pediam para tirar fotos com Baby. Comentei com sua assessora, enquanto nos despedíamos, que sentia dores nas costas naquela manhã. Baby ouviu. Se aproximou e disse que me daria ali mesmo uma espécie de 'bênção'. Segurou em minhas costas, olhou para baixo e disse palavras que não entendi. Então me abraçou pela frente e pediu que repetisse com ela uma série de frases como: 'Poder de Jesus, tire isso de mim'. Fui para o trabalho e, um dia depois, tive o diagnóstico de pneumonia. Não publiquei a história porque, embora refletisse um traço forte da personalidade de uma artista importante, poderia ser mal interpretada. Senti que não precisava chegar a tanto. O jogo com Baby, àquela altura do campeonato, já estava ganho.

Adriane Galisteu

Estilingue contra canhão

(20/02/2006)

Aos 32 anos, Adriane Galisteu caminha sob o fogo cruzado como uma especialista. O caso com Ayrton Senna rendeu-lhe acusações pesadas e seus rivais nunca acreditaram em sua carreira. Há nove anos na TV, ela vive seu momento profissional mais dramático. O patrão, Silvio Santos, não lhe dá a mínima

> **Estou desgastada no SBT porque procurei o melhor e não porque pedi frescuras como um camarim maior**

> **Tenho um patrão que faz o que eu faço, é o maior comunicador do País. Não vou entrar no ringue contra Mike Tyson**

> **Fui a viúva do cara mais amado do País. Eu era isso, aquilo, uma oportunista. Não tinha nome nem identidade**

Você está feliz?
Fiz um pacto. Prometi a mim mesma que, no auge de minhas crises, não iria cair. Eu tenho um pacto com a felicidade. Quando começo a achar que estou exagerando na dose de tristeza, de baixo astral, paro para lembrar de onde vim, o que passei e tudo fica menor. Amo o que faço, minha casa, minha mãe, meus amigos, gosto dos mistérios da vida. Quando a câmera abre e eu pego o microfone, entrevisto o Roberto Carlos, o presidente da República ou o cara que vende coco aqui na esquina da mesma forma porque garanto, agora mais do que nunca, que tenho um amor profundo por aquilo que faço.

Falar do passado para responder se está feliz, no fundo, é sinal de que há um problema.
Sempre tem alguém em situação pior, temos a mania de achar que nossos problemas são os grandes problemas. Você quer dizer que estou passando por algo específico?

Uma garota consegue ser apresentadora de televisão até que seu espaço, conseguido em nove anos e a duras penas, é reduzido, sua audiência despenca e seu programa vai parar em um dos piores horários da TV, sábado à noite. O que está errado?
Isso está me fazendo crescer, estou aprendendo a lidar com uma filosofia de uma emissora que é completamente diferente de tudo o que eu já vi. Não queira comparar a filosofia do SBT com a de nenhuma outra. Eu cumpri quase um ano de programa diário em um horário que não me fazia feliz (às tardes) e em um formato que eu dizia que não era o ideal da minha vida. Fui reivindicar um horário melhor e um programa noturno e semanal. Minha vontade de ir para um programa semanal era única e exclusivamente por qualidade. É difícil ter qualidade em um programa diário, é meio pastelaria. Sei da matéria da revista *Veja* (há duas semanas a *Veja* publicou uma matéria sobre a queda de audiência do programa *Charme*, de Galisteu. Na matéria, Silvio Santos diz que a apresentadora "reclama muito"). Eu tomei um susto.

Por que seu programa foi parar nas noites de sábado?
Não sei. Eu fui comunicada não pelo Silvio, mas pelo Nilton Travesso, meu diretor. Quando vi, pensei: 'O que vou fazer nesse horário? Em cima da novela? Como vai ser? Bem, vou tentar'. Agora, quando vou muito bem, dou 4 pontos mas todo mundo vibra porque o inimigo (Globo) dá 60. É um estilingue contra um canhão. Se eu aumentar meu decote ou diminuir a saia não muda. Foi uma mudança drástica e o programa está ruim. O Ibope está muito ruim. Não está funcionando, mas está lá, tem patrocinador.

Isso é refletido na qualidade do programa?
O mais difícil para eu entender no SBT foi que não podia colocar o dedo na produção, algo que eu não estava acostumada. É uma comodidade ser só apresentadora. Você pega seu carro, chega na emissora, apresenta seu programa

e vai embora. Dou o meu melhor sempre, mas não participar da alma do programa, não poder criar... Quando vi que não poderia nem tentar, que não tinha essa opção... Foi um aprendizado para mim... Foi difícil entender que isso não fazia diferença para o SBT. Achei que estava indo para lá para isso, entendi tudo errado mesmo. Em casa, minhas idéias estão no papel. Tudo em que eu acredito está no papel. Quero escrever um livro para falar da mulher de 30 anos e voltar para o teatro. Acabei de receber um convite para fazer uma peça do Antônio Ermírio de Moraes. Vou me dedicar a essas coisas enquanto não posso exercer o que eu sei que poderia fazer na televisão.

Quais suas reivindicações?
Minhas maiores reivindicações eram: 'Deixa eu contratar mais gente, deixa eu ter uma equipe de jornalismo, quero fazer link ao vivo, quero poder fazer uma matéria fora, quero trazer conteúdo para o programa'.

Será que isso interessa ao SBT, uma emissora em que Chaves dá 14 pontos de audiência?
Sim, mas eu não sabia que não interessava quando cheguei lá. Só percebi que me desgastei com isso quando vi a matéria da *Veja*. Quando percebi o conteúdo da matéria, falei: 'Estou desgastada porque procurei o melhor'. Não me desgastei porque queria um camarim maior, ou alguma frescura. Não tenho isso, gosto do que faço, mas nunca imaginei que tivesse essa imagem, que o que pedia fosse entendido como reclamações. Realmente fui mal entendida e compreendi mal a filosofia da empresa, demorou para cair minha ficha. O que tenho de fazer, pelo menos por enquanto, é cumprir minha obrigação. Não vou reivindicar nada melhor. Quando meu funcionário vem me sugerir coisas para o bem do escritório, não encaro aquilo como uma reclamação. Se ele precisa de um computador, não penso duas vezes. E ao mesmo tempo tenho um patrão que tem a mesma função que eu, é o maior comunicador desse país. Não vou entrar no ringue contra o Mike Tyson. Sou o lado fraco da corda.

Quanto tempo levou para você saber que queria ser apresentadora de televisão?
Aos nove anos eu era uma menina que ia para a escola, fazia a lição de casa, aprendia a rezar com a avó. Um dia disse a minha mãe que queria aparecer na TV por causa de uma amiga e perturbei ela até me levar a uma agência de modelos infantis. Fiz o book e comecei a fazer testes. Tinha de pegar três ônibus. Quando tomava um não, olhava para minha mãe e pensava: 'Ela saiu de casa, pegou três ônibus e está aqui, meu Deus'. Eu tinha tudo para desistir. Fui trabalhar meio período em uma loja, ganhava meu dinheiro. Meu pai adoeceu, meu irmão adoeceu (morreu de AIDS nos anos 90) e ajudar em casa começou a ser obrigação. Eu não tirava da cabeça que queria ser apresentadora. Só não sabia o caminho das pedras.

Seu namoro com Ayrton Senna foi considerado por muitos como sua descoberta do caminho das pedras.

A chegada do Ayrton na minha vida foi como um.... Eu estava trabalhando quando o conheci, foi inesperado. Não fui ali para conquistar o Ayrton ou porque olhava para ele e achava que um dia teria uma chance. Só pensava em pagar minhas contas e ajudar minha mãe, pagar as contas e ajudar minha mãe. Não prestava atenção em volta e não via nenhum glamour naquilo. Fiz um comercial quando só tinha dois meses de namoro com o Ayrton, ninguém sabia. E o tempo todo achava que não estava namorando ele, esperava um pé na bunda todos os dias. Até que um dia ele me pediu em namoro para minha mãe, dentro da minha casa, lá na Lapa. Aí, não acreditei. Bem, fui para Bahamas fazer um comercial e ele foi me levar ao aeroporto. Ele foi de casa até o Aeroporto de Cumbica falando na minha orelha que era melhor eu não ir, que seria um absurdo, que ele tinha poucos dias no Brasil, que iria começar o campeonato de Fórmula 1, e que eu tinha de segui-lo se quisesse namorar com ele. Aquilo me assustou. Eu amava o que fazia, tinha um prazer enorme de fazer um comercial nem que fosse para aparecer meio cabelo. Eu gostava daquilo. Aí ele disse: 'Se você me der uma chance, eu te proporciono o quanto você ganha. Se você quiser namorar comigo, vai ter de parar de trabalhar.'

E você parou?
Era a hora de decidir. Quando trabalhava muito ganhava R$ 4 mil. Bem, voltei e falei: 'Decidi Ayrton, vou namorar com você'. Abri mão do trabalho e fui viajar com ele. Quis contar esta história para dizer que eu tinha meu sustento, trabalhava com isso, já era meu ganha-pão. E parei com isso para ficar ao lado dele. Ele me dava um dinheiro que não era diferente do que eu ganhava. Não me dava R$ 20 mil, R$ 30 mil, me dava R$ 4,5 mil por mês, para pagar as contas da minha mãe. Diziam que eu recebia mesada, mas nunca ganhei mesada, ganhei meu sustento, que seria o que eu ganharia se estivesse trabalhando em um mês bom. Ele nunca me deu nada a mais porque eu não quis. Eu tinha muito medo de que achassem que estava ao lado dele por ele ser quem era. Muito medo. Eu me lembro como se fosse hoje uma coisa que nunca contei a ninguém. Estávamos em Londres, eu e ele, e minha mãe passava por um baita problema com meu irmão no Brasil, que era viciado em drogas e que, no auge do desespero, precisava do dinheiro porque aquele vício era um buraco sem fundo. O Ayrton sabia disso, eu contava tudo. Um dia ele saiu para treinar bem cedo, enquanto eu dormia. Quando acordei, olhei em cima da televisão do quarto do hotel e vi um bolo de dinheiro, mas juro que era uma pilha de dólares dessa altura assim. E embaixo do dinheiro havia uma carta que guardo até hoje: 'Eu acho que dá para você ir comer no Mc Donalds e mandar o que sobrar pelo correio para a sua mãe. A gente se fala depois.' Eu não consegui pegar um dólar. Naquele momento, aquele dinheiro salvaria minha vida, mas não peguei. Quando ele voltou, ficou arrasado ao ver o dinheiro lá. Eu disse a ele: 'Não estou pegando este dinheiro, não é porque não precise dele, mas não vou ser feliz assim, não vou conseguir achar que isso é normal, nunca vi meu

pai aceitar dinheiro. Que fique claro, não sou essa pessoa.' Ele ficou um pouco angustiado. Eu me arrepio quando lembro daquilo. Quando ele morreu... Quando o Ayrton morreu, meu chão abriu literalmente. Ali eu perdi tudo. Engordei 11 quilos, minha calça não passava da batata da perna e eu achava que eu estava normal, até que minha mãe me olhou e perguntou o que eu tinha feito. Foi aí que fui me olhar no espelho, não havia me visto no espelho por um ano. Só pensava no livro que iria lançar para contar minha história (em 95, ela lançou o livro *Caminho das Borboletas*, sobre sua vida com o piloto). Aquilo me fez bem.

Não ficou parecendo que você queria se aproveitar?
Foi o que a crítica falou. As pessoas acham que eu enriqueci com o livro. O dinheiro que eu ganhei foi, ao todo, R$ 30 mil.

Foi aí que te chamaram...
Só um minuto, gostaria de lembrar o momento da morte do Ayrton. Eu não vou negar jamais que fiquei conhecida para o grande público depois da morte dele. Não carrego isso como um fardo, tenho o maior orgulho disso. Claro que não é a melhor maneira de ser reconhecida, por uma tragédia de um ídolo. Nem exercer minha profissão eu podia, era viúva do cara mais amado. Eu tinha uma imagem esquisita: ela é isso, é aquilo, é oportunista. Eu não tinha nem mais nome, nem identidade. Por isso digo que o que estou passando hoje é fichinha.

Os jornais publicaram que você estava ganhando muito dinheiro naquela época.
É tão patético. Só quem ganha dinheiro com livro nesse País é Paulo Coelho. O brasileiro não lê.

Não se arrependeu de ter lançado o livro?
Muito pelo contrário. Eu me arrependi por não lançá-lo em outros lugares. Tive propostas do Japão e de todos os países onde havia circuitos da Fórmula 1, mas eu tinha pudor.

Amado Batista

Vinte milhões de discos fazem uma das carreiras mais enigmáticas do País. Sem mídia e já considerado feio por sua própria gravadora, Amado Batista continua aumentando seu patrimônio com vendas e shows ininterruptos. Antes de embarcar para sua 1ª turnê nos EUA, ele implode a imagem de romântico alienado apertando um botão vermelho: "A ditadura era muito melhor"

"O Brasil era muito melhor na ditadura. Havia emprego para todos, não tinha inflação e não vivíamos essa corrupção"

"A gravadora determinou que eu era feio demais para aparecer na TV. E eu já havia vendido 1 milhão de discos"

"O que faço é MPB. Música que agrada crítico mas que não vende no país inteiro é MPR, Música Popular Regional"

Quantos discos o senhor já vendeu?
Vinte milhões.

Quantos shows faz por mês?
Uma média de dez a doze shows por mês, 120 por ano.

Com tudo isso, por que não o vemos na mídia?
Porque a grande mídia rejeita o artista popular. Você é jornalista e sabe.

Quantos amigos seus dizem que não assistem ao programa Silvio Santos?
'Quem assiste é minha empregada, minha mãe, minha tia.' Se têm vergonha do Silvio Santos, imagine o que não falam de mim. Eu não tenho que me preocupar, isso também não altera meu patamar de vendas. Quando estourei com a música *Amor Perfeito* (*No hospital, na sala de cirurgia / pela vidraça eu via / você sofrendo a sorrir / E seu sorriso / aos poucos se desfazendo / então vi você morrendo / sem poder me despedir*), disseram: 'Lá vem mais um matando não sei quem'. Não pensaram que eu havia gravado uma música que serviu como alerta para as mulheres que não faziam exames pré-natal. Muitas passaram a fazer com a música.

O que segura uma carreira que não está na mídia, que não é de um sex symbol, que não tem músicas com letras elaboradas?
Eu tenho o povo do meu lado, bicho. Eu tenho o povo do meu lado. Em uma pesquisa do *Estadão*, me parece, apareci como o primeiro da lista dos mais pirateados com 2 milhões de unidades vendidas. Imagina 2 milhões tocando nesse País?

O que o fez virar cantor?
O dom. Antes de ser cantor fui trabalhar em uma loja de discos e acabei montando minha própria lojinha, que se multiplicou em quatro. As gravadoras iam vender discos para mim e me viam tocando violão na loja. Acabou que uma gravadora pequena topou lançar meu primeiro disco.

O que sente quando é rotulado de brega?
Esse rótulo vem de pessoas que não gostam do que eu faço e falam esse tipo de coisa. Todo dicionário diz que brega é o que está em desacordo com o normal, que é de mau gosto, coisa ridícula. Usam brega para me ridicularizar.

O senhor declarou ao jornal *Correio Brasiliense*, em 1988, que era um artista que fazia a verdadeira música popular brasileira. Isso ainda é válido?
A MPB o que é? Música Popular Brasileira. Uma música que não vende, que é só uma música que a crítica gosta, é uma MPR, Música Popular Regional. Não é uma música que atinge o país. MPB é a que chega ao povo, mas o conceito de MPB é outro, sabemos disso. Quanto mais explicação temos de dar sobre uma letra, mais ela é valorizada. Essa é a incoerência do nosso país. Queremos ser primeiro mundo mas temos idéias terceiro mundistas.

O senhor já foi classificado por sua própria gravadora como 'um homem muito feio para aparecer na TV'. Como foi isso?
Eu já tinha vendido um milhão e cem mil discos quando a gravadora Continental mudou sua direção. Surgiu a determinação de que não podiam me colocar na televisão porque eu era feio e era melhor que não mostrassem minha imagem. Eu estava vendendo muitos discos sem aparecer e então era melhor que eu continuasse não aparecendo. Pensei, pô, o que seria do Tim Maia se deixassem de comprar discos de cantores 'feios'?

Neste momento batem na porta da sala onde Amado está sendo entrevistado, ao lado da redação. Um repórter pede licença para dizer que há jornalistas e funcionários esperando por autógrafos do lado de fora.

Está vendo? A imprensa gosta do senhor.
(*Risos*) Eu não tenho nenhuma obrigação de ser bonito, mas acho que o trabalho da pessoa independe dessas coisas, da beleza plástica.

Assédio como esse não faz se achar um homem bonito?
Não me acho. É a música, tenho consciência de que não tenho o estereótipo da beleza. Eles não estão aí porque sou um homem bonito.

A perseguição é só por causa da sua música?
Sim, com certeza.

Seus olhos verdes?
(*Ligeiramente vermelho*) Não, a música. A música acabou me tornando bonito. E olha que já houve fã dentro de guarda roupa, fã que caiu do teto do camarim. Enquanto eu estava fazendo show uma mulher conseguiu entrar no camarim pelo alçapão e ficou escondida lá em cima naquele teto de gesso. Quando volto ao camarim e começo a bater papo com amigos, a mulher desaba em cima da gente.

Com tantas críticas a sua música, nunca pensou em mudar de rumo?
Não, nunca. É claro que fico chateado quando vejo um comentário ruim, mas se estou vendendo tanto é porque estou fazendo bem. Se estivessem falando mal de mim e eu não estivesse vendendo nada, iria achar que estava remando contra a maré.

Nesse momento batem novamente na porta. Um fotógrafo vem lembrar que os jornalistas-fãs estão ansiosos do lado de fora.

É verdade que o senhor triplicou o valor de seu cachê para tentar fazer menos shows?
Sim, fiz isso para tentar fazer menos shows. Era uma média de 30 apresentações por mês.

Artistas como o senhor e Odair José foram considerados alienantes nos anos da ditadura militar. O taxavam como uma espécie de colaboracionista ao

regime militar pelo fato de jamais tocar em assuntos que incomodavam a ditadura. O senhor acha que realmente foi útil ao governo militar?
Eu não sou político, não tenho que me meter no governo. Vim de família humilde, mas cheguei a conhecer uns caras feras quando trabalhava em uma livraria em Goiânia que era freqüentada por todos esses comunistas e subversivos que queriam mudar o País à força. Isso eu não acho correto, acredito que temos que mudar um país pelas idéias. O pessoal que está com Lula pegou em armas para tomar o País à força. Pessoas como José Dirceu e José Genoíno fizeram parte da guerrilha. Não eram nada democráticos só que, na hora de chegarem ao poder, tiveram que usar a democracia. Eu conheci caras que tinham projetos de detonar quartéis e acabei sendo preso político por dois meses por causa de meu conhecimento com eles. Eram amigos meus e eu os deixava ler os livros proibidos na livraria que eu trabalhava.

Qual a posição política de um homem que nunca falou sobre isso em suas músicas?
Infelizmente nosso país está impregnado de corrupção. Pessoas que quiseram tomar o País com armas estão lá como ministros e fazem o contrário do que pregavam. Então começamos a perceber que a ditadura não era tão ruim assim. Não tinha inflação, havia emprego para todo mundo, quem trabalhava não tinha nada a temer. Quem tinha a temer eram os caras que queriam detonar o País.

A ditadura não é um fantasma na história do País?
Ela acabou ficando como um fantasma, mas quem viveu aqueles tempos e não foi contra o governo teve uma vivência maravilhosa. Nos chamam de massa de manobra, mas e se fôssemos massa de manobra do lado contrário? O salário mínimo era valorizado, tinha emprego para todo mundo. Nós não brigamos hoje por emprego?

E as torturas cometidas pelos militares?
Quando um ladrão entra na sua casa, o que você faz com ele? Se puder detonar ele você detona, não é? Se o cara quer tomar sua casa à força, quer tomar seu governo à força, se você puder dar uma lição nele você vai dar. É natural.

Isso justifica os métodos de tortura?
Acho que sim. Não justifica matar ninguém, isso não. Agora, em um confronto de uma guerra civil, tudo pode acontecer. Não morreu só gente da esquerda, morreram muitos soldados também mas as pessoas não falam disso. E o lado que morreu defendendo o País?

O País era melhor no regime militar?
Muito melhor, mil a zero. Eu prefiro a democracia, mas sou contra a anarquia. E nosso país, infelizmente, vive uma anarquia.

Entre esta democracia e aquela ditadura, o senhor fica com aquela ditadura?

Não, entre essa anarquia e aquela ditadura, fico com aquela ditadura, sem dúvida.

Nunca pensou em cantar esse tipo de postura?
Não contribuiria para nada. Tenho que passar coisas boas para as pessoas, iria acabar criando intriga com um monte de gente e o meu trabalho, que é divertir as pessoas, ficaria de lado.

Mês que vem o senhor fará sua primeira turnê internacional pelos Estados Unidos. O senhor tem muito público por lá?
Eu dei uma entrevista por telefone de uma hora para uma rádio FM de Boston. Só falaram comigo portugueses e americanos. Se acabaram de vender cinco mil ingressos a 50 dólares cada para meu show é porque devo ter público. Estão ligando agora para fazer shows na Inglaterra, Canadá, Portugal. Eu, na verdade, nunca quis fazer show fora do Brasil. Se começar muito pedido triplico o cachê de novo (*risos*).

Antônio Fagundes

Acertando os ponteiros

(08/08/2005)

Aos 56 anos, Antônio Fagundes é um homem que não negocia sobre dois temas: atrasos e traições. Espectadores que não respeitam o horário de seus espetáculos têm tanto crédito quanto as pessoas que não correspondem à sua confiança. Em temporada no Cultura Artística com As Mulheres da Minha Vida, Fagundes fala e acerta os ponteiros

"Eu marquei com você às sete horas mas às seis estava aqui. Fazer esperar é uma prerrogativa do poder"

"Se sou um sádico e você é um masoquista, o acordo é que tenho que te bater. Se não cumprir, estou te traindo"

"A novela brasileira é considerada pela mídia a coisa mais alienante do mundo. A gente deveria rever isso"

As pessoas chegam a seu espetáculo uma hora e meia antes do início. Estão começando a entender que você não gosta de atrasos?
Aqui em São Paulo já entenderam. Na verdade, esse respeito ao horário é um respeito às pessoas que chegam na hora. Ao longo de mais de dez espetáculos que fiz aqui nesse teatro Cultura Artística, constatei que em um teatro como esse de 1.200 lugares você tinha no máximo oito pessoas que chegavam atrasadas. Se esperar por essas oito você prejudica as 1.192 que chegam na hora. Não tem sentido uma pessoa sair de casa, enfrentar trânsito, violência, a selva da cidade para chegar a um teatro e ainda se ver diante de um atraso injustificado.

Dizem que o senhor é radical porque não permite nem cinco minutos de tolerância.
Aí entraria em um moto contínuo. Se eu dou cinco, por que não sete? E por que não 18? Mas por que não 37, 42? Prefiro cumprir o horário, é mais fácil.

Seu pneu nunca furou quando estava a caminho de uma peça?
Nunca aconteceu, mas você sabe que eu prevejo isso. Eu marquei com você às sete horas mas às seis eu estava aqui. Se furasse meu pneu eu teria uma hora para consertar. Você não iria esperar por mim mesmo porque fazer esperar é uma prerrogativa do poder.

Seu personagem George passa a discutir a relação com sua mulher quando se vê traído. A traição tem seu lado positivo?
Nunca. O fato de trair ou ser traído significa que a relação já não está boa. A partir do momento que você faz um contrato social com uma pessoa como é o casamento, que estipula que você é exclusivo dessa pessoa e essa pessoa é de exclusividade sua, a traição é reflexo de que alguma coisa não está dando certo.

Não foi graças à traição que o personagem George passou a contestar a vida?
Não, tanto é que ele nem fala da traição. Se você viu a peça, viu que ele também traiu. Na visão dele, o que está dando errado é a relação mesmo. Ele ou ela trair é só um sintoma do que há de errado.

O que é a traição?
Se eu sou sádico e você é masoquista, o nosso acordo é que eu tenho que bater em você todos os dias. Se eu não cumprir esse acordo estou traindo você. Para as outras pessoas você vai aparecer arrebentado todos os dias, mas você é masoquista, vai estar feliz. E eu também, porque eu sou sádico.

O senhor já foi traído?
Muitas vezes, claro.

Por muitas mulheres?
Por muita gente. Muitos amigos. Muitos jornalistas.

Jornalista é muito traidor?
O jornalista costuma ser muito traidor, até porque o contrato que ele estabelece com o entrevistado é falso. Ele tem uma pauta que ele não conta. Ele tem, no fundo da cabeça dele, uma coisa que ele quer ouvir mas que ele não conta. Isso é uma falsidade, é uma traição.

Espero que não seja uma indireta.
Seguramente é o seu caso porque você tem uma pauta e eu não sei qual ela é.

É Antônio Fagundes.
Mas, de qualquer forma, acontece muito de o jornalista se aproximar de você com uma idéia de matéria na cabeça e você, pobre inocente, acabar caindo nas garras daquela traição.

O senhor diz isso mas sempre foi muito bem tratado pela imprensa.
Sempre fui muito bem tratado pela imprensa, nunca tive nenhum problema grande até porque não teria porque me maltratar, eu não faço nada demais.

Sabe-se que o senhor lê até dois livros por semana e, na peça, seu personagem é um escritor que fala sobre a sensação de ser Deus quando escreve.
Quando cria um personagem o escritor tem o poder de dar a vida àquele personagem, de matá-lo ou fazer aquele personagem ser o que ele quiser.

Seu personagem diz que criar histórias é melhor do que viver a realidade. Um homem que lê tanto como o senhor está querendo evitar a realidade?
Não, eu penso um pouco diferente do personagem. Ele é incapaz de enfrentar a realidade com tranqüilidade. Para ele então é muito mais fácil ficar sentado no computador escrevendo. A leitura para mim deve me ajudar na realidade, é o contrário. Eu não leio tanto para fugir da realidade, leio para tentar entendê-la um pouco melhor.

Novela é a fuga de quem não lê?
Não, a fuga pode ser o futebol, a praia no fim de semana, o bar à noite. Quem quer fugir, foge de qualquer jeito.

Qual a função social da novela?
A mídia brasileira considera a novela a coisa mais alienante do mundo, até porque o grande desenvolvimento da novela se deu durante os anos da repressão. Mas a gente deveria rever esses valores. Na Venezuela, nossas novelas são chamadas de novelas de protesto porque elas sempre tocam na realidade brasileira de uma forma que as produções venezuelanas não tocam na realidade da Venezuela. Isso quer dizer que quando chega lá uma novela brasileira o público assiste como quem assiste aqui no Brasil a uma peça de esquerda. Quando nossas novelas vão para Cuba as pessoas se reúnem nas praças para discutirem as questões levantadas pela nossa teledramaturgia, que avançou muito nas últimas décadas. Mas a gente, com esse ranço de enxergar sempre

a novela com um certo preconceito, deixa de acompanhar esse desenvolvimento. A teledramaturgia brasileira é hoje a mais avançada do mundo e toca em problemas que às vezes muita gente não consegue tocar.

O calcanhar de Aquiles das novelas é a qualidade de seus atores. Não há mesmo deficiências nesse ponto?
Eu acho que tem como qualquer matéria em jornal pode ter, como qualquer livro tem. Há os bons e ruins, só não se pode generalizar e dizer que tudo é ruim. Claro que sou capaz de reconhecer algumas novelas que não são boas, mas isso não quer dizer que o gênero não seja bom. Isso seria redução.

Sempre, desde suas entrevistas nos anos 80, perguntam sobre sua condição de galã.
Só no dia em que eu começar a me aceitar como galã as pessoas vão começar a aceitar que eu não sou galã. Se eu começar a falar 'ah, sim, sou galã, sou bonito, sou gostoso' as pessoas vão falar 'o que esse velho está falando, está se achando um galã.' Estou com 56 anos, não sou galã, não adianta. Mas as pessoas querem que eu seja.

O senhor briga contra isso desde quando?
A minha vida inteira. Desde que eu era moleque, eu dizia que não era galã porque eu nunca pensei isso, nunca me preocupei com isso. Mas é um rótulo e, como tal, está grudado.

Por que esse rótulo pegaria em um homem que não é bonito?
Não sei, acho que eu devo ser bonito né? (*risos*)

Fama deixa as pessoas mais bonitas do que são?
Quando você conhece o trabalho das pessoas, começa a agregar valores que não são só os valores físicos. Vê um filme, uma entrevista, uma peça. Fiz personagens bons, fortes, isso deve colaborar para me acharem bonito.

Lima Duarte também fez milhares de personagens fortes mas nunca foi chamado de galã.
O Lima Duarte é um homem que não se pode dizer que é bonito, mas que ficou bonito, virou um galã. Eu não me acho bonito, não sou o meu tipo de homem.

O homem que interpretou Deus no filme *Deus é Brasileiro* acredita em Deus?
Não, eu sou um agnóstico. Não tenho forças nem para ser ateu.

Mesmo assim se sentiu à vontade no papel de Deus?
Sim, claro. Se Deus existe, talvez Ele esteja com problemas agora

Arnaldo Jabor

"Arrogante não. Sou provocador"

(25/09/2006)

Os cronistas servem pra quê? A realidade das urnas pode provar que fracassaram? O Jabor cronista ainda tem bala na agulha. Já o cineasta não acredita mais em arte engajada

"Minha filha me chama de Bob Esponja, absorvo tudo. Fico puto porque o presidente do Irã fala que vai destruir Israel"

"A época do Collor era mais ridícula. Rosane com aqueles dentinhos, PC Farias com a carecona... Era muito mais grotesco"

"Quando falei que o Robin Williams era um canastrão, queriam me matar. Criaram um site chamado Eu Odeio o Jabor"

O que quer um cronista?
Confesso que o que eu gosto é de ser útil, me sentir uma pessoa com motivo para estar vivo. Sinto-me ajudando a entender a vida nacional, que é muito ilusória, enganosa. E o saber não pode ser algo abstrato, que você não divide. Você se alimenta, come tudo aquilo e não divide? Aquilo vai se acumulando em sua barriga e vai virando um barril de informações. Não é justo.

O senhor fala e escreve contra um presidente que, se as pesquisas se confirmarem, pode ser reeleito. O senhor, como cronista, fracassou?
Não, porque meu problema não é o Lula, não quero destruí-lo. Sou contra e tenho pavor é de que se instale no Brasil uma tendência equivocada que destrua o que conseguimos nesses vinte anos de democracia. O que essa gente que ronda o Lula me apavora - o Lula também, e ainda bem que muitos saíram, como Zé Dirceu, o pior de todos - é que essa gente é maluca. Eles acham que o problema brasileiro se resolveria com um socialismo imaginário, utópico, que não existe no mundo real.

O senhor não sente que está pregando no deserto?
Não, porque tenho uma resposta popular muito forte, na boa, não estou me gabando. Todos os dias ouço na rua a seguinte frase: "Você diz tudo o que eu gostaria de dizer e não tenho como." Isso é bom, sinto que o que falo repercute, provoca reflexão.

O senhor não se sente repetitivo por discorrer sempre sobre os mesmos temas?
A gente tem que se repetir mesmo. Eu percebo o seguinte: digo uma coisa dez vezes e, na décima primeira, as pessoas entendem. Aquilo vai se sedimentando. Ninguém presta atenção em ninguém. Estou na Globo há 11 anos, escrevo nos jornais há 15. As pessoas descobrem coisas que falo há 15 anos mas que nunca tinham escutado. O que seria de mim se não fossem as repetições?

A crise é o paraíso dos cronistas?
Há uma frase que diz que o Brasil é o paraíso dos jornalistas e o inferno dos cientistas sociais, que não conseguem entender o que se passa.

Suas melhores crônicas são sempre sobre as mazelas?
Não quero que o País se dane para eu ter boas idéias. A época do Collor foi um show, melhor do que hoje. Era mais ridícula. Rosane Collor com aqueles dentinhos, aquela pose do Collor, PC Farias com aquela carecona, a Casa da Dinda, era muito mais grotesco. A partir de um momento eu não escrevia mais como se fosse realidade, mas como se fosse ficção. Há momentos grandiosos no Governo atual também. Roberto Jefferson cantando ópera na janela e o País paralisado de horror. O dia em que o Roberto Jefferson se defrontou com Zé Dirceu na TV, aquilo parecia Copa do Mundo.

A ficção está acabando?
A realidade está mais nítida, a ficção brasileira está diminuindo. O período

Collor foi muito fecundo, ele nos deu uma consciência do que éramos. Era a síntese de nossos vícios e de nossas babaquices. O período Lula começa com uma grande esperança, mas se revela um período de desilusão. A desilusão é didática. Temos muito mais cultura política do que tínhamos há cinco anos. E a opinião pública não é mais tão otária.

Não é a mesma opinião pública que pode reeleger o governo que o senhor critica?
O Lula vai ser reeleito por uma questão de fé. Ele é um messias para a população, um símbolo do povo. Pode-se provar o que quiser contra o Lula que ele continuará reeleito. É uma questão de fé. O grave da crise não é um problema moral, é estratégico. Os caras (PT) tomaram o poder pelo voto em torno do símbolo sexual e místico que o Lula é para a população ignorante e para os intelectuais que acham o Lula... Há mulheres que adoram o Lula, não sei o que é isso. As professoras da USP... algumas inclusive deram para ele.

É?
Quando ele surgiu com a foice e o martelo foi um sucesso. Essa gente tem uma visão mitológica da realidade política. A idéia (do partido) é a seguinte: vamos tomar o poder, recolher o máximo de dinheiro do Estado que a gente puder. Vamos pegar dinheiro das estatais, fundos de pensão, vamos fazer contratos escrotos com companhias de publicidade, com bancos oficiais e semi-oficiais, vamos botar pessoas estratégicas em instituições como os Correios para captar o máximo de grana para eleger o Lula de novo, para eleger o Zé Dirceu em 2010 e para ficarmos vinte anos no poder! E fazer um arremedo maluco para o que seria, na cabeça deles, o socialismo.

O senhor já ouviu dizerem que sente-se o dono da verdade?
Sou contra a arrogância e não me acho arrogante. Sou, às vezes, provocador, posso ser polêmico. Arrogância é você achar que sabe tudo e o outro não sabe. Não me coloco como o dono da verdade.

Arrogância não é necessária?
Não, é necessária a coragem, a persistência, a fé no que se diz. Arrogância pressupõe uma espécie de ignorância impositiva, o arrogante fala do alto para baixo. Eu sou alto, mas não faço isso.

O senhor se sentiu o inimigo público número um quando...
Quando comentei a entrega do Oscar para a Globo. Fiquei esculhambando os filmes americanos o tempo todo. No dia seguinte havia um monte de telefonemas e e-mails pedindo para o doutor Roberto Marinho me demitir. "Esse filho da p... estragou a noite do Oscar". Achei que estivesse agradando e botei para quebrar. Achava que as pessoas gostavam do Glauber Rocha, imagina, nem sabem quem é. Quando falei que o Robin Williams era um canastrão, queriam me matar. Criaram um site chamado Eu Odeio o Jabor.

Não há tema proibido quando o senhor faz comentários na Globo?
Claro que não posso falar absurdos, não posso dizer 'abaixo ao Papa'. Uma vez, um bispo imbecil - e há muitos bispos imbecis - excomungou um juiz que havia dado autorização para uma mulher fazer um aborto. Ela estava grávida de um bebê sem cérebro e o bispo excomungou o juiz. E eu esculhambei o bispo. A Igreja deu uma bronqueada, mas foi algo muito casual.

Não pensa em voltar ao cinema?
Quero fazer um filme no ano que vem, não filmo desde 1991. Só não quero mais viver de cinema para não sentir sempre aqueles dois sentimentos básicos que são a ansiedade e a frustração. Meu filme *Eu Sei Que Vou Te Amar* fez um baita sucesso, ganhou Palma de Ouro em Cannes e um ano depois eu estava passando fome. Meu novo filme será com memórias de infância, lembranças, quero falar da minha família.

Um filme nada engajado.
A crise ideológica no mundo é muito forte, ninguém sabe sobre o que falar. As certezas diminuíram muito. Então, é mais bacana se entregar a algo poético e vivido do que a algo alegórico. Não acredito mais na arte engajada. Não sabemos mais em que nos engajar. O bem é o quê? Um mundo em que a democracia está sendo defendida por um fascista sórdido como o Bush? Já que não há certezas nisso, vamos falar daquilo que temos certeza e não de dogmas. Sou um cara muito emocional, minha filha me chama de Bob Esponja, absorvo tudo. Fico puto porque o presidente do Irã falou que vai destruir Israel. O que eu tenho a ver com isso? Não sei, mas fico puto. 'Como esse rato pode ser presidente do Irã?' O cara está a vinte mil quilômetros daqui e eu fico preocupado com uma merda dessas.

Seus textos na Internet são falsos?
São assinados por mim, mas não são meus. Há um que diz que amo os gaúchos, parece que sou uma bicha. Outro diz como a mulher não pode ter bunda dura, que tem que ter bunda mole... Outro é sobre os cornos infelizes, outro diz que só os idiotas são felizes. Há um outro, no qual colocaram minha assinatura, esculhambando a Adriane Galisteu. Além de linda, ela é minha amiga.

Já sentiu vontade de assumir algum desses textos?
Não, e o pior é que chega um cara e diz assim (faz uma entonação afeminada): "Adorei seu artigo sobre os gaúchos." Aí, respondo: "Não fui eu quem escreveu." Aí o cara: "Não foi, mas eu adorei." E digo: "Desculpe, mas eu não escreveria uma merda dessas." Aí o cara fica puto comigo porque eu falo que o artigo que ele adorou é uma merda.

Baby do Brasil

Sem pecado e sem juízo

(19/12/2005)

À frente de sua própria igreja, Baby do Brasil estaciona a carreira para se dedicar ao que chama de Cruzadas de Cura - reuniões nas quais, segundo ela, cegos enxergam e paralíticos saem andando. A ex-roqueira se lembra de experiências espirituais nada comuns que a fizeram mudar radicalmente de vida

> Falei para Deus que iriam me chamar de louca. Sabe o que Ele disse: 'Eles já estão acostumados com você'

> Se eu tivesse virado uma mãe de santo ninguém iria achar ruim. Como virei uma 'popstora', fica todo mundo pirado

> Me faz muito bem acordar, ir escovar os dentes, olhar no espelho e ver meu cabelo colorido. Ele me faz atravessar fronteiras

Baby é parada por uma mulher desconhecida perto do restaurante do Aeroporto de Congonhas, em São Paulo, minutos antes da entrevista. É como se as duas estivessem falando em códigos.

As pessoas sempre param você assim?
Aquela mulher veio me falar de toda a conexão com o divino. É uma senhora chiquérrima que tem um problema na perna. Estava buscando solução para seus problemas. Hoje todo mundo busca respostas. Para onde vou? O que é que vai acontecer? Por que fazem tantas guerras? Por que o homem é assim? O Homem é mau.

O Homem é mau?
Não digo essencialmente mau, mas vamos dizer que haja uma ingerência maligna nele. O Homem teve uma interferência no seu código genético através de Caim (personagem bíblico que mata o irmão, Abel). Ali foi o primeiro assassinato da História. Nós sentimos o mundo cheio de Caims.
Até um tempo em sua vida paravam você para pedir autógrafo. Hoje param para pedir conselhos espirituais. Você deixou de ser artista e virou um guru?
Eu sempre fiz como cantora um trabalho bem disfarçado porque era muito difícil as gravadoras toparem algo mais aberto por causa da caretice que a parte religiosa traz. Quando chegam até mim e dizem 'Baby, você pode me explicar o que está acontecendo?' Eu digo: 'Olha, em primeiro lugar não vai
ter bunda mole no céu. Só casca grossa.' A pessoa já dá uma risada e isso corta toda a carga de religiosidade que ficou pejorativa. O que você não vai encontrar mais em mim é a sedução. Não me interessa ser assediada por ninguém por causa do meu decote. Se eu tiver que ter um novo relacionamento na minha vida é porque a gente vai se entender espiritualmente. A carne não sustenta quando não há conteúdo.

Mas por muitos anos você usou saia curta.
Sim, eu gosto, acho bonito. Mas hoje uso outras roupas, porque eu tenho essa consciência.

Você voltou a pintar o cabelo?
Gosto muito de ter o meu cabelo com cores, me faz muito bem acordar, ir escovar os dentes e me ver toda colorida. Eu já me lembro que a vida é maravilhosa.

Sua liberdade está nos cabelos?
Uma liberdade que me faz atravessar fronteiras. Um cabelo roxo e um cabelo rosa não são um padrão. Eu acredito que na eternidade você pode ter a cor que quiser de cabelo.

Há músicas que não canta mais?
Houve uma entrevista (ela se refere a uma matéria publicada recentemente pela *Revista Veja*) que teve uma necessidade de me derrubar. E ali dizia que

eu havia trocado isso e trocado aquilo em algumas letras. Quando vou cantar algo que poderia trazer para mim uma outra linha espiritual, posso alterar a letra. Não uso mais palavras como magia, entre outras...

Qual o mal da palavra magia?
Magia, no mundo espiritual, é trabalhada não da forma divina. Magia é feitiçaria. Tenho várias músicas em que falava em magia achando que era uma outra coisa. Quando tomei posse do termo mudei minhas músicas. É uma questão até de honestidade poética.

Nos anos 80 você e Pepeu Gomes gravaram uma música chamada *O Mal é o Que Sai da Boca do Homem*. Foi entendida como apologia às drogas e vocês foram até presos.
A idéia daquela música era fazer com que as pessoas entendessem que o problema estava dentro delas. Ninguém toma droga se não tiver com problemas interiores. Então o mal não é o que entra, mas o que sai da boca do homem.

Havia um refrão que dizia 'você pode fumar baseado, baseado no fato que você pode fazer quase tudo'.
Na verdade era 'você pode fumar, baseado, baseado em que pode fazer quase tudo'. A música queria trazer uma consciência.

Você ainda tem uma carreira musical?
Vou participar do carnaval da Bahia com um trio elétrico gospel. No ano que vem vou lançar um disco também com letras evangélicas. Mas o fato é que durante os últimos seis anos tive que segurar tudo. Está sendo tão intenso... Estou vindo de uma cruzada de cura do Handy Clark (líder espiritual) que é maravilhosa. É lindo quando você vê um paralítico andar.

O que é uma cruzada de cura?
É um grupo grande de pessoas que tem o compromisso de trazer o Espírito Santo para um determinado lugar. Todo mundo é muito comprometido em estar se limpando de todo o joio o tempo todo para não deixar o coração se corromper com a raiva. Queremos que na hora em que você chegar a uma igreja e vier aquele monte de doentes, gente com AIDS, câncer, cegos, surdos, as curas aconteçam. Se um cara está ali magoado com uma recente briga no trânsito, por exemplo, ele tem que se ajoelhar e pedir perdão para Deus para ficar em contato com esses sentimentos. É lida a palavra, tocamos o louvor e há um momento em que chega o Espírito Santo em nome de Jesus Cristo, porque a cura é feita por Ele. E aí começam a acontecer os milagres de uma forma que ninguém acredita.

E onde são essas cruzadas?
Domingo irei de novo a uma cruzada em Taubaté. Quer ir?

Não sei...
Houve um jornalista que olhou para mim e falou: 'Baby, você é a nova estética

do Evangelho'. Ele me disse que a mãe dele era evangélica, mas que usava uma outra roupa e tinha um outro jeito de ser.

Você tem uma Igreja?
Sim, meu ministério existe há cinco anos e nunca ninguém ficou sabendo.

Cobra dízimo?
Se eu quisesse ter uma igreja enorme por causa de dízimo, eu teria uma igreja imensa. Para mim, que sou conhecida, não seria difícil. Quando criei o ministério foi dificílimo porque Deus teve que falar comigo. E eu falar isso para você não é fácil, falo porque sou corajosa.

Por quê?
Eu posso estar correndo todos os riscos com você ou com seu editor.

Não terá problema, pode ficar tranqüila.
Se eu tivesse virado uma mãe de santo ninguém iria achar ruim né? Todo mundo quer ir a uma mãe de santo. Mas como virei uma pastora, ou uma 'popstora', fica todo mundo muito pirado.

Não seria melhor para você se sua igreja fosse maior?
É como um prédio. Para ele ficar muito alto tem que ter uma fundação muito profunda. Então talvez eu esteja ainda no tempo da fundação. Não sei o que Ele quer já que nesse caso eu (neste momento ela balança os ombros e diz com voz trêmula: 'ôooo Glória').

Que foi isso?
Senti uma carga maravilhosa. A escritura fala: 'Quem transita no mundo espiritual tem tremores'.

Mas é algo bom?
Você está sentindo alguma coisa ruim?

Não.
Então ótimo, é isso mesmo. Você está bem conectado.

Como funcionam os cultos de sua igreja?
Há um louvor, um acústico gospel. Começa com uma luz baixa, como se você estivesse na sua casa. São 19 pessoas que fazem parte da igreja mas têm sempre 40, 30 que chegam durante o culto. Deus tem que chegar e encontrar um lugar puro. Nós começamos a tocar e a bombar o som para que Deus apareça. Tocamos várias músicas para Ele, vamos só cutucando. Daqui a pouco começa a descer uma atmosfera maravilhosa. E já tem pessoas ali chorando, umas tremendo. E aí começam as curas do Espírito Santo e tudo pode acontecer.

Você diz que conheceu o rosto de Jesus. Como ele era?
Ele tinha uma estatura mediana alta e não estava de barba. Seu cabelo era castanho, no ombro, e tinha uma túnica branca até o pé e um pano vermelho

atravessado. Um tom de pele claro e olhos castanhos. O frescor do rosto Dele era igual ao de um menino de oito anos. Eu fiquei louca com aquilo. Ele tinha a pureza de menino. Quando percebi eu já estava de joelhos, sabia que estava lá e que poderia receber a revelação das coisas que eu queria (balança os ombros de novo e diz com voz trêmula: 'ôooo Senhor'). E ele disse: 'Eu vim te trazer ao Pai'. Aí olhou para a esquerda e quando olhei, lá no fundo, vi Deus sentado. Do peito Dele não parava de sair luz. Seu rosto era todo de luz e era sarado. Mas não o sarado de academia não, um sarado natural, fortão. Eu enlouqueci, comecei a gritar 'Pai', 'Pai'! E então fui sugada e entrei na barriga Dele. E lá dentro senti algo que nunca senti antes e nunca vou sentir chamada felicidade.

Você se lembra de tudo?
Sim, de tudo. Fui subindo e gritando 'ai, que maravilha'.

(Silêncio) Bem, é... Esqueci a próxima pergunta...
Eu só quero te dizer o seguinte: eu saí pelo topo da cabeça Dele. E aí perguntei a Ele como é que eu iria contar tudo isso na Terra. Falei que iriam dizer que sou louca. Sabe o que Deus respondeu para mim?

O quê?
Ele virou e disse: 'Eles já estão acostumados com você'.

Beth Carvalho

Samba, suor e Hugo Chávez

(31/01/2005)

A mulher que fez justiça à obra de Cartola e Nelson Cavaquinho, que lançou às estrelas Zeca Pagodinho e Jorge Aragão e que responde pelo codinome 'rainha' há mais de três décadas é uma sambista que parece não habitar o mundo de seus próprios súditos. Enquanto o samba faz festa, Beth Carvalho esbraveja. Socialista de carteirinha - anti-Estados Unidos, rap, funk e jovem guarda - Beth critica o Carnaval dos patrocínios e vê a saída para o Brasil na vizinha Venezuela. "A revolução está ao nosso lado."

> Jovem guarda foi a tragédia da música brasileira. Wanderléa aqui, Rita Pavone ali. O mundo começou a ter essas pessoas

> O Carnaval está muito aquém do que era. O patrocínio às escolas atrapalhou todo o processo cultural que havia

> Rap não é música. Como é que você denuncia o opressor se vestindo e gesticulando igual a ele?

Gravadora ainda é o melhor lugar para um artista estar?
Por enquanto ainda é. Nós precisamos do respaldo industrial. O problema é que as gravadoras querem se meter no lado artístico. Quando elas começaram a fazer isso, danou tudo.

O que acontece quando chega o diretor artístico?
Eles querem saber o que é sucesso e o que não é, mas não têm noção do que é eterno, só sabem do que é descartável. Eu tenho um orgulho imenso de ser uma grande vendedora de discos. Sou popular no bom sentido e é claro que eu quero que o meu produto venda.

Se sente underground?
O samba é underground.

Esta mania que a senhora tem de lançar gente nova e relançar gente que cai no esquecimento não é muito praticada por outros sambistas. O samba vive a era do individualismo?
O samba ainda resiste a isso. Esse individualismo é conseqüência do sistema político em que a gente vive. O capitalismo causa isso. Apesar de tudo, o samba é ainda o mais solidário.

Muita gente a chama de madrinha. Zeca Pagodinho, Arlindo Cruz, Sombrinha, Fundo de Quintal, Quinteto em Branco e Preto... A senhora é madrinha de alguém na 'vida real'?
Vida real é ótimo (*risos*). Sou sim, madrinha de batismo de uns quatro afilhados.

E puxaria enredos no Carnaval de hoje?
Eu não puxaria nunca. Aquilo é um espaço do puxador de samba. Seria um absurdo pegar um lugar que não é meu.

O samba está bem representado no Carnaval?
Eu acho que o patrocínio às escolas atrapalhou todo o processo histórico cultural que havia. Eu gostava da época em que as escolas contavam a história do Brasil. Era obrigatório na época do Getúlio Vargas. Me lembro que eu, como aluna de colégio, colava de samba enredo.

Colava como?
Se eu não me lembrasse do nome do Tiradentes, puxava pela memória aquele enredo assim (começa a cantarolar): "Joaquim José da Silva Xavier". Morreu quando mesmo? "Morreu a 21 de abril, pela independência do Brasil". E o que ele fez? "Foi traído e não traiu jamais". O quê? "A inconfidência de Minas Gerais". Quantas vezes eu colei de samba enredo?

Samba ainda tem força?
Ainda? O samba é a força. É a grande força da Nação.

Mas o que ele mudou?
O samba muda tudo. Ele não é só um gênero musical, é uma filosofia. Quando você começa a freqüentar o samba, você muda. Sabe o que é uma roda de

pagode? É uma mesa onde se sentam o presidente da nação e o bicheiro. A pessoa que se integra no samba se transforma.

O rap fez mais do que isso...
De maneira nenhuma. Minha posição em relação a isso é a seguinte: o samba é brasileiro, o rap não. O samba sempre teve essa função de denunciar. O rap e o funk são ritmos americanos.

E os cantados em português...
São americanos. Olha só: quem é o culpado maior apontado pelas denúncias feitas pelo rap? É o opressor, o americano. Porra, você fala mal do opressor e se veste igual a ele, gesticula como ele? Então você não está denunciando nada. Os Estados Unidos são um país opressor que acaba com todos nós. Adoro a boa música americana, o jazz, o blues, os musicais da Broadway. Mas rap não é música, funk não é música. São ritmos pobres comparados ao samba. Eu não vou ficar com eles.

E a função social do rap?
O samba faz mais. Sempre fez. Olha só quanta denúncia. Só dos sambas que eu gravei (cantarolando): "E o povo como está, tá com a corda no pescoço". Isso é denúncia com humor e com graça. E isso é muito mais forte do que denunciar com aquele jeito sisudo do rap. As pessoas se esquecem disso e vêm com esse papo de que o rap faz um papel social. O problema foi que veio uma baita repressão nos anos 60, da qual eu sou fruto. E chegou uma época em que a gente tinha que denunciar com a malícia que o samba tem.

Aí chegou a jovem guarda e fez o quê?
A jovem guarda foi a tragédia da música brasileira. É o que eu chamo de 'rock chananá'. O rock que nasceu nos Estados Unidos é algo bom, o protesto deles. O problema foi que logo depois começou no mundo todo aquela coisa pobre e horrorosa que influenciou o mundo. A Rita Pavone é isso. Tem Wanderléa aqui, Rita Pavone ali. O mundo todo começou a ter essas pessoas.

A jovem guarda tinha consciência de que estava sufocando o samba?
Os artistas não, mas as gravadoras tinham. A indústria fonográfica é toda construída pela jovem guarda. Esses diretores artísticos de gravadoras são todos oriundos dela.

E qual a conseqüência disso?
Conseguiram fazer a jovem guarda de tantã, que é esse samba chananá que está aí. É assim que eu chamo este tipo de samba que não tem nada a ver com o pagode verdadeiro. E a ditadura fez uma campanha para colocar na cabeça das pessoas que fazer música de protesto era algo cafona.

Seu disco é dedicado a Zeca Pagodinho. E você escreve no encarte que ele é "o verdadeiro rei da música popular brasileira". O rei não é Roberto Carlos?
O rei é Zeca Pagodinho.

E Roberto Carlos é o quê?
É um bom cantor.

Senti a cutucada no Roberto.
O rei é quem representa o povo.

E esta pessoa é o Zeca?
É o maior representante do povo.

A senhora é comunista?
Sou socialista.

E votou no Lula?
Sim.

O sonho acabou?
Está quase acabando. Mas aí eu olho para a Venezuela. O Hugo Chávez (presidente da Venezuela) é um líder fantástico. Fui à Venezuela porque o Chávez meio que me intitulou embaixadora informal Brasil-Venezuela. Lá eu pude ver a realidade daquele país. Chávez é um grande revolucionário.

A Venezuela mudou socialmente? As notícias que chegam são bem diferentes...
Isso porque a imprensa diz tudo errado. O que é o Chávez? Um homem que foi eleito pelo povo e que disse: "O dia em que vocês não me quiserem mais, façam um plebiscito. E a elite fez. Só que 90% das respostas foram para ele continuar. Quer mais do que isso?

O Lula foi eleito pelo povo.
Sim, mas ele está fazendo muito pelo povo.

O Lula?
Não, o Chávez criatura! Não é dele que estamos falando? A Venezuela é uma favela com meia dúzia de milionários que nem lá moram. Há cinco televisões acabando com o Chávez todos os dias, com a diferença de que o povo ri do que elas falam. A revolução na Venezuela está tendo a ajuda de 10 mil cubanos, entre médicos e educadores que ensinam o método Robson 1, 2 e 3.

Robson o quê?
O Robson 1 alfabetiza em três meses. O Robson 2 te coloca no ensino médio. e o 3 já te leva para a faculdade.

E quem é o Robson?
Não sei, deve ser o cara que criou o sistema.

Não é triste um país no qual o sambista de talento precisa de madrinha para ser alguém?
Isso é muito triste. Sou madrinha com orgulho de todos, mas seria muito melhor se madrinhas não precisassem existir. Pobre de um país que precisa de madrinha para revelar gente tão talentosa.

Carla Perez

A revolução É o Tchan

(10/01/2005)

Uma década depois de emergir da periferia de Salvador como o 'furacão loiro' do grupo É o Tchan, Carla Perez tem a certeza de que protagonizou boa parte da história da música brasileira. Mãe e empresária, a baiana coloca pingos em 'is' e fala sobre o que fez, o que quer fazer e o que jamais faria de novo

> Antes de ser mãe eu não tinha parado para pensar. Se eu pudesse voltar atrás, não dançaria mais *Na Boquinha da Garrafa*

> O Tchan faz parte da história da música brasileira. Foi uma revolução. Nós levamos ao palco a dança que o povo fazia nas ruas

> Você acredita que as crianças se prostituem por causa do Tchan? Não seria porque nosso País passa por momentos difíceis?

Seu celular não pára de tocar. Carla Perez dez anos depois de aparecer com o grupo É o Tchan, é uma mulher de negócios?
Estou mais responsável mesmo, gosto de resolver meus problemas, participar de tudo, saber dos detalhes...

Não parece com a menina que dançava *Na Boquinha da Garrafa*.
Eu era muito garota. Não tinha mais do que 17 anos quando fui trabalhar com um grupo de samba. Sou a filha mais velha lá em casa mas, para o meu pai, ainda não passo de uma molequinha. Quer saber como me vejo no passado? Eu era um bicho do mato, muito inocente.

O que fez você aprender?
Muita fé em Jesus. Foi Ele quem me deu forças para estar aqui, mesmo com mentiras, fofocas, boatos.

O que foi o É o Tchan?
O grupo que não iria passar de um verão?

O que o fez passar de um verão?
O Tchan é história da música brasileira...

História?
Sim, foi uma revolução. Um dos primeiros grupos em que se destacaram os bailarinos. Ou melhor, dançarinos, prefiro dançarinos. Chegar com dançarinos na linha de frente foi a maior novidade. Quem se destaca nos grupos, em geral, é o cantor. Nós levamos ao palco a dança que o povo fazia nas ruas.
Foi uma junção de tudo. O cantor, uma loira sambando, um shortinho que no Sul e Sudeste não era tão normal de se ver...

As críticas a vocês foram muitas. Alguma estava certa?
Antes de ser mãe eu não tinha parado para analisar como seria a minha reação se eu visse minha filha dançando *Na Boquinha da Garrafa*. É bem pesado. Eu jamais gostaria de ver um homem olhando com olho grande para a minha filha, que está para fazer três anos. Se eu pudesse voltar atrás, não dançaria mais *Na Boquinha da Garrafa*.

Só isso?
Só. No resto eu não vejo maldade. As pessoas começaram a criticar muito o grupo pela sensualidade. O baiano tem essa sensualidade naturalmente.

Falou-se muito que o Tchan contribuiu para a erotização precoce das crianças...
Você acredita nisso?

Não sei.
Você acha que as crianças vão se prostituir em cidades pobres como Recife por causa do Tchan? Ou seria por que nosso País passa por momentos difíceis e tem um bando de gente passando fome? Não acredito que tenha sido por causa do Tchan e nem por causa de nenhuma outra banda. Isso acontece por-

que temos problemas não só financeiros mas de educação, de saúde... O que sobra é a alegria. Mesmo pobre a gente é feliz. Não acredito que o Tchan tenha erotizado crianças.

Essas críticas vieram de estudiosos do comportamento infantil.
Não tem jeito. Muitas pessoas famosas sofreram para chegar onde estão. Os críticos têm que atirar pedras no que faz sucesso. Ninguém vai jogar pedra em morto. Não acredito que com o trabalho que a gente fazia para levar alegria às pessoas, mesmo usando shortinho e mesmo dançando coisas como *Segura o Tchan*, estivéssemos induzindo meninas a se prostituírem ou a terem uma vida sexual precoce. Veja uma coisa: o Tchan não está tão em evidência há um ou dois anos e esta situação de prostituição está muito pior hoje do que na época em que o grupo estava em alta. Entra a responsabilidade dos pais. Eu tenho a responsabilidade sobre minha filha. Não quero que ela seja uma perdida na vida. Então vou fazer de tudo para dar uma boa educação a ela.

E vai controlar o que ela assistir na TV e ouvir no rádio?
Sim, claro. Hoje mesmo eu gravei o programa do João Gordo na MTV e falei para ele que minha filha não iria assistir àquilo. Claro, porque ali se fala palavrão e as brincadeiras são muito pesadas.

Novela?
Há coisas piores que as novelas da Globo. Jornais que passam a realidade de um país mostram cenas muito piores.

Mas jornal não tem mesmo que mostrar a realidade?
Sim. O problema é que esta realidade é nua, crua e horrível.

Quando o É o Tchan foi para o Festival de Montreux, na Suíça, escreveu-se que o grupo vendeu o País na Europa para quem gosta de turismo sexual.
Quem escreveu isso é um mal-amado. Quando fomos para Montreux, o Brasil já era conhecido pela música. E tivemos surpresas quando chegamos a alguns lugares. No México, achavam que as mulheres andavam pelas ruas com roupas de escola de samba, que toda a água do País era poluída, que só havia ladrão.

Há uma multidão de crianças que quer ser Carla Perez. Isso é bom ou ruim?
Acho que é muito bom. Eu sou uma pessoa do bem.

Sim, mas e se a criança quiser seguir Carla Perez passo a passo? O que diria para ela não fazer?
Nada. Cheguei onde cheguei com dignidade. Não precisei me vender, não puxei o tapete de ninguém. Na escola fui sempre uma boa menina, em casa meus pais dizem que eu sou uma boa filha, meu marido diz que eu sou uma boa mãe e uma boa mulher. Então, ela pode seguir todos os meus passos.

E posar para a *Playboy*?
Eu não sairia mais na *Playboy* hoje. Mas não me arrependo de ter feito aquelas fotos. Foi um trabalho digno.

Você consegue ver as fotos?
Claro, vejo o que está legal e o que não está.

E o que é que não está legal?
Um monte de coisas. Na primeira *Playboy* em que posei eu não tinha peito e ficava muito de costas. Na segunda eu ainda não tinha peito e estava muito nova para fazer aquilo. Acredito que tenha ficado muito travada. Gosto muito da última. Aí sim eu estava mais mulher, mais madura.

Seu sonho não era ser uma grande advogada?
Sim, na verdade eu queria ser delegada. Meu pai tinha o sonho de cursar direito, mas não pôde.

E aí, aos 17 anos, você pára de estudar e cai na estrada com um grupo de pagode. Não se arrepende por ter parado os estudos?
Sim, tanto que eu ainda quero prestar vestibular e fazer uma faculdade. Curto muito cinema, rádio e TV, direito, decoração...

Música, livros... você gosta?
Estou ouvindo muito o novo disco do Harmonia do Samba. Sobre livros, o que mais gosto de ler, o de cabeceira, é a Bíblia. Leio Jorge Amado, livros de piadas, gibi. Eu adoro os gibis do Mauricio de Sousa. Eles têm uma linguagem bem clara.

As piadas que questionam sua inteligência são muitas. Há como se acostumar com isso?
Me magoava muito no início. Eu ficava me perguntando o que é que eu tinha feito de errado que levava as pessoas a serem más comigo. Via aquilo e não respondia nada porque era tímida. E entendiam que eu me calava porque era burra mesmo. As piadas foram surgindo até que um dia me fizeram uma proposta para eu fazer um comercial do portal Terra no qual eu dizia: "Se até eu consegui, você também consegue". Eu posso ter sido ingênua por fazer um comercial em que eu mesma me chamava de burra. Não me julgo burra. O cachê que recebi nesta ocasião foi o melhor que tive em toda a minha vida.

Você vai ter que falar quanto foi este cachê.
Foi maior do que o cachê que eu recebi da *Playboy*.

Não sei quanto você recebeu da *Playboy*. Não seria bom falar?
Se eu falo vão achar que estou nadando em dinheiro e isso não é verdade. Eu preciso trabalhar ainda para dar conforto para minha família. Mas posso dizer que foi uma boa grana. Um milhão de vezes mais do que as pessoas ganham por aí.

Você saiu do grupo É o Tchan depois de ser agredida no palco por Compadre Washington. A amizade de vocês não é mais a mesma coisa não é?
Muito melhor do que antes. Eu acabei sendo mais exposta do que o próprio grupo e aprendi muito com isso. O Compadre Washington é uma pessoa de

coração bom que precisa ser polida. Ele ainda é uma pessoa meio grosseira. É da vida dele, de onde ele veio, da raiz. Mas já lavei a roupa suja com o Washington e ele passou a me respeitar muito mais.

Você se refere a algumas pessoas como suas 'irmãs em Cristo'.
Eu busquei Jesus pela dor.

Como assim?
Ou você busca Jesus pelo amor, ou pela dor.

Que dor?
Quando meu irmão nasceu, há 20 anos, a babá de casa deu leite estragado para ele. Minha mãe correu todos os hospitais para ser atendida. Em alguns não deixavam nem ela entrar. Diziam que meu irmão já estava morto. Havia uma Igreja Universal ao lado de casa que nunca tínhamos entrado. Neste dia, um homem da igreja parou minha mãe com meu irmão no colo, fez uma oração e meu irmão colocou todo o leite para fora. Não gosto de falar isso para não assustar as pessoas. É aquela coisa: "Puxa, a menina que dança de shortinho e que saiu nua na *Playboy* é evangélica". Não estou aqui para ser discriminada. Sou eu, minha Bíblia e Jesus.

Você freqüenta os cultos da Universal?
Sim. Consagrei meus filhos no dia de Réveillon. Todas as pessoas são consagradas quando ainda estão no ventre de suas mães. Mas consagrei meus filhos depois que nasceram também.

O pastor não fica perturbado com sua presença?
Só houve uma vez em que Mara Maravilha estava pregando enquanto umas pessoas vieram me pedir autógrafo. Ela pediu para as pessoas pegarem depois para não atrapalharem o culto.

Quem é Antônio Carlos Magalhães para você?
Sou uma fervorosa eleitora de ACM.

A era dele não está no fim?
As pessoas estão em uma época de querer mudar. Não importa se para melhor ou para pior. Querem mudar. Não existe o antes de Cristo e o depois de Cristo? Minha vida se divide em antes de Xanddy e depois de Xanddy. E a Bahia conhece o antes de ACM e o depois de ACM. Ele fez muito por nós baianos. Há muitos lugares públicos que antes eram podres e sujos e hoje são limpos. Fico até arrepiada. Parque da Cidade, Campo Grande...

E por que ACM não conseguiu eleger o candidato do partido dele a prefeito em Salvador?
É isso que estou falando. As pessoas querem mudar. Não importa se para melhor ou pior. Claro que temos que imaginar que tudo vai dar certo. É como o caso de Lula. Imagina se, por eu ser PFL, torcesse contra o governo do presidente.

O que você está achando do governo Lula? Votou nele?
Eu estava viajando nas eleições. Mas votaria sim até porque o ACM estava apoiando ele no segundo turno. Sei que é complicado falar de política, mas não tenho medo de falar de ACM não. Ele fechou o Pelourinho para eu fazer minhas fotos nuas para a *Playboy*, é meu padrinho de casamento, é uma pessoa super do bem que quer o melhor para nós, baianos. E tenho certeza que, se o filho dele estivesse vivo, seria um excelente presidente.

Casagrande

A Seleção só tem a perder
(05/06/2006)

Antes de embarcar para cobrir a Copa da Alemanha, o ex-jogador falou sobre sua falta de prazer em ser comentarista, dos desentendimentos na Globo e de como a derrota do Brasil dará manchetes mais empolgadas

> Eu acho que isso tudo (o excesso de exposição na mídia) atrapalhou muito o Ronaldo. Ele é um vencedor, mas poderia ser um vencedor mais tranqüilo

> Quando o Galvão fala 'Ronaldiiinho' faz isso para prender o cara que está vendo TV em casa. É exagerado, mas é o estilo dele. É preciso tomar cuidado

> O que a TV precisa é que o cara jogue muito. Hoje, Ronaldinho Gaúcho é o maior nome do futebol mundial. Isso pelo que ele joga, não por sair em coluna social

Não deve ser fácil ser comentarista de futebol, a profissão com mais concorrentes no planeta em época de Copa do Mundo.
É fácil ser comentarista, não tenho dificuldades. Só que não é uma coisa que me dá muito prazer. Às vezes eu confundo se é fácil ou se tenho um pouco de desinteresse mesmo.

Por que isso?
Comparando com outras coisas que faço, como escrever para um jornal e fazer rádio, ser comentarista de TV não é tão prazeroso. O trabalho é muito restrito. Você vai fazer um comentário de um jogo, senta-se ali, fala que aconteceu isso, aquilo, são coisas muito óbvias. E eu tento fazer coisas diferentes, contar alguma história para ilustrar . Só o trivial é muito chato.

Futebol enjoa?
Enjoa. Às vezes vou trabalhar por obrigação, porque tenho que ir fazer um jogo. Vou, sento lá, demoro para me animar. E às vezes vou motivado. Na realidade vou menos vezes motivado. E muitas vezes eu vou desinteressado. Aí chego no ambiente, falo com um, falo com outro. Dia desses fui fazer Corinthians e Vasco no Rio. Cheguei lá sem nenhuma vontade, cedo pra caramba. Aí chegou o Gerson. Começamos a bater papo, eu, ele, o Neto. Aí parei e comecei a viajar. Falei "meu, olha que situação privilegiada. Estou aqui sentado em São Januário falando com o Gerson, um cara que eu via lançar a bola no peito do Pelé quando eu tinha 8 anos de idade". São oportunidades que, às vezes, são mais legais que o jogo.

A Globo, calcula-se, não paga mal. Não é um salário que se ganha fácil? Ir comentar o que se sabe, assistir a um jogo de futebol...
O meu trabalho é seguro, a empresa que eu trabalho é excelente. Mas eu... eu faço terapia né, inclusive estava ontem com a terapeuta. E eu tenho um problema sério. Sou pouco racional e muito emocional, muito. Vivo intensamente minhas emoções. Se o negócio não me atrai, não tenho como levar para a razão e pensar 'não, eu ganho bem, então está legal'. Eu preciso ter prazer no que faço.

Isso pode ter a ver com a entrevista que você deu à Rádio Kiss, onde apareceu criticando duramente Galvão Bueno?
Mas ali os caras que pegaram trechos da entrevista e publicaram em um site foram sacanas. O que aconteceu foi o seguinte: quando fui para a Globo, me incomodavam situações de privilégio que o Galvão tinha, eu achava que todo mundo tinha que ser tratado igual, minha mentalidade é essa. Isso aí me incomodava. Com o tempo percebi que ele conquistou aquilo com o trabalho dele, não foi dado de graça a ele. O cara é o melhor narrador do País, o narrador da principal emissora do País. E falei na entrevista que admirava ele. Me dou muito bem com ele e o admiro. Mas o cara pescou só a parte ruim e lançou no Terra. E criou toda a polêmica.

O clima ficou pesado na Globo?
Ficou da seguinte forma: Eu estava jantando em um restaurante e me ligou um amigo. Falou que estava vendo na TV que eu havia detonado o Galvão. Aí liguei para o diretor (da Globo). Quando atendeu, começou a falar um monte para mim. Perguntei "você ouviu a entrevista original?" Ele disse não. Aí eu narrei a entrevista inteira para ele. Liguei para outro diretor do Rio, que também veio duro para cima de mim. Então eles correram atrás da fita e conseguiram ouvi-la. Aí o cara (diretor da Globo) me ligou e disse: "É, foi mesmo do jeito que você me falou". Falei: "Então, é o seguinte, bate a demissão que estou me demitindo". O cara me disse: "Você está louco". Falei: "Não estou. Eu trabalho com vocês há oito anos, vocês me conhecem, sabem do meu caráter. Deveriam ter me ligado. Vocês acreditaram na matéria, mesmo me conhecendo há oito anos. Então me dêem a demissão que estou saindo fora." Aí deu um rebu, os caras começaram a me ligar. Eu estava puto na hora, foi mais uma forma de dizer "da próxima vez, confiem em mim".

Por que você não foi mais visto ao lado do Galvão?
Isso foi coincidência. Eu tive um problema sério de saúde que me fez ficar internado por 40 dias. Uma coisa não teve nada a ver com a outra. Aí a imprensa, por não me ver mais na TV, começou a especular. Disseram que eu estava brigado com Galvão, que estava com hepatite C, que estava com aquilo, aquilo outro.

As torcidas se enfurecem muito com seus comentários?
O problema é a cobrança do torcedor, que fica um pouco violenta. Eles são agressivos às vezes.

Já o agrediram?
Várias vezes. Por exemplo, São Paulo e Palmeiras no Morumbi. Fui com meu filho e, na hora de sair, saí com a torcida do São Paulo. Os caras começaram a me xingar, bater no carro, jogar latas de cerveja. Vieram me dizer que eu só falava mal do São Paulo. Todo torcedor tem um motivo para ter raiva do comentarista. Por incrível que pareça, o lugar onde sou mais bem tratado é no Palmeiras. Tanto pela diretoria quanto pela torcida.

O que mais irrita um torcedor?
Sinto que eles têm bronca porque falo a verdade que estou vendo. E o torcedor não gosta que falem mal do time dele, ainda que saibam que aquilo é a real. Mas ele se revolta porque sou eu quem está falando. A revolta dele é porque vou na ferida.

O quanto a TV cria e o quanto pode destruir a carreira de um jogador?
Essa é a parte mais perigosa do trabalho. É preciso ter muito cuidado para colocar a parte boa e a parte ruim do negócio. Hoje até que as coisas estão melhores, no geral os comentaristas têm mais cautela. Antigamente qualquer jogador era chamado de Pelé na segunda e na quarta já era um lixo. É difícil a

cabeça do cara tratar com o sucesso e com a derrota em tão pouco tempo. Ele fica confuso. O jogador de futebol não tem uma formação cultural consistente. Então não consegue tratar com essas duas porradas.

A própria Globo não trabalha a imagem de alguns jogadores com excesso de empolgação?
O narrador, diferente do comentarista, tem que dar a emoção. Quando o Galvão fala "Ronaldiiiinho", ele faz aquilo para prender o cara que está vendo a TV em casa. É exagerado, mas é o estilo do Galvão de dar emoção. E o Galvão tem que tomar cuidado com isso porque ele tem peso. Não é só narrador, tem uma importância. Ele é muito emocional, às vezes exagera, mas sem maldade. Vira um torcedor, se envolve com o que faz. O comentarista é o cara que dá a opinião, e a opinião pesa.

Deve ser meio estranho quando um jogador faz uma bela jogada e cala a boca do comentarista.
Isso aconteceu comigo e aprendi que você não pode exagerar. Certa vez eu estava fazendo Corinthians e Santos, a dupla de volantes do Corinthians era Gilmar e Romeo, dois jogadores fracos tecnicamente. Eu comecei a comentar que os dois volantes não tinham bons passes, e por isso a bola demorava para sair. No mesmo instante em que eu dizia isso, Gilmar e Romeo começaram a desenvolver uma jogada e o Gilmar fez o gol. Aconteceu o contrário do que eu estava falando, e com a imagem aparecendo.

As pessoas sabem com quem Ronaldo está saindo, com quem vai se casar, que carro compra e quais as festas que freqüenta. E futebol? Ele está jogando mesmo?
Esse foi um caminho que o Ronaldo escolheu. Eu, particularmente, sempre fugi da posição de ser artista. A partir do momento em que você entra nesse meio vira um foco e todo mundo vai falar o que você faz, menos de sua vida profissional. Eu acho que isso atrapalhou muito o Ronaldo, ele tem tudo, é um vencedor. Mas poderia ser um vencedor mais tranqüilo.

A Globo, por sua vez, não precisa desse jogador-celebridade?
Não. O que ela precisa é que o cara jogue muito e que seja um ídolo por isso. Ronaldinho Gaúcho é hoje o maior nome do futebol mundial. Isso pelo que ele joga, não por ele sair em coluna social.

Comentaristas esportivos podem ser jogadores frustrados?
Se o cara for frustrado, sim. Isso existe, como existe jornalista esportivo que não foi jogador de futebol e sai dando porrada em todo mundo. O cara fala "esse gol não se perde". Aí eu vou perguntar para o cara: "Mas você já chutou uma bola? Já perdeu esse gol? Como pode saber que esse gol não se perde?"

O Brasil será campeão na Alemanha?
Estou com o pé atrás, muito menos confiante do que estava em 2002.

Por quê?
O Brasil só tem a perder, não tem nada a ganhar. Se ganhar a Copa da Alemanha, tudo bem, todo mundo sabia que ganharia mesmo. Se perder, virá um vulcão. Quando ocorre isso no futebol, você tem que tomar cuidado porque o que todo mundo quer é que o Brasil perca.

Como assim?
Não digo que os jornalistas vão torcer contra o Brasil, mas pergunto a você que é jornalista: se o Brasil for campeão do Mundo, você vai fazer uma matéria como todas as outras. Se o Brasil perder, não vai fazer uma série de matérias muito mais legais? Para o jornalista, vai ser muito bom se o Brasil perder. Não estou dizendo que estão torcendo para isso acontecer, mas o fato é que as derrotas rendem muito mais para os jornais.

Cauby Peixoto

A voz e o marketing
(27/03/2006)

Cauby Peixoto, aos 72 anos, revive seus anos de ouro em uma tradicional casa de shows de São Paulo. Ao fim das apresentações, seu camarim é cercado por jovens e senhoras em busca de autógrafos. Fruto do mais puro marketing nos anos 50, 60 e 70, Cauby não tem pudores ao falar das estratégias para ser um ídolo. Um personagem, para alguns, maior que sua própria música

> Sou muito liberal, mas não gosto que as pessoas cheguem perto de mim para se apaixonar. Vivo pela amizade

> Meu empresário era um gênio. Espalhava mentiras de mim que eram meu marketing. Se não fosse ele, eu não estaria aqui hoje

> Chamei um rapaz de viado quando era criança e apanhei do meu irmão. Como toda a molecada, eu transava com ele

Os fãs estão ali na porta gritando por um autógrafo do senhor. Cauby Peixoto está na moda?
Nossa! Nem sei o que dizer. Eu acho que, no fundo, o brasileiro é muito musical. Ele sabe muito de música, é eclético, gosta de todos os gêneros. Canto uma música americana como *My Way* e ela é aplaudida de pé. Esse ouvido que o brasileiro tem é fantástico. E, felizmente, estou nesse grupo dos cantores mais queridos do Brasil.

As pessoas, contudo, se lembram do senhor mais ou menos do que deveriam?
O que fica mesmo é a voz. Eu já cantei vários ritmos, twist, cha-cha-cha, rock and roll. Uma grande voz é sempre mais lembrada do que uma medíocre. As pessoas sabem quem tem voz e quem não tem. Eu acho que o que está acontecendo agora é o seguinte: os filhos e os netos de minhas fãs estão me curtindo e cantando comigo músicas também jovens, porém muito bem feitas, tipo *Como Uma Onda*, do Lulu Santos. A *Conceição* ficou na cabeça das pessoas. Cauby - Conceição, Conceição - Cauby. Isso não tem jeito, ficou no coração das minhas queridas fãs. E os filhos delas hoje conhecem minha história.

As pessoas ainda sabem quem tem voz e quem não tem?
Sabem. E sabem o que é moda. E entram na moda sabendo que aquilo é só uma moda. Quando vem outra moda, elas entram, sabendo que aquilo também é moda. Elas sabem quem é e quem não é.

O senhor disse certa vez: "Antes eu berrava, tive que aprender a cantar". Foi isso mesmo?
Isso, claro. Antes de começar a cantar, eu tentava imitar Orlando Silva, meu grande ídolo. Mas eu cantava muito alto, eu berrava. Quem tirou isso de mim foi meu irmão, que é pianista. Cantei depois um pouco de jazz, graças a esse meu irmão, o Moacyr Peixoto. E tive medo de cantar samba por causa do meu primo, o Ciro Monteiro.

A crítica dizia que o senhor cometia muitos excessos como cantor. Em algum momento o senhor deu razão às críticas?
Em algum momento eu quis parar de cantar, largar minha carreira.

Por quê?
Eu não tinha a capacidade que alguns poucos artistas têm de encarar com naturalidade quando são citados, criticados em alguma reportagem mais maldosa. Eu quis deixar a carreira. Eu não era maconheiro, não me envolvia com tóxicos, mas falavam tudo de mim. Uma vez fui a uma reunião na Argentina com pessoas da televisão. Fomos na casa de um grego que era traficante, eu não sabia que ele era isso. Quando voltei ao Brasil, um brasileiro foi pego com esse traficante e deu meu nome à polícia em vez de dar o nome dele. Aí me acusaram de envolvimento com drogas. Eu já estava no Brasil. Aquilo foi um escândalo. Eu ia comprar um terreno na época, no Rio de Janeiro, não pude comprar porque meu nome ficou sujo. Isso me deu uma vontade de deixar tudo.

O que o reergueu?
O meu padrinho artístico, o empresário Di Veras, que era muito inteligente, perguntou o que estava acontecendo comigo. Ele ouviu e disse: 'Faz o seguinte: canta e deixa o resto comigo'. Ele foi sensacional. Fazia reportagens mentirosas que funcionavam como meu marketing. Ele passava aos jornalistas histórias como "Quando Cauby canta as meninas desmaiam". Era mentira. Mas a notícia era boa.

Era mentira aquela história de que o senhor havia colocado a voz no seguro?
Mentira. Ele dizia que eu havia segurado a voz em 3 milhões de cruzeiros. Isso chamou muito a atenção. Uma vez apareceu um rapaz parecido comigo e ele plantou a história de que aquele rapaz era meu filho. Não era nada disso.

O senhor acertava com ele essas mentiras de marketing?
Muitas coisas eu nem sabia. Mas fui um bom aluno, um ótimo aluno. Fazia exatamente o que ele queria.

E deu certo?
Certíssimo. Depois ele me levou para a América e eu consegui gravar lá. Ensinei *Luar do Sertão* para Marlene Dietrich.

Nesse momento os fãs de Cauby que aguardam na porta do camarim para serem atendidos começam a cantar em voz alta a música 'Conceição'... Cauby se emociona.

Olha lá fora que maravilha.

O senhor usava mesmo um terno que era preparado para desmanchar ao primeiro toque de uma fã?
Era sim. Eu usava às vezes, quando ia a programas de auditório. Eu saía pela frente do prédio para que todas me agarrassem. Quando faziam isso saía tudo nas mãos delas. Chegou um dia que eu saí correndo de cueca. Cueca não, calçãozinho.

Quando é que foram descobrir que tudo isso era marketing?
Essa história de rasgar era verdadeira. Eu tinha uma tesourinha que emprestava a elas quando queriam um pedaço da minha gravata, um cacho do cabelo, uma coisa assim. Eu deixava, aquilo ia me... Fui tão atencioso que elas deixaram um outro ídolo, o Francisco Carlos, para ficarem comigo. Ele era muito pedante, arrogante. E eu era mais simples. Di Veras dizia para mim o seguinte: "Quando você olhar para uma moça, olhe para todas, são todas suas fãs".

E com isso o senhor nunca namorou uma fã?
Não, não namorava. Eu tinha casos, elas apareciam. Tive uma grande paixão que meu irmão pediu que eu deixasse...

Nesse momento, um fã impaciente dá um grito na entrada do camarim: "Cauby, eu te amo!"

Meu irmão fez com que a moça fosse para Portugal porque o ex-namorado dela poderia me matar. Foi o maior drama que tive com fã.

As fãs não eram contratadas para gritarem pelo senhor?
Não, isso não tinha. O problema é que nós não tínhamos seguranças na época. Então eu saía abraçado a elas para lá e para cá.

O que o senhor seria sem seu empresário?
Talvez eu nem existisse, meu querido. Não saberia fazer o que ele fez, de jeito nenhum. Um homem de marketing não tem preço. Ele é a principal figura. Se eu fosse desafinado, um mau cantor, talvez eu fosse o Cauby Peixoto do jeito que sou. Quando vejo qualquer notícia no jornal sobre mim, guardo com muito carinho, seja ela qual for.

Por quê?
Porque eu sei o valor de se ter isso. Até mesmo a crítica destrutiva, eu guardo tudo. Se bem que a crítica sempre reconheceu em mim o cantor, depois o resto. A gente não consegue enganar. Tenho 52 anos de carreira, não estaria aqui cantando hoje se não tivesse voz. O sucesso é a voz. Mas essa coisa de ir olhar a moça, dar um beijinho, ser simples, isso me sustenta.

Há um momento em que o senhor conhece e passa a admirar muito Ney Matogrosso. Isso muda algo em seu jeito de cantar?
(Cauby, aparentemente, não entende bem a pergunta).
Não, não muda nada. As pessoas têm o direito de achar e pensar o que quiser. Eu não tenho esse problema, nunca tive. Uma vez chamei um garoto da minha rua de viado e levei uma surra do meu irmão mais velho, sabe?

Nesse momento, os fãs, ainda mais impacientes, gritam de novo para se despedir. Cauby pára e se emociona outra vez.

É bom você escrever isso que está acontecendo. Olha que honra, não é? Um homem passar por isso. É demais isso. É uma coisa que transcende.

Um fã consegue furar o bloqueio da segurança e se aproxima: "Cauby é a apoteose do máximo e a sublimação do divino. Acompanho esse homem há 50 anos".

Bem, o senhor dizia que apanhou de seu irmão.
Apanhei porque chamei um rapaz de viado. E eu, como toda a garotada, transava com ele. Fazíamos uma fila e íamos lá, um de cada vez. Quando fiquei famoso, passei a respeitar as fãs. Nunca seduzi uma garota, olhava para todas com o mesmo carinho.

Hoje o senhor não olha para trás e se arrepende por não ter aproveitado mais? Não deveria ter tido mais mulheres?
Sou muito liberal, mas não gosto que pessoas cheguem perto de mim e se apaixonem. Vivo pela amizade, tenho muita amizade com as mulheres. Amizade talvez maior do que com os homens. Há maridos que chegam para mim dizendo que suas mulheres me amam.

Os homens o procuram?
Sim, beijam, abraçam. Não vejo problema, vem carinho, vem carinho que é bom e eu gosto.

Muita gente conhece o senhor pela figura, pelo personagem, mas não conhece sua música. Não teme que o personagem tenha ficado maior que o artista?
Ainda não. Acho que o que sou é cantor mesmo. Há milhões de rótulos, mas quem corre na frente é o cantor. Eu pergunto às pessoas chegadas a mim, às minhas fãs, como está a voz. Saio do show perguntando como está minha voz. Sempre quero sair do palco com esse aplauso que você viu.

Outro fã interrompe gritando da porta: "Cauby, autografa um livro, Cauby, por favor". Cauby atende o pedido enquanto fala.

Isso me faz bem. Isso me faz bem. Eles querem qualquer coisa, mas querem. O dia em que eu perder isso, será o final.

Chico Anysio

"Não sei mais quem procurar"

(25/10/2004)

Chico Anysio é um homem perdido dentro de sua própria casa, a Rede Globo. Criador de 209 personagens em 47 anos de televisão, o humorista não esconde a insatisfação por não saber mais com quem dialogar dentro da emissora. Suas críticas não escolhem alvo - políticos, a ex-mulher Zélia Cardoso de Melo, Alex da Seleção Brasileira. E elas começam pelo programa que ele mesmo criou, o *Zorra Total*: "Cobro um preço para trabalhar no *Zorra*. Se for para ver, cobro mais caro". Em 2000, Chico foi suspenso da Globo por ter feito declarações contra a emissora. Quatro anos depois, o artista volta a usar a língua como lâmina nesta entrevista exclusiva

> **A quem você entregar um projeto na Globo, estará entregando à pessoa errada. Não sei mais quem decide**

> **Um dia o povo vai descobrir que o que tem de novidade neste País foi feito na gestão de Zélia e Fernando Collor de Melo**

> **Foi mesmo um exagero ter criado 209 personagens. Eu poderia ter feito um terço disso que daria no mesmo**

O que o senhor fazia ali no computador?
Estou reunindo em livro as piadas que usei nos meus 47 anos de televisão, 3.600 programas de rádio, 57 anos de shows em livros. Deve dar uns 25 livros. Só que eu tenho que fazer todos ao mesmo tempo porque as piadas estão na cabeça ainda.

E o Chico Anysio da televisão? Volta quando?
Eu não saí da televisão. Participo do *Zorra Total*.

E além disso?
Não adianta eu ter mais planos. Não sei a quem apresentá-los. Certa vez um rapaz me ligou e disse: "Chico, eu tenho uma idéia de um programa. A quem você acha que eu devo apresentar?" Eu respondi: "A qualquer pessoa. A quem você entregar estará entregando à pessoa errada." Não sei quem decide na Globo.

O senhor perdeu o diálogo com a Globo?
Eu tenho 35 anos de Rede Globo. Ao todo, 47 de televisão. Doze anos antes da Globo eu trabalhei em outras emissoras. Em todas elas eu sabia quem decidia, onde era a sala dessa pessoa. Eu batia na porta e falava com Paulinho Machado de Carvalho, Cassiano Gabus Mendes, Boni. Na Globo eu não sei. Nem eu nem ninguém. Existe lá um comitê, que eu também não sei por quem é formado.

O senhor deixou de apresentar projetos?
Apresentei 16 idéias em 2003. E aí, conversando com um diretor amigo meu, que me disseram que era a pessoa que resolvia, ele me disse que não sabia de nenhum dos 16 projetos. Fiquei sem saber o que fazer. Faço o *Zorra* e apresento para o diretor de lá várias idéias, mas ele não aceita o que eu digo.

O senhor está desanimado?
Eu fico... Não é desânimo nem desinteresse. Faço tudo melhor do que fazia antes. E creio que poderia fazer bem mais do que estou fazendo. Eu queria fazer uma série de DVDs com um quadro que eu apresentava no *Fantástico* chamado *Cartão de Visitas*. Minha idéia era fazer uns 8 ou 6 DVDs. Mas aí o quadro foi retirado do *Fantástico* porque disseram que ele não tinha o espírito do *Fantástico*. Eu quis fazer este quadro no *Zorra*, mas o diretor não quis porque disse que não era o espírito do *Zorra*. Bem, eu não vejo o *Zorra* porque, para ter que ver, cobro mais caro. Para fazer é um preço, mas para ter que ver, é mais caro.

É tanto tormento assim?
É. Eu não sei qual é o espírito do programa. Então fico em casa escrevendo estes livros.

O senhor tem alguma explicação para o fato de *A Escolinha do Professor Raimundo* não estar no ar?
Não, nem eu nem o Brasil. A *Escolinha* perdeu no Ibope um dia. No auge da novela *Pantanal*, ela era o único programa que vencia. *Escolinha* chegou a ser

o programa de humor de maior índice de audiência no mundo ocidental. Essa informação eu tive do Octávio Florisbal, que era na ocasião o diretor comercial da Globo e hoje é diretor geral, segundo me consta. Então, o Octávio sabe da força da *Escolinha*, pois ele próprio me disse que ela tinha proporcionalmente uma audiência maior do que o programa do Bill Cosby. Eu falei para o Maurício Scherman, diretor do *Zorra Total*, para colocar a *Escolinha* abrindo o *Zorra*. Mas ele não quer.

O senhor já deve ter escutado algumas vezes que o seu humor está superado. Existe alguma verdade nesta maldade?
Eu não posso julgar o meu humor. Não jogo bolo na cara de ninguém e nem deixo que ninguém jogue. Eu faço o tipo de humor social. Se gostam ou se não gostam, é outro problema. Eu só conheço dois tipos de humor, o engraçado e o sem graça. Se eu fizer o meu humor engraçado, ele não está superado. Se não tiver graça, está acabado.

Tom Cavalcante reprovou na escola do Professor Raimundo?
Não, a melhor coisa que o Tom fez na vida dele foi o João Canabrava dentro da *Escolinha*. É um dos dez melhores personagens já criados no mundo. Mas dentro da *Escolinha*. Com a minha presença ele nunca passou dos limites. Fora da *Escolinha* ele não é. Não é porque se desmanda, perde a medida, extrapola. Isso aconteceu também com outros. A personagem Tati, que a Heloísa Perissé fazia na *Escolinha*, era um deslumbramento. No *Fantástico*, não era. Ela exorbitava, exagerava. Foi assim também com a Talia da Claudinha Rodrigues.

Não foi um exagero criar e interpretar 209 personagens?
Claro que foi. Eu não precisava ter criado isso tudo. Podia ter feito a terça parte disso que seria a mesma coisa. Eu queria que sempre houvesse novidades para as pessoas não dizerem "de novo o Popó", "de novo o Pantaleão, o Azambuja, o Bento Carneiro, o Painho?"

O senhor diz que cria personagens da vida. Ela continua inspirando o senhor?
Não, porque não estou prestando atenção nela como prestava. Antes eu ficava procurando coisas nas pessoas. Então eu olhava a vida com o olho de busca. Hoje eu olho a vida como qualquer humorista. Mas olho para contar uma história, para escrever um monólogo, para criar uma piada. Não para criar um personagem.

Isso não é jogar a toalha?
Não é jogar a toalha, a prova de que não joguei a toalha foi que, no ano passado, apresentei 16 projetos. Mas contra força não há resistência. Não tenho como evitar isso que está acontecendo, mesmo porque não sei nem a quem eu devo procurar. Sugeriram que eu procurasse o Guel Arraes, que através dele eu poderia fazer um programa. Mandei um e-mail para ele e ele não deu essa oportunidade. Disse que neste ano não iria se dedicar à televisão. Foi o máximo que eu podia fazer.

Há uma população de figuras modernas que o senhor jamais visitou. O rapper, o moleque viciado em Internet, o roqueiro que se converte ao Evangelho. O senhor pode ter perdido contato com este mundo?
Não, eu sei disso tudo. Mas não tenho onde botar. Fiz um personagem que era o cara que deu o primeiro emprego de torneiro mecânico ao Lula quando ele chegou do Nordeste. Fiz, gravei, mas a Globo proibiu. Disse que não podia. Não sei por que, ninguém me explicou.

O senhor não pode mas o *Casseta & Planeta* pode.
É, o *Casseta* pode. Não sei por quê. E nem pergunto.

O humor na TV de hoje é o banquinho da praça de Carlos Alberto de Nóbrega, o humor jornalístico do *Casseta & Planeta* e a seqüência de quadros do *Zorra Total*. Quem está mais certo?
O mais engraçado. Há o humor brasileiro criado em 1948 pelos caciques da época que decidiram que o nosso tipo de humor seria o de quadros. Este só o Brasil faz. O mais brasileiro, portanto, seria o do *Zorra*. Mas este programa está vilipendiado porque nele o humor está perdendo para o visual. Eu estava em um restaurante em Fortaleza. Eram cinco mesas e havia um televisor. Ia começar o quadro da moça que arruma a toalha, a Luciana. Então eu disse: "Eu queria que todo mundo visse esse quadro porque eu vou fazer uma pergunta depois". Quando acabou o quadro, pedi para me responderem sobre o que o rapaz falava. Ninguém sabia dizer nem uma frase. O quadro não foi ouvido, foi visto. Não é um quadro de humor, é um quadro de sacanagem. Não precisa gravar mais este quadro, põe o mesmo, todo dia é igual.

O senhor foi advertido na sala de aula quando era menino por imitar um professor de francês. Há quatro anos foi suspenso da Globo. Alguma semelhança entre os fatos?
Minha suspensão da Globo foi numa época em que a Marluce (Marluce Dias, atual assessora da presidência executiva da Globo) não estava segura. Hoje ela está acima disso. Sinto muita falta dela. Fui suspenso porque disse que sentia falta do Boni, e isso a incomodou na ocasião. Hoje nem eu diria isso, nem ela se incomodaria por eu ter dito. Acho até que ela se arrepende de ter me suspendido.

Humor tem prazo de validade?
Não sei. Se um dia alguém chegasse na sala de um diretor da Globo e dissesse "está aí fora o Charles Chaplin", ele poderia dizer: "Oh meu Deus, lá vem ele de novo querer fazer aquele Carlitos." Eu não sei se Os Três Patetas perderam a graça, se o Chaplin perdeu. Há uma mudança no ritmo das filmagens, mas creio que o que era engraçado continua sendo.

Seu casamento com a ex-ministra Zélia Cardoso pode ter sido visto pelas pessoas como um capítulo sem graça da sua vida?
Não sei, não me preocupei com isso. Meu casamento com a Zélia gerou dois

filhos admiráveis e fez dela uma mãe rara. Tive com ela dois momentos, antes e depois do livro do Fernando Sabino (*Zélia, Uma Paixão*). O livro foi um divisor de águas que eu tinha certeza de que seria ruim. Discuti muito com ela. Disse "não faz, não deixa fazer". Um dia, na casa dela, o Sabino e ela estavam discutindo onde iriam lançar o livro. A mulher do Sabino pediu minha opinião e eu disse: "Lança no Cemitério do Araçá. Assim, quando acabar o lançamento, já enterra ali mesmo". Eu disse para ela: "Você está querendo se vingar do Bernardo Cabral, assim vai é elegê-lo no Amazonas". E tudo o que eu disse aconteceu. E aí segurei uma barra muito séria. Sobre o bloqueio das poupanças, falei com ela: "Você errou porque não separou o poupador do especulador". Ela disse: "Não havia como separar". Eu disse: "Havia, era só fazer a sua lei da maneira como fez, mas com uma ressalva: todas as cadernetas de poupança abertas de três anos para cá estão bloqueadas". Ela disse: "Ah, é verdade, por que ninguém me falou isso?" Bem, os meus filhos não moram no Brasil porque, para ela, o Brasil ficou ruim. Ela entra em uma churrascaria e as pessoas olham feio. Ela virou uma inimiga do povo.

Isso não prejudicou sua carreira?
Sim, claro. Meus shows pararam de lotar. Saí dessa porque o povo sabia que eu não tinha culpa. Mas um dia o povo vai descobrir que o que tem de novidade neste País foi feito na gestão dela, que foi a abertura da importação de automóveis, o cheque nominal...

Então valeram os anos de Fernando Collor de Melo?
Claro que valeram!

Valeu passar por tudo aquilo?
Valeu para nós. Não valeu para eles. Eu estava em Fortaleza quando o presidente Castello Branco morreu e vi uma faixa dizendo "enterrem longe para não nascer aqui de novo". Hoje em dia, todos sabem que, depois do Juscelino, o melhor governo foi o dele. É possível que daqui a 20 anos descubram que, depois de Castello, o melhor governo foi o do Collor.

O senhor votaria nele?
O Collor teve um defeito. O erro foi governar sem a Câmara. Foi um ditador. E na hora que a Câmara pôde, tirou o Collor. Mas o que ele fez foi muito bom.

O senhor votaria nele?
Se o concorrente fosse o Ciro Gomes, votaria no Ciro.

Se fosse o Lula?
Votaria no Collor.

Se fosse o Fernando Henrique?
Votaria no Collor.

O senhor já votou no Lula.
Sim, uma vez. O Lula achou que presidente manda. Presidente não manda, presidente veta. Quem manda é a Câmara e o Senado. O Lula tinha de saber isso. O governo dele é um desastre porque está tudo errado. Gosto do Lula, admiro sua trajetória e considero que ele tem muitas boas intenções. Mas, como se diz, de boas intenções o inferno está cheio. E há muito a ser feito. As prioridades são cuidar da fome, saúde, cultura e estradas. Num país que não tem ferrovia, a estrada é de uma importância transcendental. E no Brasil é uma vergonha. Isso tem de ser consertado.

Isso quer dizer também que o senhor votaria no Paulo Maluf...
Acho que sim, pelo que ele fez. Maluf é odiado mas, se não fosse ele, São Paulo não andava. Fez as marginais, viadutos, túneis, minhocões.

Mas o senhor sabe da lamaceira que cai na cabeça dele. Ainda assim valeria o voto?
Olha, quando o Fernando Collor foi cassado, houve um erro de direito absurdo. Ele foi julgado pelo Senado por ser Presidente da República. Mas ele renunciou antes do julgamento, e aí não poderia mais ser julgado pelo Senado. Mais tarde, o Supremo Tribunal Federal inocentou ele de tudo. Veja, eu não sou a favor dele, não sou "collorido", só falo dos fatos. Sobre o Maluf, não chamo um cara de ladrão sem ter visto ele roubar ou sem que tenha sido provado e comprovado. Eu julgo mais o que o cara fez. O que o Maluf fez está feito. Fui chamado uma vez por uma agência para fazer um álbum de figurinhas com as obras do Maluf. Eram mais de 100 obras enormes. E outra coisa: neste mar de lama não tem ninguém de branco não.

O que tira o humor do senhor?
O Alex. Não consigo entender o Alex na Seleção Brasileira. Aquela é a posição por quem a bola mais passa. Não sei por que ele está lá. Nunca vi o Alex jogar nada. Mas, como também nunca vi o Ronaldinho Gaúcho jogar nada...

O senhor tem contrato com a Globo?
Sim, até 2009.

Já pensou em uma vida fora da Globo?
Não... Eu tive convites. Não assinei o meu contrato ainda, mas apertei a mão do diretor com quem tratei o contrato, Érico Magalhães. E como este diretor é a pessoa que eu mais prezo, em quem eu mais acredito, e que acho que deveria ser o diretor geral da Rede Globo, este contrato para mim está valendo. Não consigo me ver fazendo alguma coisa fora da Globo. Trabalho nela há 35 anos. É mais do que a metade de minha vida.

O senhor aceitaria fazer um programa nos antigos moldes do *Chico Anysio Show*?
Eu acho que acabou esta fase do programa do fulano ou do ciclano. Agora é o programa tal, onde entram vários artistas. Eu criei o *Zorra Total* de uma forma que não custaria muita coisa para a Globo. Eu dirigia o humorístico *O Belo e as Feras*, mas a Marluce Dias tirou a direção de mim e passou para o Carlos Manga. O Manga passou para o Maurício Scherman. Eu fui falar com o Mário Lúcio, na Globo, que eu queria o *Zorra* de volta para mim. Acho que tem mulher nua demais, muito quadro que está lá pela safadeza, não pela graça. E eu queria dar uma arrumada no programa. Mas ele falou "você vai dar um prejuízo para o Scherman, porque ele ganha de acordo com Ibope. Se o Ibope aumentar, ele ganha mais dinheiro. Se diminuir, ele perde". Então falei: "Deixa, não quero tirar o dinheiro dele". Foi quando sugeri para ele colocar a *Escolinha*, porque iria dar 40 pontos e isso aumentaria o dinheiro dele. Mas ele não quis.

Cid Moreira

"Não gosto da minha voz"

(21/08/2006)

A voz do Jornal Nacional por quase três décadas é hoje a voz de Deus. Aos 79 anos, Cid Moreira se realiza com gravações de CDs bíblicos e palestras em igrejas. Só fica meio ressabiado quando ouve a própria fala

"**Sorte do Roberto Carlos que não me tornei um cantor. Iria acabar com a carreira dele**"

"**Eu olhava para o Zé Trindade na Rádio Mairink Veiga e pensava que voz eu teria aos 60 anos. Vou fazer 79 e posso dizer que ela é melhor do que era**"

"**Armando Nogueira me chamou para ir à sala dele ver um cara que apresentava um telejornal nos Estados Unidos. Saí de lá arrasado, humilhado**"

O senhor vai responder esta pergunta com um 'não, imagina'...
Não, pode perguntar que só digo a verdade.

O senhor acha que tem a voz parecida com o que seria a voz de Deus?
Não, imagina isso (pausa). Olha, o que todo mundo imagina é algo assim, que Deus tenha essa voz grave. A voz é um instrumento, como se fosse um trombone ou sei lá. A questão é como se vai usá-la. Eu a deixava muito solene quando comecei a gravar discos com a narração da Bíblia, mas a experiência tem me mostrado que quanto mais natural, mais comunicação se consegue. Quem ouve os discos que estou lançando percebe que Jesus vai ficando mais humano, mais brando a cada CD.

O senhor gosta da sua voz?
Não, não gosto da minha voz.

Não?
Não, acho que tem muita gente melhor do que eu.

Quem?
Não vou dizer, mas tem.

O senhor está ficando cansado?
Cansado? Sou incansável. Hoje, antes de vir para cá, já fiz peso, bicicleta, às vezes jogo tênis. Quer ver uma coisa? Segura aqui.

Aonde?
(*Cid estica a perna*) Aqui, pega aqui (*aponta a coxa*).

Puxa, o senhor toma 'bomba'?
Não, é só ver as coisas que eu como. Hoje, por exemplo, foi salada de fruta. Para agüentar as gravações a gente tem que ter preparo físico. Com a idade que tenho, se não fizesse nada não estaria nem caminhando.

O senhor leu no ar os editoriais da Globo por muitos anos. Era a voz do dono da emissora. Hoje, faz a voz de Deus lendo a Bíblia em CD. O que essas vozes têm em comum?
Eu tenho uma história para te contar sobre isso. Quando iria deixar o *Jornal Nacional*, depois de 25 anos, estava lançando também um CD com o Sermão da Montanha. Então bolei o seguinte para escrever na capa do disco: "Há 25 anos apresento o *Jornal Nacional*. Sempre levei muitas notícias, nem sempre boas, aos lares das pessoas. Quando não eram boas, procurava amenizar com um 'boa noite'. A partir de agora, irei levar até o último dia de minha vida as notícias de Deus."

E aí começou a carreira com os discos religiosos.
Assim que eu deixei o *JN* me chamaram para gravar os principais trechos da Bíblia. Essas gravações, lançadas em banca, venderam mais de 25 milhões.

O senhor acredita em milagre?
Você fala o quê? Uma prova evidente da presença de Deus? Olha só. Eu sempre ia às igrejas para ler um salmo, as pessoas me convidavam. Um amigo me levou para ler um dia o salmo 103. Quando fui pra casa estudar o 103, abri a Bíblia e pá! Falo isso e fico até arrepiado. Caiu no salmo 55. Falava sobre uma pessoa que se sentia perseguida, com medo. Bati o olho e comecei a ler aquilo...

O senhor se sentia assim?
É a época em que estamos vivendo. O medo que temos de sair, no carro, de virar as costas e acontecer alguma coisa. Cheguei na Igreja e li o salmo 55. Pela primeira vez, a Igreja cheia, peguei o microfone. Nunca tinha me dirigido aos fiéis daquele jeito. Cheguei bem perto do microfone e comecei assim (*emposta a voz com um grave assustador*): "Medo". A Igreja tremeu. "Medo. O medo te acompanha desde os primeiros passos na vida?" E fui falando do medo. "A salvação é Jesus Cristo". O pessoal dizia "Amém". E fui me entusiasmando com aquilo e falando mais e mais. Arrepio de lembrar.

Como foi o clima no estúdio durante as gravações dos CDs cristãos?
Já aconteceram coisas estranhas. Sabíamos, durante uma gravação, que no andar de cima do estúdio não morava ninguém. Mas quando começamos a gravar iniciou uma barulheira incrível neste andar de cima. Aquele tumulto. A gente parou de gravar e o técnico foi lá ver o que era mas não tinha ninguém. Uma lâmpada, sem mais nem menos, estourou em cima da gente.

E o que vocês fizeram?
Havia um judeu convertido ao cristianismo que fez uma oração e o clima melhorou. Mas foi incrível.

A voz que envelhece fica melhor?
Eu vim de Taubaté, fiquei dois anos em São Paulo e fui depois para o Rio. E lá entrei na Rádio Mairink Veiga. Na época a Rádio Nacional era a mais forte. Eu e mais 10 profissionais fomos contratados para levantar a Mairink Veiga, que estava caída. Chegamos lá e conseguimos isso. Apareceram com a gente o Chico Anysio, Zé Trindade, Grande Otelo. Eu narrava os programas de humor na emissora. Lembro que o Zé Trindade fazia a voz de velho com 60 anos. E eu ficava pensando que voz teria quando chegasse aos 60. Bem, vou fazer 79 e posso dizer que minha voz está muito melhor.

Nunca pensou em ser cantor?
Sorte do Roberto Carlos que não virei. Iria arrebentar com ele (*risos*).

Nunca se aventurou?
Eu tive problemas na época do rádio. A gente sentava na frente da orquestra e eu sempre tinha um companheiro, um segundo locutor. Geralmente o colega que me acompanhava não tinha o meu tom de voz. Eu trabalhei muito tempo

com o Carlos Henrique e a voz dele era um tom acima da minha. Lá no palco, com a orquestra atrás, ele entrava e eu entrava no tom dele. Quando terminava o programa havia forçado tanto a voz que saía sem conseguir falar. Me disseram que eu tinha que ir estudar música. Fui consultar uns três professores de canto.

E o que eles disseram?
Um deles queria me treinar, disse que me levaria para ir cantar no Teatro Municipal. Mas eu saí fora.

O senhor no *JN* hoje seria melhor do que foi no passado?
Seria muito melhor, muito melhor.

Então não deveria estar lá?
Olha, capacidade física e domínio de voz eu tenho. Me considero hoje muito melhor do que eu era. Mas há fases. O cara, quando chega aos 70 anos, sai de cena. E tem gente que quer parar até antes. Eu não pararia nunca, gostava muito. Mas agora que parei também não quero mais.

Nunca se sabe se é lenda ou verdade a história de que o senhor apresentava o jornal de bermuda.
Houve uma época em que eu não tinha folga, fiquei quatro anos na Globo sem tirar férias. Quando acabava o jornal eu pegava o carro, subia a serra e ia jogar tênis, ficava por lá e voltava só no dia seguinte. Um dia, em uma dessas descidas, eu vinha de bermuda e caiu um grande temporal. Alagou tudo, e naquela época não tinha a Linha Vermelha. Não teve jeito de passar em casa e fui para a Globo de bermuda. Eu tinha lá só o paletó no armário. Botei o paletó e fiz o jornal de bermuda. Engraçado, só mulher pode andar de minissaia, homem não pode (*risos*).

Homens de jornais pecam muito?
Assunto de jornalismo eu tô por fora, estou aposentado há dez anos.

O senhor nunca foi contra nenhuma decisão da Globo?
O profissional tem de vestir a camisa de sua emissora, de qualquer lugar em que trabalhe.

Não havia algo a que se opor lá?
Há, isso havia, mas sempre há. Mas se não gosta de algo, tem que pegar o boné e ir embora. Você no seu jornal tem de seguir diretrizes do editor. Cada jornal tem um pensamento e se você se insurgir contra aquilo, estará pedindo para ser demitido.

O senhor não acredita na independência de um jornalista?
Há uma autonomia, mas ela não pode nem deve ser total. Imagina chegar um âncora na TV, por exemplo, e dizer as coisas que ele quiser.

O senhor disse certa vez que a censura dentro da Globo na época da ditadura era muitas vezes mais forte que a censura da ditadura.
Olha, você não tem um nome lá no jornal? Pode fazer o que bem entende? E se você fizer, não adianta. Vai chegar um editor e cortar seu trabalho. É como falei, você tem de vestir a camisa de onde trabalha.

Como era apresentar jornal na época que não havia teleprompter?
Um dia o então diretor do jornal, Armando Nogueira, me chamou à sala dele e mostrou um telejornal que passava nos Estados Unidos: "Olha só como se apresenta um jornal lá fora". Era um cara usando um teleprompter. Fiquei arrasado. Nunca iria conseguir fazer aquilo. O cara falava com a maior desenvoltura, dinamismo, rapidez. E sempre olhando para a câmera. Que humilhação. A Globo depois importou o teleprompter, mas teve um tempo de adaptação. Este aparelho tem um jogo de espelhos para você ler a notícia olhando para a câmera. Mas os técnicos não colocaram os espelhos e foi um Deus nos acuda. A gente lia embaixo e levantava o olho para a câmera. Quem estava em casa via a gente olhando para cima e para baixo e não entendia nada. Só depois de um mês descobriram que tinham de colocar o jogo de espelho.

A voz do senhor no *Fantástico* parece ter ficado mais dramática a partir das narrações do Mister M.
Nunca estou satisfeito e nunca digo "ah, sou o máximo". Se pensasse assim não chegaria onde cheguei. Há apresentadores que terminam uma notícia e entram em outra e você nem percebe. Não muda o tom, não muda o ritmo. Isso confunde. Sempre tentei dar um pouquinho a mais que os outros não davam.

Clodovil

Brasília que se cuide

(23/01/2006)

Uma "mensagem divina" fez o estilista Clodovil Hernandez decidir se lançar a deputado federal. Aos 70 anos, o homem que se julga afastado da televisão pelo sistema mostra suas faces em um novo musical sobre Carmen Miranda enquanto se prepara para sair em busca de votos. Em seu apartamento de São Paulo, Clodovil esbravejou e gargalhou, às vezes, de forma preocupante

> **Não posso mais fazer sexo, não sinto prazer. É deprimente estar assim, sexo é uma dádiva que nivela as pessoas**

> **Vou me tornar político agora porque Deus me mandou uma mensagem. Brasília nunca mais vai ser a mesma**

> **Serei eleito deputado escandalosamente. O povo é um bando de carneiro cego. Quem está em Brasília está porque ele colocou**

Seu novo espetáculo nasceu como?
Assim que foi descoberto um câncer em minha próstata, ano passado, pensei em escrever algo para me divertir e resolvi fazer o espetáculo.

Nesse momento entra a assessora de imprensa e se senta no sofá ao lado. E Clodovil passa a falar com ela:

Deixe eu ver se você está com aquele sapato de ontem. Nunca mais coloque aquele monstro.

É? Nossa, mas todo mundo gosta tanto dele.

Claro, todo mundo é falso com você como uma cobra. Aquele sapato deixou seu pé horroroso, parecendo uma aleijada. É medonho, te faz um pé de velha, um horror.

O senhor falava do espetáculo.
Eu fiz o espetáculo porque preciso trabalhar. E vou me aborrecer muito com a crítica que adora falar mal porque não sabe o que é isso. Ai, você machucou o dedo?

Não foi nada, só um arranhão.
Não, vamos ver.
(Clodovil chama uma funcionária) Traz um band aid para o dedo do rapaz.

Não precisa se preocupar.
Não estou preocupado. A dor é inevitável, o sofrimento é opcional.

Seu espetáculo se chama *Eu e Ela*. Ela é quem?
Ela sou eu mesmo, como você tem sua mulher dentro de você, como todos têm. E eu nunca, por incrível que pareça, nunca gostei do lado feminino porque ele me induzia a ser travesti, a ir para a obra, a dar para qualquer um. A liberdade da juventude faz você fazer coisas erradas. Um dia percebi que a vida só seria gloriosa no final se eu tivesse uma atitude com relação a isso.

A funcionária chega com um papel e diz que não tem band aid. Clodovil se irrita:

Eu pedi detergente para lavar meu brinco, não tem detergente. Pedi não sei o que, não tem. Essa horrorosa (a empregada) me fez ir ao mercado outro dia fazer uma compra enorme e ainda falta tudo. Gente, eu estou cansado. Uma casa que não tem band aid? É o fim do mundo. Traz o merthiolate.

O senhor segurou seu lado feminino durante sua vida?
Não segurei nada. Tudo o que nos parece ruim, no fundo é bom. E tudo que às vezes é bom pode ser uma mentira.

A empregada passa pela sala segurando um brinco de Clodovil. Ele se vira para ela e diz:

Dá aqui o brinco, por favor.

Só vou pegar a tarraxa e...

Me dá aqui o brinco primeiro (*sobe a voz*). Não seja teimosa, desobediente! Me dá aqui, traz a tarraxa depois. Mas que coisa, meu Deus. São as pequenas coisas que me irritam. Gente que não sabe limpar a bunda, não sabe tomar banho, não sabe se lavar. E olha que eu adoro mulher. Homem eu sempre usei, mas gosto é de mulher, a vagina é uma deusa.

O senhor vai lançar sua candidatura a deputado federal?
Claro que vou. Isso me foi imposto por Deus. A vida não é a gente que faz, eu jamais pensaria em fazer política, mas agora é o momento de ir. Estou com 70 anos e, para ajudar os outros, só em um cargo assim.

Um político deve ser mais objetivo, sem muitas divagações.
A vida é uma divagação, não seja inocente. Eu sou prolixo, verborrágico e falo muito, é verdade. Mas quero saber qual é o deputado que vai levantar a voz para mim.

Seu partido será o Trabalhista Cristão. Era o mais adequado?
Eu não preciso do partido, ao contrário. Mais uma vez vou gostar de fazer uma coisa pequena ficar grandiosa, subir.

Sua eleição não deve ser difícil pela popularidade que tem.
Eu serei eleito escandalosamente. Quero que seja uma coisa absurda. O povo é idiota, esse bando de carneiro cego. Quem está lá (em Brasília) está porque o povo colocou. O povo fica puto, reclama, mas não toma atitude nenhuma. Por que as pessoas querem roubar todo mundo? Por que tudo vira sistema? Eu nunca fui à Parada do Orgulho Gay. Vou ter orgulho de quê, de dar o rabo? Se não fossem os homossexuais, gente ordinária como a Marta Suplicy não estaria no poder.

O senhor não fala como um político. Não tem projetos, não faz promessas.
É claro, não vou cumpri-las. Não posso fazer promessa.

Sua eleição não seria a comprovação da alienação do eleitor?
Uma vez o Pelé disse que todo eleitor era burro e nem por isso deixou de ser o Pelé. Gostaria de poder dar alegrias como fazer um cego enxergar. As pessoas mais humildes não têm possibilidade de nada. Mas você me entrevista como se eu fosse culpado de ir para a política.

O senhor, aos 70 anos, gostaria de pedir desculpas a alguém?
Pediria desculpas a mim mesmo por não ter entendido as pessoas. Esse é o erro. Não deveria ter implicado com nada, sou um saco de merda como você.

Quero polir minha alma para levá-la de volta a Deus. Não posso nem mais fazer sexo, não tenho mais prazer. Ontem à noite tomei um Viagra e hoje amanheci com ereção, uma coisa que não via há três meses. O que tem eu te contar isso? Qual é o problema?

Não poder mais fazer sexo deve ser um problema.
É deprimente, o sexo é uma dádiva. É o que me nivela a qualquer pessoa pobre, preta, puta. O orgasmo é a coisa mais socialista do mundo porque Deus deu de graça.

O que o tirou da televisão?
O sistema. E toda vez que as pessoas pensam que estão me fazendo mal, estão me fazendo bem. Era o momento de eu partir para a política para atender sabe quem? Atender a Deus, só.

Foi uma mensagem?
Claro, mas não quero te contar como foi.

Não é bom contar?
Não interessa, as pessoas não iriam acreditar.

Elas vão dizer que está indo para a política pelo dinheiro.
Pelo dinheiro? Eu gasto um salário de deputado federal por dia.

Um salário?
(*Risos*)

E se disserem que está indo para receber o mensalão?
Eu? Não vou roubar porque não tenho nem mais idade.

O jeito que o tornou famoso também te fechou portas. Seu jeito de abordar o entrevistado com perguntas desconcertantes...
Sou um grande entrevistador porque não minto. Eu pergunto em cima do que a pessoa me respondeu. Não existe pergunta grosseira, existe resposta grosseira.

O senhor não gostaria se ouvisse uma pergunta grosseira.
Depende, me pergunte uma grosseria agora.

(Pausa) Agora o senhor está preparado para não ser grosseiro.
Não estou nada, eu sou assim. Se você me perguntar: "Você é viado?" Posso dar várias respostas, mas vou dizer: "Por quê? Você também é?"

O senhor já perguntou a seus entrevistados coisas como: "Você está mastigando algo ou tem a boca travada?" "É muito difícil conseguir algo (sexual) com você?" "Você já foi preso? Estava bebendo ou queimando fumo?" Isso não é grosseiro?
Em vez de suas perguntas, que são bobas, prefiro pensar no Charlie Chaplin quando deu um bofetão na cara da bailarina para ela poder dançar e que, em

seguida, morre dentro de um tambor. Cada um faz as coisas de acordo com seus interesses. Você está me perguntando isso porque essas coisas pegaram você por alguma razão.

O calendário da moda no Brasil nasceu mesmo com a São Paulo Fashion Week?
(*Dá uma longa risada debochada*) Certa vez conheci o Paulo Borges (diretor da São Paulo Fashion Week). Acreditei nele, bobamente acreditei. Dois meses depois vi que é um salafrário que vive às custas da meninada. Isso não é moda. É como se estivessem fazendo desfile para uma ponta de estoque.

E Gisele Bündchen?
(*Outra gargalhada*)

Por que o senhor ri?
Ela é linda e maravilhosa mas não é modelo, é carne. Manequim é outra coisa, exibir uma roupa é outra coisa. Como não temos mais artistas, o que interessa é o visual.

O senhor compra onde as roupas que veste?
Eu mesmo faço.

Nunca passou em uma liqüidação de loja?
Deus me livre, não vou. Eu tenho cara de pobre?

Às vezes a cara engana.
Mas você quer fazer considerações sobre a pergunta, parece entrevistado bobo.

O entrevistado não é o senhor?
Eu sei querido, estou falando com você de um jeito diferente dos outros. Sei qual é o seu joguinho.

Está bem, o senhor não tem cara de pobre.
Não tenho né? Eu fiz essa cara. Quando cheguei a São Paulo tinha cara de pobre porque era e não tinha vergonha. Quando tenho dinheiro compro tecido bom e faço roupa que combine comigo. Me visto de acordo com meu estilo, sei fazer isso. Você, com uma camisa como a minha, ficaria com cara de pai-de-santo. Agora, quando não tenho dinheiro...

O senhor está sem dinheiro?
Sem um tostão, querido.

E por que a vergonha de comprar camisa no Bom Retiro?
Não tenho mais lugar para guardar roupas. Tenho roupas para viver duas ou três vidas ainda. Isso é bobagem. A melhor roupa que tenho é minha alma.

Dercy Gonçalves

"Sou um retrato da esculhambação do país"

(18/09/2006)

Aos 99 anos, Dercy descobriu o sentido da vida. A mulher conhecida pelos palavrões diz se controlar mais para não falar dos outros e se prepara para a chegada dos 100, em 2007, sem nenhum sonho especial

> Fui a um programa de Luciana Gimenez (no qual havia mulheres de programa). As mulheres que estavam lá eram umas coitadas...

> As modelos de hoje são magras, sem bunda. Nós éramos cheinhas. A geração mudou. É importante que esqueçamos das pessoas sim

> Cada um tem que cuidar de si próprio. E se no meio do caminho levar uma bofetada, não dê outra. Isso é Jesus. Se der, pode matar a si mesmo

A senhora está bem?
Ah, você sabe que estou. Por que está perguntando?

A gente sempre pergunta.
Se não estivesse bem não viria aqui. Para uma mulher com quase cem anos, não é fácil.

Dormiu bem?
Eu quase não durmo. Levanto sistematicamente às cinco da manhã. Acordo, mas é a falta de energia total. Tenho que tomar um chá para ter energia. Meus olhos lacrimejam porque fiz operação de catarata, enxergo bem, mas vejo as coisas deformadas. Não importo porque não digo a ninguém que ele está deformado. Muitas vezes nem sei quem é que está falando comigo.

Quando fez 90 anos, a senhora disse que não chegaria aos cem. E que, se chegasse, não teria forças para comemorar o aniversário. A senhora vai comemorar os cem anos?
Eu estou na força, estou na força mas tenho que me abastecer.

E como faz isso?
Me abasteço com guaraná em pó e rapé. Fiz exame total e não tenho nada. O médico me disse que só tenho um pouco de falta de açúcar no sangue, uma mentira dele. Isso é falta do que dizer.

Como é ter 100 anos?
É como ter outra idade qualquer, é como todos os outros anos. Minha juventude não está na aparência, ela é meu interior, minha vontade de viver, é o respeito que tenho pelo País, pelas pessoas, pelo Hino Nacional. Engraçado que agora me veio um patriotismo, um amor à Pátria, uma ligação com a natureza. Compreendi que somos natureza.

Quando compreendeu isso?
Só agora, aos 100 anos. Agora que fui entender o que é Deus. Deus não é nada do que dizem. Deus é força, é luz, é energia. Uma capacidade tão grande de domínio e invenção que é impossível a gente compreender.

A senhora parece estar pensando muito sobre isso.
Nunca pensei sobre isso como agora. Quando saí de casa para me casar aos 13 anos, era uma pessoa da maior ignorância. Fui abatida pelo destino de não ter minha mãe vivendo com meu pai. Mamãe foi embora e deixou os filhos todos com papai. E fez ela muito bem. Mamãe não tinha capacidade de comandar a vida dela. Não podia impedir que os seis filhos passassem fome. Eu senti falta de mamãe.

Ainda sente?
Hoje sinto mais ainda. Na época não me fez falta porque senti que eu deveria tomar conta de mim. Hoje sinto mais.

Quando a senhora sentiu que tinha de tomar conta de si mesma?
Eu não, nós.

Nós quem?
Cada um tem que ter muita observação em si próprio. Não se pode descuidar um minuto. E, se no meio do caminho levar uma bofetada, não dê outra. Isso é Jesus. Se você der, pode matar a si mesmo. Doença não existe cara! É fabricada pela própria pessoa. Eu tive câncer, tuberculose. Me curei de tudo, mas sei o que é isso.

Não deve ter sido muito fácil ser artista nos anos 40, 50...
Eles, os diretores do meio artístico, sempre falavam tanta besteira... Tudo é feio. Então o sexo era uma monstruosidade. Cú é o esgoto da natureza, é lindo. Acho que está tudo errado. Estava vendo ontem um programa sobre a evolução da Terra. Caramba, como é perigosa a Terra, os vulcões, os mares. Aquilo me deu a convicção de que nós não somos mais do que uma gema de ovo.

Do que é que a senhora tem medo?
Eu, medo? Medo da realidade? Não posso ter medo de nada. Eu evito maldades, agressões, falar mal dos outros. Mas não tenho medo.

A senhora já falou mal de muitas pessoas?
Eu me corrigi, me policio para não mais fazer isso. Eu tive uma vida linda. Não amei ninguém, mas não tenho ódio de ninguém. Fiz muita merda, muita coisa errada, mas voltei atrás e refleti bem.

As pessoas conhecem Dercy Gonçalves?
Não, não conhecem. Ainda pensam que só sou uma boca suja, ou que sou uma prostituta. Não gosto de contar vantagens, minha humildade é natural. Então, muitos não conhecem minha história.

Sua imagem é a da mulher engraçada, extrovertida, que fala seus palavrões...
Que palavrão! (*Grita*) Palavrão é condomínio, palavrão é fome, palavrão é politicagem. Isso é palavrão.

As pessoas não conhecem mais seus palavrões do que seus filmes?
Não ligo para os filmes, eles são mentiras. A gente inventa para poder representar. Inventamos filmes para enganar os outros. Escrevi três livros que têm mentira pra burro.

A imagem de escrachada não atrapalha quando a senhora quer ser levada a sério?
Eu me levo.

Mas as pessoas não a levam.
Quero que elas se fodam. Se acham que estou errada, não adianta eu fazer nada. Vão sempre achar. Quando quero que me ouçam, vou para a televisão,

porque a TV é uma boca aberta. O jornal não. O jornal já fecha, já corta, mutila o que eu disse. Coloca pontinhos nos palavrões. Feio é você não acreditar no seu irmão, não respeitar as pessoas. Olha só, agora que vim compreender a vida. Nunca havia dado confiança para ela. Faço o que eu acho que não é feio. O que você fala de mim não interessa, foi você quem falou.

As pessoas só chamam a senhora aos programas para fazer graça...
A graça está na verdade. Eu faço você rir contando histórias verdadeiras. Fui a um programa de Luciana Gimenez (*no qual havia mulheres de programa*). As mulheres que estavam lá eram umas coitadas, tão rasas...

Muitas atrizes com mais de 60 anos estão esquecidas.
Se você não esquecer, as coisas ficam repetitivas. É importante esquecer das pessoas também. Eu mesmo não me lembro de ninguém. Nem de mamãe.

Uma assessora interfere: "Acho que a senhora não entendeu. Ele quis dizer que há boas atrizes idosas que estão esquecidas pela história..."

Não, acho que era sobre isso que ela estava falando.
Claro que era, como não entendi? A novidade é outra. As modelos de hoje são magras, sem bunda. Nós éramos cheinhas. A geração mudou, mudou o caráter, a natureza das pessoas. E é importante que esqueçamos das pessoas sim.

Mas é difícil ser esquecido.
Quem é esquecido é porque não teve o dom ou as qualidades para ser lembrado. Alguns têm mídia, não qualidade. Se elas se apagaram é porque fizeram alguma coisa para isso acontecer. Elas que se esconderam. Cada um deve olhar para si mesmo e tomar conta da imagem.

Que faz a senhora não ser esquecida?
Sei lá (*pausa*). Não sei. Talvez por mérito, ou talvez por eu ser predestinada. O destino. Há um destino, que não é Deus. Deus não faz nada por mim, Ele já me fez. Como é que eu vou querer ainda mais Dele?

Seu jeito de falar palavrões foi o que fez a senhora chegar até aqui?
Eu não fiz nada demais, só fiz meu ganha pão.

Quem tem cem anos pode tudo?
Nunca ninguém pode tudo. Sempre há limites. Ter cem anos não faz de ninguém um abençoado. É um gratificado. Eu tenho cem anos e gosto muito da vida. Só não é assim se você não quiser, se quiser se matar antes por se achar feio, por exemplo. Fabrico felicidade pra mim, e olha que nunca fui bonita.

Como se fabrica felicidade?
Sendo agradável. Se estiver doente, finja que está bom. Nunca faça chantagem emocional com ninguém. Não entro nem por um decreto em uma UTI de hospital. O médico te dá um chega pra lá e nunca mais você acorda.

A senhora é um retrato do País?
Eu sou um retrato do País, da esculhambação, sou sim. Se os portugueses largaram tudo isso aqui e foram embora, é porque não conseguiram aturar a gente. Não sabiam a riqueza que havia aqui. Eu sou um retrato da falta de cultura. Eu não sabia nem onde ficava a China.

Qual seria o melhor presente para se dar a uma mulher de 100 anos?
Dinheiro.

Aceitaria começar tudo de novo?
Não, seria uma merda. O mundo está muito perigoso para viver tanto.

Dinho Ouro Preto

Sem medo de Renato Russo

(31/10/2005)

Dinho Ouro Preto passou anos fazendo a pergunta "gravo ou não gravo?" Gravou. Ao sair o CD de seu grupo Capital Inicial, interpretando músicas da histórica banda brasiliense Aborto Elétrico, um filme em branco e preto passa na cabeça do roqueiro. O mestre Renato Russo, uma sombra onipresente da qual só se livraria tempos depois, o deixa em paz

"O problema é que a história vem sendo contada errada. Meninos de 16 anos brigam com a gente dizendo 'não foi assim que aconteceu'"

"Sabia que não tinha nascido para o negócio. Quem tinha nascido era Herbert e Renato. Me transformei em músico a fórceps"

"Passei metade da minha carreira nos anos 80 tentando imitar Renato Russo em vão. Era uma cópia malfeita dele"

A história sobre Renato Russo, Aborto Elétrico e anos 80 vem sendo contada há anos e só agora vocês dão suas versões?
O problema é que a história vem sendo contada errada. A gente sente isso, por exemplo, em um site do Aborto Elétrico que tem hoje 7 mil visitantes. Gente de 16, 17 anos briga conosco dizendo "não foi assim que aconteceu". Putz cara, eu estava lá, estou te dizendo que foi assim. Então a gente sente que há um interesse e ao mesmo tempo uma ignorância imensa. Era importante que este disco em que gravamos músicas do Aborto Elétrico tivesse um DVD, que sairá em breve, para documentarmos melhor.

O que havia em uma turma de classe média em Brasília, no início dos anos 80, para que saíssem dela três grupos de porte como foram Paralamas do Sucesso, Capital Inicial e Legião Urbana? Fizeram pacto com o diabo na encruzilhada?
(*Risos*) Não cara, todo mundo era agnóstico. Isso aconteceu talvez porque éramos mais palatáveis do que o punk paulista, porque não havia dogmas e, provavelmente, porque tivemos uma imensa dose de sorte. A verdade também seja dita: de longe, o cara mais talentoso era o Renato Russo.

Vocês se achavam melhores do que os outros?
Simplesmente achávamos que éramos os únicos. Se éramos arrogantes? Sim, éramos. Havia um cenário de metal em Brasília que achávamos horrível. E tinha um cenário hippie, que também odiávamos.

Como foi para o punk, historicamente um movimento heterossexual e muitas vezes machista, se ver liderado por um homossexual como Renato Russo?
Nós éramos todos de esquerda, achávamos que a revolução era iminente, achávamos que música tinha de falar de coisas sérias e ter conteúdo. Mas sexualmente éramos extremamente conservadores. Todo mundo na turma tinha namorada séria. Não sabíamos sobre a orientação do Renato e acredito que mesmo ele, naquele momento, ainda não sabia qual era sua orientação sexual.

Vocês deviam ter suas desconfianças.
O Renato aparecia com meninas. Havia dois homossexuais na turma. Eram ele e o Zé Renato, que hoje mora em Lisboa. O Zé Renato me conta que sim, que ele sabia, mas não sei porque não nos diziam. Ninguém perguntava, nem passava isso pela nossa cabeça. E acredito que se eles tivessem dito, não haveria uma resposta negativa. Nós viemos de famílias muito progressistas, jamais teria sido um choque. Engraçado que um dia fomos para o Rio e acabamos em uma festa no apartamento do Cazuza, não me lembro por quê. Aquilo sim era Sodoma e Gomorra, uma libertinagem absurda. "Cara, que gente é essa?", perguntamos uns aos outros e pensamos como éramos conservadores com nossas namoradas. Sobre o Renato... Eu acredito que ele, naqueles anos de 1979, 1980, não sabia bem o que ele era. Ainda ficava com homens e mulheres, acho que não tinha se decidido. Eu me lembro de vê-lo com meninas algumas vezes.

Por muito pouco vocês não fizeram parte de uma mesma banda. Se a história tivesse sido diferente, um grupo só seria pequeno para os dois?
Não porque eu teria sido eclipsado por ele. Naturalmente ele teria tomado as rédeas do negócio. Eu reconheço a superioridade dele, teria dado um passo atrás.

Não estarem juntos foi o mal que veio para o bem?
Sim. O curioso foi que passei metade da minha carreira nos anos 80 tentando imitá-lo em vão. Era uma cópia malfeita dele. Foi depois que eu disse pra mim que poderia ser bom sem ser o Renato, só cheguei a essa conclusão em meados dos anos 90, quando o Capital Inicial se separou. Eu aí me exorcizo de Renato Russo e consigo achar o meu jeito de compor e cantar. E o engraçado foi que agora, no melhor momento de nossas carreiras, resolvo gravar músicas do cara pela primeira vez. Meu obstáculo foi interpretar aquilo sem ser cover.

Sua tentativa de ser Renato Russo não fez o Capital Inicial ficar com cara de Legião Urbana.
Não, não, isso é uma psicose complicada. No primeiro disco do Capital, em 1986, eu me achava uma cópia do Renato. Naquele momento sim. Quando vou gravar o segundo disco, percebo que não consigo escrever daquele jeito do Renato, que não consigo compor daquele jeito. A sombra do Renato era onipresente. Ali eu falo: "Se não posso ser o Renato, vou levar o Capital Inicial para outro lado, vou levar o Capital para o pop". E aí colocamos metais na banda e fomos seguir o caminho inverso, o da forma, não o do conteúdo. E nossa referência, embora seja no caminho oposto, ainda é o Renato. Mesmo na negação, o ponto é ele.

Existiria a cena de Brasília se não fosse Renato Russo?
Não.

Não?
Não. O Renato era o agregador, o líder.

Não existiriam Capital Inicial nem Paralamas do Sucesso?
Paralamas talvez existisse porque o Herbert era um obcecado. O Herbert, entre nós todos, é o único músico de verdade. Ele ficava trancado no quarto fazendo escalas na guitarra. Cara, você não pode imaginar o quanto o Herbert toca. Ele toca muito mais do que aparece, é um virtuoso. Mas acredito que mesmo os Paralamas, se não houvesse Renato, teriam sido diferentes. Não sei se teriam feito o mesmo sucesso. Foi através da turma que o Herbert tomou contato com Police, new wave, punk. Ele estava até então completamente enfurnado em jazz e aí muda seu jeito de compor. Se não fosse o Renato, mesmo os Paralamas seriam talvez uma banda instrumental ou uma banda menos popular.

Seu pai se separa de sua mãe, se casa com a mãe do Dado Villa-Lobos e se manda para a África.
Eu estava pensando nisso ontem, engraçado.

Você já declarou ter se sentido abandonado nesse momento. Foi a solidão que o fez se tornar roqueiro?
Acredito que não. O rio parte em dois, para mim, quando estou voltando da escola e literalmente tropeço no Aborto Elétrico, que estava tocando em uma calçada. Se não tivesse tropeçado nesses caras... Se não tivesse conhecido o Renato, não teria sido músico.

Se pensava nisso ontem é porque a separação de seus pais deixou marcas.
Eu tenho um sobrinho que tem 19 anos que me faz lembrar desse período. Eu não sabia o que fazer da minha vida. Estou te relatando o que me passou pela cabeça ontem à noite. Foi o momento da maior angústia. Não sabia se estava dando o passo certo. Sabia que não tinha nascido para isso, quem tinha nascido para isso era o Herbert e o Renato. Eu me transformei em músico a fórceps. Lembrei disso tudo por causa de meu sobrinho. Ele também está formando uma banda. O pai dele mora na França e eu me vejo na posição de aconselhá-lo.

Que conselhos dá a ele?
Que não seja músico (*risos*).

Com que moral diz isso?
Cara, digo para ele que é um meio muito incerto, muito difícil. Altos e baixos são inerentes a uma carreira artística. Mas é uma carreira espinhosa e incerta. É passar meses fora de casa, filhos se queixam de sua ausência.

O que passou por sua cabeça em 97, depois de cantar em uma churrascaria para três pessoas?
Que tudo havia acabado. Fui procurar outro emprego como jornalista na Gazeta Mercantil, que fazia uma edição para a comunidade gringa, e de tradutor na HBO. Dei a música por encerrada.

Foi seu fundo do poço?
Não. Há um momento, logo depois de minha saída do Capital, que descobri a música eletrônica e me afastei de rock. Foi um época que estava solteiro e minha vida ficou de cabeça para baixo. Eu dormia o dia inteiro, a porta da minha casa ficava aberta, entrava e saía gente que eu nem conhecia, fui roubado várias vezes, alucinado de ecstasy várias vezes, 6h da manhã gritando, os vizinhos fizeram uma petição para me expulsar do prédio.

Muitas drogas?
Heroína, ácido... Mas olha só o que acontece: em 1994 toca o telefone e um amigo meu, Alec, me diz: "Cara, você transou com uma menina que está com AIDS. Vá fazer o teste". Ele me ligou na quinta-feira. Naquela época o teste de AIDS levava três, quatro dias para ficar pronto e ainda tinha o fim de semana. Então faço o teste na quinta e só vou pegar o resultado na quarta da outra semana. Cara, esses cinco dias pra mim foram outro divisor de águas. A pa-

ranóia maior que me dava era morrer sem deixar filhos. O resultado desses cinco dias: conheço a Maria, um ano depois caso, um ano depois temos nossa filha, um ano depois volto para o Capital Inicial.

A platéia dos anos 80 em um show do Capital Inicial era de meninos que viam na banda seus heróis. A de hoje é de meninas que vêem em você um sex symbol.
O Capital é o que é, a gente nunca procurou imitar ninguém. O fato de ter apelado às meninas foi uma conseqüência insuspeita. Nunca dissemos "ok, agora vamos atrás das meninas". Mesmo porque estamos ficando velhos para isso.

Erasmo Carlos

Uma história de arromba

(29/08/2005)

A jovem guarda tem uma história contada pela metade, uma distorcida por inteiro e outra que vem sendo elucidada pelos próprios personagens que a viveram há 40 anos. Erasmo Carlos estava no centro do fogo, tocando uma festa de arromba que parecia sem fim. Aos 64 anos, o segundo homem do reinado de Roberto Carlos olha para trás sem autopiedade ou complacência: faltou visão musical e sobrou exposição ao movimento. Erasmo diz ainda que só soube que havia ditadura dois anos depois do Golpe de 64 e fala sobre um sinistro e perigoso passatempo de sua adolescência

"Os maiores erros da jovem guarda foram a acomodação, a superexposição e a falta de visão musical"

"Fiz pequenos assaltos na adolescência. Uma vez fomos roubar uma mercearia e a polícia chegou. Nunca me esqueço"

"As meninas da *Festa de Arromba* estavam com seus pais. As da *Festa no Apê* estão peladas fazendo trenzinho"

Se não fosse a música, o senhor seria um marginal?
Eu vivi um período na adolescência em que estava com o saco cheio de estudar, não tinha emprego, não tinha servido exército, não sabia o que é que seria. Senti nesta época um deslumbramento pelo mal, ou melhor, pela marginalidade. Vivi isso por causa dos amigos que tinha e por falta de uma direção familiar.

Que "mal" o senhor fazia?
Fiz pequenos assaltos, sabe bicho. Fui certa vez assaltar uma mercearia, um armazém. Era noite de domingo e eu e minha turma vimos que havia uma janela entreaberta. A turma que digo era a da rua do Matoso, onde eu morava. Entramos e assaltamos a mercearia, mas chamaram a polícia e aí fomos presos. Nunca mais esqueço. Quando chegou o dono da mercearia, o delegado disse: "Olha aí, pegamos esses meninos com a boca na botija". O dono virou e disse: "Que é isso, solta a rapaziada, isso foi brincadeira de moleque". O delegado soltou a gente e eu nunca mais esqueci isso, bicho. O gesto do cara do armazém me serviu de exemplo para a vida toda. Influenciou minha personalidade.

Foi a única vez que um assalto não deu certo?
Não, outras vezes também não deram. Mas, como dizia o dono da mercearia, era coisa de garotada.

A frase é feita mas pode valer aqui: a música o salvou?
O que interrompeu essa fase foi a música. Mudei de amizades e a música me levou para outro círculo de amigos. Agradeço muito a alguma força superior que me levou para esse lado. Um horizonte muito grande se abriu para mim.

Quem o senhor poderia dizer que foi um mestre?
O Tim Maia. Foi ele quem me ensinou o lá maior, o mi maior e o ré maior. Foi com ele que descobri que poderia, com esses três acordes, cantar um monte de músicas. Fazia 300 rocks com esses acordes.

A jovem guarda fazia uma crônica de sua época falando de carrões, guardas, brotos, romances. Quando foi que o interesse por fazer isso acabou?
Na jovem guarda eu descrevia uma realidade que não era a minha realidade. Era a realidade de um meio do qual eu queria ser. Quando eu e Roberto falávamos dos carrões, falávamos de uma coisa que não tínhamos. Nenhum amigo tinha carro. Imaginávamos aquela situação e descrevíamos na música.

Mas todo mundo que ouve suas músicas acredita que vocês tiveram tudo aquilo e mais um pouco.
Não, não. O real eram as paqueras, as histórias de amor. Mas muitas vezes cantávamos uma ascensão social que, na verdade, era sonhada em música.

Precisaria haver tropicalismo se a jovem guarda tivesse se politizado?
(*Silêncio breve*) Não, pô, te... teria sim. As pessoas analisam muito o lado do discurso antiditadura, mas a jovem guarda fez a revolução sexual, a revolução

de costumes. A jovem guarda quebrou a ditadura escolar, por exemplo. Havia escolas que proibiam alunos cabeludos, meninas que usavam saia curta ou que estavam sem sutiã. São coisas puras hoje em dia mas que foram importantes naquela época. É fácil analisar a jovem guarda com um olhar frio de hoje porque não há mais aquela magia. O tropicalismo, além do discurso político, foi importante por sua postura musical.

Nunca, nos bastidores da jovem guarda, se discutiu a politização do movimento? Fazer letras contra a repressão?
Não porque eu nem sabia que existia ditadura. Só fui saber que a barra estava pesada no Brasil quando fui fazer um show no Chile, em 1966 (*a ditadura foi instaurada no País em 1964*). Encontrei um monte de exilados brasileiros que estavam tocando, convivi quatro dias com eles. Havia professores, médicos, todo mundo fazendo o Carnaval de lá com shows de mulatas. Me apresentaram como "O Rei do Carnaval do Brasil". Não tinha nada a ver.

Só lá o senhor descobriu tudo?
Foi com a convivência com eles que descobri. Um cara contou que era professor em Recife e que tinha uma filhinha no Brasil que dizia não agüentar mais ter um pai só na fotografia, ter um pai de papel. Isso foi definitivo para mim e voltei do Chile com outra cabeça. Por incrível que pareça, fui aprender que existia ditadura no Brasil só lá no Chile. Aqui nenhum militante havia descido do pedestal para me explicar o que estava acontecendo.

Então é certo dizer que a jovem guarda foi um movimento alienado.
Foi, mas foi alienado para esse propósito. Uma guerra não se faz só de luta armada não, rapaz. Existe a retaguarda, os enfermeiros, quem planeja, quem fornece as armas.

Mulheres, dinheiro ou carros? O que foi que o senhor mais aproveitou da jovem guarda?
Mulher. E até hoje aproveito, sabia? Eu poderia, em termos de dinheiro, ser hoje um cara muito mais rico do que sou. Se eu ligasse para isso, teria muito mais dinheiro hoje. Carros eu nunca liguei, já tive BMW, já tive Rolls Royce, mas não sou ligado em carro. Mulher sim. Isso eu aproveitei e aproveito o que eu posso.

Quantas mulheres o senhor já teve?
Em 1980 fiz uma conta de mil mulheres. Hoje em dia já passou de duas mil. Mas isso não é vantagem não.

Houve alguma que o senhor não teve?
Não vou citar nomes, mas houve umas 500 que eu não tive. Mulheres famosas hoje em dia que me deram foras maravilhosos.

O senhor pode falar, já se passaram 40 anos...
Não bicho. É contra meus princípios. Eu nunca cito nome de ninguém com quem tive um romance.

Qual foi o maior erro da jovem guarda?
(*Silêncio*) Os maiores erros foram acomodação, superexposição e a falta de cultura. A falta de cultura não foi culpa das pessoas. Ninguém ali era universitário, alguns nem haviam completado o ginásio. Todos vieram de famílias pobres que não tinham cultura. Na minha casa, o jornal que entrava era o Jornal dos Sports, que era para o meu cunhado que apostava em cavalos. A gente tinha falta de visão. De visão musical.

Se tivessem mais tranqüilidade e menos correria, a música que vocês faziam poderia ter tido mais qualidade?
Seria a mesma coisa, aquilo era muito sincero. A falta de cultura, com tempo ou sem tempo, iria levar para o mesmo caminho. Mas dentro desse descompromisso, acho o *Quero Que Vá Tudo Pro Inferno* uma coisa muito séria sabe? E foi feita sem essa intenção. Muito mais do que 30 músicas rebuscadas de artistas que se propunham fazer música politizada.

O senhor citou uma música que Roberto Carlos se nega a cantar por causa da palavra "inferno". Isso o chateia?
Não, porque o importante não é ele cantar agora. O importante foi ele ter cantado na época. Hoje em dia essa música é uma cantiga de roda, mas na época foi um soco no estômago de todo mundo.

Seus piores dias, pode-se dizer, foram os vividos na depressão pós-jovem guarda?
Não, mas foi o primeiro pior momento da minha vida. A vida estava me ensinando uma coisa que eu nem sabia, que a festa não era bem assim, que a festa tinha seu preço. Foi a primeira porrada que a vida me deu.

E aí vieram as drogas e o álcool...
O álcool. As drogas viriam nos anos 70. O álcool sim, porque foi um momento em que tiraram o meu chão. Comecei a entender o sistema, saber que o sistema usa você, te esmaga e, quando não serve mais, tira seu chão. Olhei para o lado e vi meus amigos perdidos.

Menos Roberto Carlos, que ganhava o festival de San Remo, na Itália.
Sim, ele encontrou o caminho bom, se romantizou, assumiu o lado cantor. E eu não, não tinha pensado nisso, estava brincando ainda. De repente parei e falei "a vida não é uma brincadeira".

É sério que o senhor não se realiza no palco?
Eu gosto do palco, mas não é o que mais me realiza. O que mais me realiza é compor, sabe? Bicho, eu acho um desperdício o Chico Buarque ficar dois anos sem fazer uma música ou o Caetano Veloso ficar não sei quanto tempo sem fazer uma música. Eu preciso da música deles. E, na minha cabeça, compositor tem que compor. Eu gostaria que Tom Jobim tivesse feito 50 vezes mais músicas do que ele fez.

Os críticos o chamavam de "o pior cantor do Brasil nos anos 60". Eles tinham razão?
Sim, eu dava razão a eles. Não me considero cantor mesmo, sou um compositor que canta. Assim como faço filme, eu canto. Sou mesmo um compositor.

O senhor foi proibido para menores em 1966 no Rio de Janeiro, lembra disso?
Lembro.

O juiz considerou que o senhor "abusava do prestígio para conquistar e seduzir menores".
Isso foi uma dedução do juiz que era um fascista contrário às novas idéias da juventude. Não era o que acontecia, claro. O que ele dizia mesmo?

Que o senhor "abusava do prestígio para conquistar e seduzir menores".
Eu nunca na minha vida comi uma mulher prometendo coisas artísticas nem usando desse artifício. Um dos maiores motivos da minha timidez é eu nunca saber se a mulher está me olhando porque sou um artista ou porque ela está a fim de mim. Nunca usei do meu prestígio para comer ninguém.

A *Festa de Arromba* virou a *Festa no Apê*?
A *Festa no Apê* é sacanagem pura, a *Festa de Arromba* era inocente. As meninas da *Festa de Arromba* estavam acompanhadas de seus pais e só fumavam cigarro. As meninas da *Festa do Apê* estão peladas fazendo trenzinho.

Fábio Jr.

Porta-voz de alienígenas

(04/04/2005)

Fábio Jr. está convicto de que eles estão chegando em massa. Eles, no caso, são os seres extraterrestres dispostos a alertar os habitantes da Terra de que o fim será próximo e doloroso se nada for feito. Seguindo as orientações do filho e músico Felipe, de 14 anos, o cantor diz que chegou a hora de falar o que sabe, o que vê e o que sente sobre os ETs

> Vi um ser intraterreno de quatro metros de altura com uma espécie de lanterna na testa. Estive a uns 50 metros dele

> Estamos no começo da limpeza do planeta. Segundo a ufologia, tudo acontecerá entre 2012 e 2015

> Preciso botar a boca no trombone logo. Quem achar que sou maluco, que ache. Mas que vá pesquisar o tema

Sua casa é bem grande. O senhor mora há muito tempo aqui?
Cinco anos.

Sozinho?
Com meu filho Felipe.

Estar sem mulher em uma casa como esta aos 51 anos é o preço que se paga por ter tido tantas mulheres a vida toda?
Como assim? Não entendi.

O senhor não gostaria de estar com alguém neste momento?
Estou sozinho por opção. Com quem namorei, já namorei, com quem casei, já casei. E não apareceu ainda uma mulher que me mobilizasse de novo. Estou mais calmo, mais sereno. Aquela ansiedade toda já passou. Eu sempre emendei um relacionamento no outro.

O Marc Davis, como o senhor era conhecido quando cantava em inglês nos anos 70, foi o melhor começo de carreira que poderia ter?
Foi. E antes do Marc Davis eu ainda era Uncle Jack. Depois virei Marc Davis até 1974.

O senhor cantava em inglês mas não falava inglês...
Não, e ainda hoje falo "meia boca". Ninguém na banda falava.

Os fãs pensavam que era americano. O que fazia quando eles se aproximavam?
Colocava os óculos escuros e só falava hi, hi, hi, hi. Eu dizia uma frase ou outra. As músicas eram feitas com o dicionário do lado. Achava o que rimava, love com above, together com forever. Como ninguém da banda falava inglês, a gente saía correndo para não ter que atender a imprensa depois dos shows.

Foi sua doença no coração, em 1987, que o tornou um homem espiritualizado?
Foi um momento difícil, mas que só veio reafirmar a fé que eu tinha e que já era muito grande.

Fé em quê?
Em Deus, no universo, no estágio que estamos de evolução espiritual. Não existe só isso aqui, óbvio. Há bilhões de estrelas e não sei quantos planetas ou galáxias. Não somos só nós que habitamos este universo. Há seres mais e menos evoluídos. Mas tudo faz parte da evolução. Eu sempre li muito sobre isso.

Segue alguma religião?
Não. Houve um tempo em que achei que era ateu. Não era católico, budista, messiânico. Ficava pensando o que eu era. Burrice minha. Fé não tem nada a ver com isso. Jesus já falava: "Não ergam templos em meu nome". Fizemos tudo errado. Fui ao dicionário e li: "Religião: reunir, religar, unir de novo". E pensei: "Sou muito mais religioso que muita gente que vai para a igreja aos domingos". Eu já acho uma coisa punk você ir para uma igreja e um cara igual

a você... Igual não, porque ele não tem a menor experiência de vida com relação a casamento, relacionamento amoroso, sexo, filhos. Um padre, mensageiro de Deus. E nós, que ralamos, temos que sentar com ele para confessar.

Nunca confessou?
Só quando era criança. Essas são coisas que questionei ao longo da minha vida.

O senhor já disse a seguinte frase: "Não é preciso ver disco voador para crer, mas crer para vê-lo". Só não vê disco voador quem não quer?
Eu acho que temos que crer para ver, tudo na vida é assim. Você não sonhou um dia ser jornalista? Primeiro teve de crer nisso. Eu acreditei no meu sonho de ser cantor, compositor. Então, para qualquer coisa, é preciso primeiro crer.

Dentro de sua lógica...
Não é minha lógica. Os caras (*seres extraterrestres*) estão aí mesmo, não sou só eu que vejo. Há milhões de pessoas no mundo que já viram. Até tiveram contatos mais...

Em 1980 o senhor estava saindo de uma gravação de uma novela e passava pela Avenida das Américas, no Rio de Janeiro...
Essa foi uma das vezes que eu vi um disco voador, mas vi inúmeras vezes. Na última, meu filho, Felipe, estava comigo aqui no jardim de casa. No ano passado, estava com muitas pessoas em um sítio e eles apareceram. O objeto ficou um tempão no ar, umas duas horas em exposição. Um fotógrafo amigo meu teve tempo de armar o tripé da máquina fotográfica e fazer as fotos. Veja, eu fiquei anos sem tocar neste assunto porque as pessoas zombavam, falavam que eu era um maluco. Meu filho falou outro dia: "Pai, por que você não fala mais sobre isso? As pessoas precisam saber que a gente não está sozinho neste planeta, que eles estão vindo com uma mensagem de amor".

O que foi que o senhor e seu filho viram no jardim?
Uma luz se mexendo no céu com uma velocidade espantosa. De repente esta luz virou uma bola luminosa enorme que depois sumiu e depois voltou. Mas eu já vi nave mesmo, que dá para desenhar. Já vi um monte de coisa que a gente chama de "seres sutis".

Não teve nenhum contato mais próximo?
Uma vez. Não deu para ver ele por inteiro porque tinha uns quatro metros de altura. Era um ser intraterreno. Na verdade, os extraterrestres são seres que trabalham no interior dos planetas de terceira dimensão, que é o nosso caso. Estive a uns 50 metros dessa criatura. Estávamos no topo de uma região alta e plana e as árvores, em média, tinham três metros de altura. O dorso dele aparecia acima das árvores. E havia um frontal aqui (*aponta para o centro da testa*) que parecia uma lanterna. Não cheguei a sentar e conversar com ele. Mas uma hora vai acontecer.

Não deu vontade de correr?
Dá vontade de fazer de tudo. Mas é por isso que temos de melhorar. Precisamos ter coragem de sermos o que somos. É importante assumir o que somos. Vivemos hoje em um grande teatro. Vou te responder isso voltando a 1980, no Rio de Janeiro. Eu estava dirigindo sozinho quando comecei a notar uma pressão dentro do carro. As duas naves estavam em cima de mim. Quando reparei, o carro estava a 180 km/h. As duas naves se separaram e cada uma foi para um lado. A sensação que tive naquele momento foi medo, mas também uma euforia, uma alegria e uma sensação de amor incrível. Pensei: "Graças a Deus nós não estamos sozinhos".

Qual seria a intenção deles?
Eles estão vindo com freqüência e vão vir cada vez mais. Como as pessoas podem achar que este é um assunto maluco se você liga a TV e vê mais um terremoto de 6.9 na escala Richter na Indonésia, a elevação dos mares, a temperatura do planeta? Está tudo acontecendo porque estamos destruindo a natureza e ela está se revoltando. Não temos mais estações do ano definidas. O verão é frio, as pessoas vão às praias no inverno. Os extraterrestres falam que estão vindo para ajudar.

E se quiserem punir alguém?
Eles vêm para chamar a atenção. Se tiverem que punir, no sentido benéfico, será para colocar de castigo como se faz com crianças. Nós somos crianças perto deles e estamos brincando de destruir nosso planeta. E eles não podem brincar porque isso faz parte de uma cadeia de evolução dentro do universo. O que eles querem é nos dar uma força para não destruirmos o planeta. Há dois bilhões de pessoas sem água potável e ninguém se toca. Chegará o dia em que neguinho mandará vir dinheiro da Suíça para comprar uma garrafa de água. Comida vai valer ouro. As ondas gigantes não são nada. É café pequeno...

Café pequeno perto do quê?
Perto do que virá.

O apocalipse?
Não o apocalipse, mas uma limpeza. Quando sua casa fica suja e velha você a limpa, não precisa derrubá-la para construir outra. Estamos no começo da limpeza do planeta, pode ter certeza disso. E há datas muito precisas. Segundo a bibliografia da ufologia, tudo acontecerá entre 2012 e 2015. Olha que já estamos em 2005.

O senhor vai apavorar as pessoas desse jeito.
Paciência. Meu filho me falou tanto para falar sobre isso que resolvi falar agora. E vou te mostrar uma coisa. (*Fábio Jr. se levanta e vai buscar os óculos e uma folha de sulfite com alguns versos escritos*). Escrevi isso em 1979. Na época, fui na casa de uns senhores com a Glória Pires, com quem eu era casado. Um se-

nhor pegou um mapa-múndi, o colocou na mesa e mostrou como seria a nova configuração do planeta depois da invasão das águas. E mostrou como seria o mapa do Brasil. Muita coisa vai dançar. Estava com isso na cabeça e escrevi um texto que acabei perdendo de forma muito estranha. Só que em setembro de 1996 me lembrei de seus trechos e o escrevi de novo. Olha do que falava: "As águas tomarão de volta seu espaço raro fertilizando novamente a civilização. Essa comunidade humana está pagando caro e o preço desse gesto é um gesso em cada coração. As águas levarão cidades, casas, prédios, gente. Se elevarão aos mares com uma fúria nunca vista antes. Em desespero, o mundo assistirá perplexo ao resultado de sua própria ambição. As águas lavarão sem trégua cada canto sujo. Não fujo e ninguém pode fugir do que tiver de vir. Depois de tanta dor e sofrimento, então, o mundo novamente vai sorrir...."

O senhor previu os tsunamis?
Não previ nada, acho que foi uma mensagem. Se eu falasse isso em 1979 você iria me entrevistar onde? Internado no manicômio?

Há 21 anos o senhor disse em uma entrevista ao *Jornal do Brasil*: "Quando eu tiver 60 anos não serei mais o Fábio Jr. bonitinho, sensual. E aí as pessoas vão começar a entender muitas coisas que estou dizendo". As pessoas estão entendendo melhor o que o senhor diz?
Se for uma meia dúzia de pessoas entendendo, já está valendo a pena. Falei isso em 1984, não é? Bem, estou com 51 anos. Preciso começar a botar a boca no trombone logo. Quem achar que eu sou maluco, que ache. Mas que também vá pesquisar sobre o tema.

Por que não faz música com isso?
Então você não conhece o meu trabalho?

Conheço as principais.
Você só conhece as que fizeram sucesso. Eu queria que estas que falam sobre ufologia também fizessem. Tenho música falando de Jesus, de disco voador. Uma frustração é essas músicas nunca terem feito sucesso.

E por que será que não fazem?
As pessoas não estão interessadas. Depois de *Egüinha Pocotó*... Eu insisto e persisto. Vão ter que me engolir. Vou ficar falando de disco voador até...

O senhor tem alguma foto dos discos voadores?
Tenho, estão com meu amigo, o fotógrafo Paulo Braga.

E se colocarmos uma dessas fotos na página do jornal?
Vou ligar para ele agora (*Fábio liga para a casa de Paulo*): "Fala véio, tudo bom. Estou te ligando por um detalhe técnico. Estou com um jornalista aqui e contei daquele dia no sítio que a gente estava e deu tempo até de você montar o tripé e fazer a foto. Você tem esta foto? Mandou pra quem? Para a Silmara?

Você não tem o negativo disso? A Silmara está aqui comigo e disse que não se lembra. Quanto tempo tem isso? Ano retrasado? Faz um favor para mim? Acha o negativo e faz uma cópia para ele publicar? Um abraço".

O senhor trabalhou na banca de revistas de seu pai quando era adolescente. Imaginava que estaria na capa daquelas revistas que vendia?
Esse era o meu sonho, lembro muito bem. Ia com meu pai buscar jornais e revistas para colocar na banca. Separava, colocava embaixo do braço e ia entregar aos clientes. Sempre olhava as capas com atores, atrizes, jogadores de futebol, bandas. E eu falava: "Um dia eu vou estar aqui e algum jornaleiro vai me levar para a casa das pessoas".

E hoje o senhor descobre que nem sempre é um bom negócio estar na capa de uma revista?
É como fazer um programa de televisão só porque ele dá muita audiência. Se o programa for uma merda você vai fazer uma merda com uma audiência deste tamanho. É melhor não fazer. Não faço qualquer revista e rejeito os convites se for o caso.

Mas o importante não é falarem do senhor?
Não, imagina. Eu já cruzei com um jornalista que me disse o seguinte durante uma entrevista: "Fábio, você não tem nenhuma novidade para me contar?" Eu disse: "Não, cara, estamos aqui falando sobre o disco, meu trabalho". E ele insistiu: "Mas fala aí alguma coisa polêmica". Não agüentei: "Então tá, vou falar uma coisa bem polêmica: vá pra puta que o pariu!"

Fernanda Torres

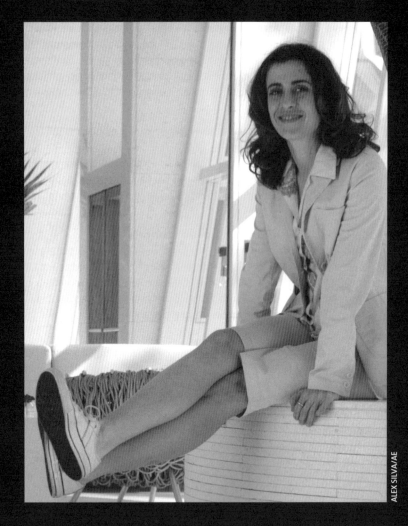

Quanto mais conflito melhor

(13/12/2004)

Fernanda Torres é a atriz dos conflitos da vida moderna. Ao Palavra Cruzada, ela foi fundo e revelou que eles não estão só em seus personagens

> O PT faz um governo contraditório. O Ministério da Cultura parece ter um guichê. Mas não há uma política cultural

> É mais fácil falar de sexo para 2 mil pessoas do que com o marido. Com homem você não conversa sobre sexo, você pratica

> Eu tenho vergonha da funcionária que fui na novela *Selva de Pedra*, da Globo. Fui mal-humorada, comecei a ter crises

É mais difícil falar sobre sexo para 300 pessoas por quase duas horas ou falar sobre sexo com o marido por cinco minutos?
O mais fácil é falar sobre sexo para duas mil pessoas. Homem não fala sobre isso. Uma pesquisa diz que, nos casamentos em crise, os homens sentem falta de sexo e as mulheres de conversa. Com homem você não conversa sobre sexo, você pratica.

A palavra-chave para seus papéis parece ser o conflito em relacionamentos. Mas onde você sente isso?

No filme *Os Normais*, na peça *Os Budas Ditosos*, no filme *Eu Sei Que Vou te Amar*...
Nunca pensei minha carreira assim. Meu assunto é o relacionamento humano. Não faço teatro politizado, não faço teatro de contestação, não está em mim. Eu sou burguesa, me sinto burguesa. E talvez seja esta a origem de minha contradição. Quando me vejo burguesa sinto uma inquietação. Mas eu vim de uma família toda burguesa da Ilha do Governador. Ao mesmo tempo em que sou uma menina para casar eu... Bem, isso também é um conflito. Sim, talvez você tenha razão. Os papéis que me interessam são sempre relacionados às contradições humanas.

E não raro estão envolvidos com sexo. O ruim é que sexo e oportunismo andam juntos.
O dia em que eu fiz o espetáculo dos *Budas Ditosos* para Bárbara Heliodora (*crítica teatral*), Antunes Filho e Hector Babenco - a pessoa mais doce na platéia era a Bárbara Heliodora - eu vi estampado na minha cara a palavra "caça-níquel". Estava saindo da Vani dos *Normais* e começava a apresentar um monólogo sobre sexo. Tive medo. Mas não foi um pensamento oportunista que me levou a esta peça. O projeto era perigoso, pensei que iam me queimar em praça pública. Poderiam dizer algo como: "Aproveitando o sucesso da TV, Fernanda monta um espetáculo falando de sexo". Só que o João Ubaldo Ribeiro (*escritor do livro que originou a peça*) e o Domingos de Oliveira (*diretor da peça*) são outra história.

O estigma de ser a atriz para assuntos sexuais não ronda você?
Eu achava interessante o que a Vani provocava. Ela era casada e traía, era politicamente incorreta. É um comportamento muito avançado para a TV. Vani e Rui eram um casal que saíam para transar com outras pessoas e voltavam para casa felizes. No dia seguinte a novela continuava sem que ninguém tivesse que chorar porque um traiu o outro. Não tenho medo do estigma do sexo. Eu só teria medo do estigma se eu não tivesse armas para movê-lo. E o teatro me dá armas para criar personagens e dizer "olha, eu posso fazer isso também".

Você tem o controle de sua carreira?
Só se tiver o teatro. Na TV e no cinema, não tem como controlar.

Há muito artista nesta situação.
Isso porque fazer teatro ainda é complicado. Nem sempre você acha uma peça.

Sei que você não se aceitou fisicamente por muitos anos. A saída foi "construir" sua própria beleza?
Eu não malhava, fui uma criança que não praticava esporte. Era uma monga. No colégio eu esperava na fila do vôlei o tempo inteiro para entrar no time. Quando chegava a minha vez, perdia a bola e voltava para a fila. Era muito triste. Eu tive que aprender a comer e descobri uma atividade física. Encontrei Jesus na ioga. Fiz educação alimentar por anos. Emagreci muito mas descobri que emagrecer não era o suficiente. Olhei no espelho e vi que tinha que me encher de saúde, de músculos, de vida.

E atingir o padrão de beleza...
Ah, não tinha chance meu amor, com esta cara que eu nasci...

Você ainda acha que é feia?
Acho que sou uma mulher interessante, sabe aquela mulher interessante? Olha, na primeira vez em que eu entrei em um carro com a Luana Piovani, olhei para aquilo e falei: "Jamais. Eu posso botar silicone, pintar meu cabelo de loiro, botar botox na boca, não adianta". Juliana Paes? Jamais chegarei...

Mas foi você quem virou a atriz que faz as mulheres interessantes da TV.
É, mas aí é a atriz. Você vê Marília Pêra, minha mãe. Ator é tudo meio feio, meio bonito. Ator não é muito lindo, ator tem cara de gente.

Ator muito bonito é suspeito?
Não, eu amo Thiago Lacerda, Ana Paula Arósio. Morro de inveja de todos eles. Só acho que, no meu caso, sou atriz com cara de atriz. Não acho que eu não tenha *sex appeal*. Mas não tenho nenhum problema comigo.

O que você tem de anormal?
Eu admiro as pessoas que saem à noite, que se juntam com amigos. Eu não consigo. Há um ermitão que mora em mim. Eu luto muito para me tornar um ser social mas tenho a maior dificuldade. Gosto de correr sozinha, gosto de escrever no computador, gosto de ioga porque se faz sozinha. É um horror.

Não é anormal que uma atriz como você tenha feito apenas três novelas?
Fui muito cedo fazer quatro filmes e, quando acabei, pensei que sabia tudo de novela. Então fui fazer *Selva de Pedra* em 1986 e fui de uma ignorância muito grande. Não me preparei para uma novela, não sabia o que era. Quando vi o volume de trabalho, tive um choque. Eu tenho vergonha da funcionária que eu fui. Fui mal-humorada, comecei a ter crises. Muitas vezes fiquei triste, tive medo de ficar isolada, de nunca ser popular. Antes dos *Normais* eu já tinha até desistido, achei que não iria conseguir fazer TV porque não encontraria um lugar. Hoje tenho a felicidade de ter conseguido mais popularidade na televisão.

Artista depende de novela?
Artista tem que passar pela TV. Às vezes você tem atores seriíssimos que não conseguem tropeçar, abrir uma porta e dizer bom dia na novela. Ele está acostumado com o sério, com a pesquisa do teatro. Vi uma cena na *Casa das Sete Mulheres* em que a atriz tinha ensaiado muito para acertar. E o Dado Dolabella, estava na cara dele, tinha chegado atrasado e não havia decorado nada. Mas ele estava melhor. Quem vai explicar essas coisas?

E os atores que ganham papéis graças a seus rostos bonitos?
Sou totalmente favorável a rostinho bonito na TV. Desde que cinema é cinema, a beleza é um dom. E se uma beleza tem talento, ela é irresistível.

Me refiro à beleza sem talento.
Esses não vão sobreviver. Ou sobreviverão com papéis tacanhos.

Gilberto Gil, ministro da Cultura, não tem falado muito sobre teatro...
Não há uma política para o teatro. Não há nem comentário. E teatro é uma loucura. Se você lotar uma casa de 400 lugares com quatro atores em cena, você tem um prejuízo de R$ 15 mil no final do mês. Há um desconhecimento do que é isso. Teatro é o ensino fundamental das artes. É onde você forma ator, diretor, autor. O PT é surpreendente porque faz um governo que deveria estar preocupado com o ensino básico mas quer universidade para o povo. É um governo contraditório. No caso do teatro, o Ministério da Cultura dá verbas que saem através do Grassi (*Antônio Grassi, presidente da Funarte*) como se fosse um guichê. Mas não há uma política cultural.

A falta de conhecimento da área não seria reflexo da própria formação de um ministro que foi a vida inteira um cantor?
O Gilberto Gil é ainda a pessoa com quem a gente pode conversar. Conversei com o Grassi, mas ele não entende. Sinto que há uma desconfiança do privado. É como se o interesse privado fosse separado do interesse público, como se o governo tivesse que ter o comando das diretrizes culturais do País, como se a classe artística não fosse idônea por si só. Tenho uma mágoa, uma tristeza por isso. Há um certo preconceito com relação aos produtores independentes, como se eles fossem uns caça-níqueis. Como se fossem um bando de atores famosos querendo mamar nas tetas do governo. Eu fiz um monólogo com os *Budas Ditosos* também porque não poderia pagar uma produção maior.

Rita Lee diz que você e Marisa Monte são a mesma pessoa.
(*Risos*) No quesito mulher interessante, Marisa ganha de dez de mim. Ela está no 10, eu estou no sete. Marisa é deusa.

E quando você entra no palco?
É diferente. Eu sou humana, Marisa Monte não. Ator é humano, cantor é divino. O ator é aquilo, faz papel de ridículo, se humilha... Cantor é incrível. Mas, no fundo, acho que os cantores pensam a mesma coisa sobre os atores.

Fernando Henrique Cardoso

"Político que não é ator não transmite nada"

(11/09/2006)

Aos 75 anos, Fernando Henrique trocou uma possível candidatura à Presidência para escrever livros sobre a própria história. O mundo agora é visto com olhos mais frios: política é arte e políticos devem saber atuar

"**Eu deveria ter mudado o câmbio em fevereiro de 1998. As pessoas dizem que não mudei por causa da reeleição. Não era isso**"

"**Nos últimos 30 anos aconteceu uma espécie de transferência da boa consciência para um partido só. A pessoa, para não ter muito trabalho, fazia do PT o depositário dos seus sonhos**"

"**Não vejo novelas porque a estrutura se repete muito. Você vê um capítulo e vê dez e é a mesma coisa**"

Boa tarde, doutor.
Ninguém nunca me chamou de doutor na vida. Isso nunca pegou.

As pessoas o chamam ainda de presidente?
Sim, presidente ou professor.

Não é estranho?
Não, porque sou presidente da Orquestra Sinfônica do Estado de São Paulo, então penso que é isso.

O livro *A Arte da Política, a História que Vivi* é seu exorcismo?
Sem dúvida. Eu sempre anotava minhas experiências quando estava na Presidência, sempre tive o costume de registrar. Tinha de fazer um esforço não só para dizer o que sinto, mas para ver no que o Brasil mudou. Me cuidei muito para que o livro não fosse apologético, que não fosse usado para enaltecer o que eu fiz.

Sua história parece mais interessante no livro do que nos anos em que a viveu?
Sim, acho que sim. Quando estava vivendo a história a tensão era muito grande, as decisões eram muito rápidas, e por mais que tentasse me afastar, estava ali dentro. Não tinha capacidade emocional para desfrutar o que fazia. Depois que saí, olhei com distância, mas com olhar mais penetrante. O jornalista Elio Gaspari diz que os bons diários são os diários publicados muitos anos depois. Ele tem razão. Tenho anotações que não quero publicar enquanto estiver vivo, não quero. É melhor deixar passar o tempo para não ser lido sob uma ótica que não será adequada.

O cruel nesse negócio de tempo é que ele mostra o que as pessoas deveriam ter feito mas não fizeram.
Sem dúvida. Ulysses Guimarães dizia que o tempo não perdoa quem não sabe trabalhar com ele.

O que o senhor deveria ter feito quando era presidente do Brasil?
Eu deveria ter mudado o câmbio em fevereiro de 1998. As pessoas dizem que não mudei por causa da reeleição. Não era isso. Quando se está em um turbilhão daquele nem se está pensando em eleição. Há sempre uma espécie de amesquinhamento e os que estão convivendo com você sempre o lêem de forma distorcida. Quando passar o tempo a leitura vai ser mais equilibrada. Nunca vai ser a final, porque sempre se refaz a história. Veja agora essa polêmica a respeito desses novos livros sobre Lenin e Stalin. No momento em que a idéia de democracia é muito forte, a história deles é relida sob uma nova perspectiva.

Fazer política é fazer arte?
Sim, uma arte em que você tem de encontrar soluções que não se repetem. A ciência tem soluções exatas, como a da Gravidade. Na política não há isso. A política lida com o novo, só existe quando se inova. E quando você cria você faz arte.

Logo, um político é um ator.
Não tenha dúvida. E se não for um ator não transmite nada, não será nada. Em uma sociedade como a nossa, de 125 milhões de eleitores, você tem de incorporar alguma idéia, algum sentimento, alguma tendência. E fazer isso como ator, expressar isso de alguma maneira. Muitas vezes, quando se está na televisão, você pode ganhar ou perder por um nada. Uma frase mal posta, um jeito de falar, uma gesticulação, um movimento de corpo errado. Isso requer capacidade de representar.

Há bons e maus atores...
Sim, e há bons atores de diferentes espécies. Há atores de circo muito bons e há atores sóbrios muito bons. Paulo Autran, por exemplo, é um ator sóbrio, mas um grande ator.

Geraldo Alckmin é um ator ruim?
Depende das circunstâncias. A mensagem não depende só de quem a emite. É preciso que o receptor esteja aberto para recebê-la e, às vezes, o público não está aberto para isso. Outras vezes o público está aberto, mas o político não tem habilidade para transmiti-la. No caso do Alckmin, ele tem um estilo sóbrio que se contrapõe ao estilo do presidente Lula, mais populáresco, que coloca tudo quanto é boné que aparece na sua frente. O Alckmin fazendo isso seria um desastre. Então você tem que ver que o Alckmin tem de se contrapor ao Lula. Aqui a política é diferente do teatro. No teatro o povo vai assistir a uma peça e já espera um certo desempenho do artista. Na política você tem de emitir uma mensagem para um público que não foi te procurar e que você não conhece.

O senhor vê horário político?
Nem sempre, não via muito nem quando era candidato. Eu sempre dizia aos meus marqueteiros que o importante nesse negócio de televisão é se fazer uma conversa com o País. O candidato tem de contar uma história e essa história tem que ter uma espécie de mito no qual um é bom e o outro é mau. É isso. Meu nome é esse e temos tais problemas. Eu resolvo assim e o outro não faz nada. Fácil de falar e difícil de fazer na televisão. Quando fui competir pela primeira vez com o Lula, ele já era mito. Mas eu tinha um ícone que era o Plano Real. Então eu contava a história da estabilidade da inflação. "Vejam, mudei a vida de vocês, o salário está melhor, não sei o que, tal e coisa". Já em 1998 foi muito mais difícil porque eu era presidente na crise. Alguns diziam que meu slogan deveria ser "Quem venceu a inflação vai vencer o desemprego". Mas a inflação pode até ser brecada pelo governo, o desemprego não. Então mudamos e ficou "Estamos em crise. Quem é capaz de tirar o Brasil da crise? Eu ou ele?" Não neguei a crise. Isso então é a história que você cria em TV, mas essa história tem que ter o mínimo de verossimilhança porque o povo

não é bobo, não compra gato por lebre. Agora, por exemplo, dizem que o Lula vai ganhar votos por dar a Bolsa Família para todo mundo. As pessoas estão melhorando de vida com sua bolsinha, não é um voto irracional. Do ponto de vista histórico pode ser, do ponto de vista de cada um não é. Como vamos (*o PSDB*) lidar com uma coisa dessas? É muito difícil.

O outro será sempre o mau.
O outro é sempre o mau e você é sempre o bom, capaz de fazer o bem.

A televisão faz presidentes?
Não sozinha. A televisão em política é como um despertador. Você não acordou ainda até que toca aquela campainha. Aí pensa se vai dormir mais, dormir menos, se levanta, toma banho. Ela dá um choque. Antes da TV a população não está ligada à política, é um mundo distante delas. A pesquisa de opinião antes da televisão não é retrato de nada.

Donos de TVs fazem presidentes?
A televisão no Brasil é pouco competitiva. Há uma concentração de audiência em um ou dois canais. Se durante um ano houver uma presença mais positiva de uma pessoa em um certo canal, você terá uma vantagem enorme. A mídia escrita não tem a mesma força, mas também tem. O Lula, em um determinado momento, perdeu a classe média por causa da mídia escrita.

A mesma que fez o senhor ganhar a classe média?
É a mesma coisa. Quando se está no cargo eles são obrigados a noticiar sua presença e isso acaba criando uma situação favorável. Minha diferença (*com relação ao atual governo*) é que nunca cobrei nada da imprensa, não fazia patrulhamento para saber como as coisas saíam.

Nunca ligou para uma redação?
Não, pode perguntar ao doutor Ruy Mesquita (*diretor*) no seu jornal. Jamais liguei para ele, jamais.

O que o senhor costuma ver na TV?
Sou um mau consumidor, vejo jornais da CNN, BBC. Não vejo filmes em televisão, não gosto.

A paixão do brasileiro é a novela.
Quando saí de férias assisti a vários capítulos da *Belíssima*. Sabe por que não vejo sempre? Porque a estrutura da novela se repete muito. Você vê um capítulo ou vê dez capítulos e é mais ou menos a mesma coisa. Isso me faz perder o interesse intelectual, só fica o estético. Há bons atores, sei que ela é muito bem feita e que discute temas que às vezes são tabus, como homossexualismo, religião. Não sou contra, mas é um mundo edulcorado. A quantidade de pessoas bonitas que se vê nas novelas, por exemplo, é assustador! Isso não corresponde à nossa realidade.

Os artistas sempre tiveram uma atuação muito firme nos períodos de crises políticas. Por que todos se calaram?
Nos últimos 30 anos aconteceu no Brasil uma espécie de transferência da boa consciência para um partido só. A pessoa, para não ter muito trabalho, fazia do PT o depositário de seus sonhos. Houve uma certa indulgência e falta de capacidade crítica dos intelectuais para questionar "mas é isso o mundo atual?", "isso é o que se precisa neste mundo?". Quando veio a crise recente, essa gente ficou amedrontada porque pegou neles. Li um artigo recente do Luiz Fernando Veríssimo em que ele dizia que iria votar no Lula porque estava acostumado. Ele nem sabe mais por que é que vai votar no Lula, não tem argumentos para isso a não ser a rotina. Ora, o intelectual não pode se conformar com a rotina, abrir mão da capacidade de refletir. Pode ser com relação ao PT, ao Lula ou a mim, mas você tem que refletir. Eu continuo votando porque sempre votei? Não é um intelectual, não está à altura de ser a expressão mais sofisticada de um sentimento.

Nunca esteve perto dos movimentos musicais dos anos 70?
Eu acompanhei tudo de perto, minha campanha de 1978 teve o refrão feito pelo Chico Buarque. Foi curioso o tropicalismo nascer muito antipaulista, tinha uma certa visão da USP como se fosse a fortaleza do establishment. Era interessante.

O senhor não viveu sua fase rock and roll?
Não, aí não. Minha formação pessoal foi muito rigorosa. Meu pai era general militar, era de esquerda, liberal, mas venho de uma família de classe média tradicional. Avós todos muito establishment. Nunca fumei, nem bebi. Fui beber só depois que me casei. E quando entrei para a universidade, só estudava. Quando um homem se intelectualiza desde muito cedo, como o senhor, ele não corre o risco de passar a habitar um mundo que na prática não existe? Já sentiu isso? Em parte sim, mas fui criado assim, minha realidade é essa. Por outro lado nunca fui um intelectual no sentido de me colocar em uma torre de marfim. Sou bastante simples, me relaciono com todo mundo e com muita simplicidade. Nunca fui pobre, e quem nunca foi pobre não pode ter a experiência vital de um pobre. O pior é quando você se fecha, quando não se expõe. Conheci muitos intelectuais, gente de muito valor, que viraram estátuas muito cedo, aceitaram a sua importância. Quando isso acontece, o sujeito está perdido. Aí ele não ouve mais o outro, não ouve ninguém, não se abre, não ouve críticas. Nunca fui assim.

As periferias têm grupos sociais como o dos rappers sempre muito distantes dos governantes. O senhor nunca chegou até eles?
Não chego até eles não por ser um intelectual, mas por ter sido presidente. Isso dá uma distância. É um mundo diferente do meu, mas tenho canais que me permitem senti-lo. Chegar a eles é mais difícil por eu ter sido presidente.

Os partidos políticos do Brasil estão mesmo muito distantes dessa realidade. Todo mundo se apaixonou pelo campo, sabem tudo de campo e nada sobre cidade. A vida urbana na periferia, na pobreza... A coisa que mais me impressionou nos últimos tempos foi o relatório que li do Marcola. A forma como ele inverteu a relação e ficou mais à vontade do que os deputados. E quando ele diz: "Como eu atendo o celular aqui? Vocês sabem, a corrupção. Ou vocês não praticam isso aí?" É uma frase devastadora.

O que faz um homem querer ser presidente da República?
Muitas coisas. Bem, em primeiro lugar acho que você só vai ser presidente se outros quiserem que você seja. Os autocandidatos não vão longe. Eu era ministro da Fazenda em 94 e começaram a me pressionar. Eu não queria, até que percebi que o presidente Itamar Franco estava ficando sem candidato e então concordei porque queria fazer a estabilização da economia.

O que faz um homem não querer ser presidente da República?
Sempre falei que não sairia a candidato neste ano e ninguém acreditou. Presidente pra quê? Já fui duas vezes. Por que querer ser de novo? O Alckmin foi três vezes à minha casa para dizer "Se o senhor quiser ser presidente, eu..." E era sincero. Mas havendo pessoas boas mais jovens do que eu, por que eu, com 75 anos, vou querer ser presidente? Será que, se ganhasse, teria energia? Eu fiz tudo que poderia. Fui presidente a fundo, todo o tempo. E sei o que isso significa, o que custa de energia física, intelectual e espiritual. Se entrasse com 75 anos, terminaria com 80. O Brasil é um país jovem.

ernando Morais

O contador de histórias reais

(22/11/2004)

Suas reportagens primeiro viraram livros.

Seus livros, agora, viram filmes. O cinema brasileiro não tem sido o mesmo desde que descobriu Fernando Morais. Repórter premiado e escritor de biografias "cinematográficas" como *Chatô* e *Olga*, Morais vendeu mais de 2 milhões de títulos publicados em 20 idiomas. "Escrevo para ser lido por todos", diz. Ao Palavra Cruzada, Morais falou da bombástica biografia que faz há oito anos sobre Antônio Carlos Magalhães, defendeu o ator Guilherme Fontes da "carnificina da imprensa" e contou como foi que quase entrevistou um homem barbudo que financiava terroristas no Sudão chamado Osama Bin Laden

"**História de sacanagem me daria mais dinheiro. Mas prefiro História do Brasil que, às vezes, tem muito mais sacanagem**"

"**Não estou esperando o senador ACM morrer para lançar o meu livro. Só estou esperando ele parar de me dar capítulos novos**"

Qual a última frase que o senhor escreveu?
(*Se levanta e vai ao computador*) Aqui: "Brasileiro, filho de pai americano e mãe paulistana, o competente Laurence trazia sangue de artista nas veias".

E do que se trata?
Estou escrevendo a história da agência de publicidade W/Brasil. Laurence Klinger é um redator que trabalhava com o Washington Olivetto na DPZ. O livro conta como três pessoas tão diferentes montaram a W/Brasil, uma das agências de propaganda mais premiadas do mundo.

E *Chatô*? Vai mesmo virar filme?
Está praticamente pronto. A novela terminou. Está pronto.

Está ou o senhor fala isso ...
Não, está pronto sim. Eu tenho falado com o Guilherme Fontes (*ator e diretor de Chatô*).

O senhor foi um dos defensores do Guilherme.
Sou um defensor dele. O que fizeram com o Guilherme foi uma carnificina, algo inacreditável. A imprensa, de vez em quando, precisa de uns cachorros mortos para chutar. E ele foi o cachorro morto da temporada. Minha filha um dia me perguntou: "Pô pai, mas o senhor confia tanto no Guilherme...". Eu respondi: "Se um dia eu souber que ele meteu a mão em dinheiro público, minha surpresa será tão grande quanto seria para você se descobrisse que eu fiz isso." Bobagem. Ele não tinha dinheiro. Me ligou meses atrás dizendo que estava desesperado. Faltava uma titica para terminar o filme, R$ 30 mil. Falei para ele: "Por que você não vende aquele seu carro?" Ele tem um daqueles jipões grandes. Ele me respondeu: "Eu já vendi faz tempo".

Mas o que explica tanta demora em terminar o filme?
Não sei.

Como autor, o senhor não se frustra ao ver uma história dessas se arrastar por tanto tempo?
Não adianta forçar a barra. Foi para ele que eu vendi. Recusei propostas do Barretão (*Luis Carlos Barreto*), recusei proposta estrangeira.

Nunca se arrependeu?
Nunca. Mas enquanto *Chatô* atrasou, *Olga* ficou pronto em duas semanas.

A simplificação no cinema não o incomodou ao assistir *Olga*?
Mas não tem jeito. Uma vez perguntei ao Jorge Amado o que ele achava das adaptações de seus livros para cinema e TV. Ele disse: "Olha, só te dou um conselho: não veja o filme, não assista à novela. É outro produto". Então, você tem que considerar as chamadas licenças dramatúrgicas. Não há nenhuma desfiguração do *Olga*. Uma passagem gerou polêmica. É o momento em que o Prestes está preso e o Filinto Müller (*chefe da polícia de Getúlio Vargas*) chega pela jane-

la da cadeia e insulta ele, provoca. Eles, Prestes e Filinto, nunca se viram.

Por que livro é sempre melhor do que filme?
Nesse caso eu não sei não. É natural alguém gostar mais do filme do que do livro. Estou tentando lembrar de alguma história que eu tenha gostado mais no filme. Estou tentando lembrar aqui. É... curioso.

Quem sabe o senhor não lembra até o fim da entrevista. Eu queria saber outra coisa: *Olga, Cidade de Deus, Carandiru, Chatô, Cazuza, Corações Sujos*. **O que seria do cinema brasileiro se não fossem os livros biográficos?**
Olha só rapaz, eu não tinha reparado nisso. É verdade. E tem mais: estou vendendo para o cinema uma reportagem minha chamada *Cem Quilos de Ouro*. Se isso cair nas mãos de um sujeito sensível, vira um filme muito bom.

O que só reforça a tese. Haveria cinema no Brasil se não fossem os livros de não-ficção?
Acho que haveria, evidente.

Vamos ver só os que foram para o Oscar: *Cidade de Deus, Carandiru* **e** *Olga* **não saíram da cabeça de cineastas, mas de escritores. Não temos bons ficcionistas no cinema?**
Só posso dizer que eu nunca fiz ficção e jamais me aventurarei a fazer. Há uma frase que diz: "Com essa realidade tão rica à nossa volta, para que inventar?" Se você pegar o Brasil da Proclamação da República até a Revolução de 32, há personagens fascinantes. Espionagem alemã no Brasil durante a Segunda Guerra Mundial, o fenômeno dos cangaceiros...

Alguém está com preguiça nesta história de cinema que suga livro? Deve ser bem mais fácil para um roteirista se apropriar de um roteiro pronto.
É melhor. E se pegar um escritor obsessivo por detalhes, o roteirista do filme ganha um presente. Uma faca, um revólver, a pulseira na mão, está tudo lá. Para o roteirista, isso é ouro puro.

Estou provocando mesmo. Quero que o senhor diga que precisamos de melhores roteiristas.
Não, mas é o seguinte: benza Deus (*que não há*).

Melhor para o senhor.
Melhor para nós. E para o Brasil. Se é assim, isso estimula mais gente a cavoucar a história brasileira. Rapaz, não tem um grande livro sobre Getúlio Vargas, sobre a família Mesquita. Isso é tudo argumento para filme. E é bom.

Escrever livros que viram filmes não pode fazer o senhor se tornar um escritor que escreve livros para virarem filmes?
Não tem perigo. Se você olhar, eu escrevo assim há muito tempo. O caso dos *Cem Quilos de Ouro* foi escrito em 1988. Há 20 anos praticamente não havia cinema no Brasil.

O importante é daqui pra frente. O senhor descobriu que o cinema adora suas biografias.
Não muda nada. Ninguém nunca tinha me perguntado isso. O que me perguntam geralmente é o contrário. Se eu escrevia esses livros pensando em cinema. Jamais penso nisso. É claro que há um truque que aprendi nas redações de jornal sobre a abertura da matéria. Eu quero sempre agarrar o leitor na primeira oportunidade.

O que muda quando o senhor escreve a história de alguém que está vivo?
Se eu tivesse convivido um dia sequer com a Olga ou com o Chatô, meus dois livros seriam infinitamente mais ricos do que são. Uma coisa é alguém me contar como você é, outra coisa é eu te ver. Há oito anos eu ando ao lado de Antônio Carlos Magalhães. A cada semestre que passa ele me dá um capítulo novo. Disseram que estou esperando ele morrer. Só estou esperando ele parar de me dar capítulos novos.

A biografia não termina quando o cidadão morre?
Não, imagina. A biografia acaba quando a pessoa pára de produzir informação para ela.

O que muda quando o biografado é Antônio Carlos Magalhães?
Em que sentido? No político, de eu ser de esquerda e o ACM ser de...

Não, esta pergunta já fizeram demais ao senhor. Existem episódios polêmicos da vida de Antônio Carlos Magalhães, alguns que o relacionam a crimes. O senhor está disposto a publicar...
Tudo o que eu apurar. Só havia uma única questão para eu escrever este livro: Antônio Carlos Magalhães não lerá os originais. Eu publicarei aquilo que é meu juízo. Vai entrar no livro aquilo que eu achar importante. Vou ouvir todo mundo, inclusive seus inimigos, se for o caso.

Se for o caso, o senhor pode romper com ele?
Não se trata de romper, não sou aliado dele. Ele topou. Olha, deixa eu te falar uma coisa. Ele está tendo uma confiança em mim que, se fosse o contrário, não sei se eu teria. Se eu fosse ele, eu diria: "Puxa, mas esse cara é de esquerda, fez *Olga*, conhece Fidel Castro". Ele abriu todo o arquivo para mim sem censura. Eu trouxe da casa dele sete malas de papel com 50 anos de registros e anotações que ele teve com fulano, beltrano. Está tudo na memória do meu computador.

Caso Juca Valente?
(*Juca Valente foi um genro de ACM que morreu de forma misteriosa em 1975. Há quem suspeite que tenha sido assassinado a mando do político*).

Juca Valente, suicídio da filha, morte do filho... Falei tudo com ele.

Se o senhor está tão seguro é porque tem as respostas. Ele tem participação em algum crime?
Ahhhhhhh. Pô, rapaz, tenho idade para ser o seu avô. Sabe aquelas armadilhas para arrancar pata de bicho? Pode tentar em mim para ver se eu respondo.

Se eu fosse amigo do senhor, esta entrevista certamente seria outra. Escritor que convive muito com biografado não pode ficar amigo dele e pensar duas vezes antes de revelar segredos?
Eu tenho a impressão de que já lido com isso sem problemas. Sou amigo do Frei Betto há 40 anos. Certa vez a *Playboy* me pediu para fazer uma entrevista com ele. E aí? Manero ou não manero? Não manero. Quis saber de mulher, sonho erótico, voto de castidade, masturbação. Isso é pergunta que se faz para padre inimigo, não para amigo.

Francisco de Alexandria Pontes, o senhor conhece?
Falei com este homem semanas antes de ele morrer. Me telefonou dizendo para eu procurá-lo da próxima vez que eu fosse à Bahia.

Ele escreveu um livro contra o senador e foi espancado, seu carro foi metralhado. Há suspeitas de que tenha sido a mando de ACM. O senhor vai falar disso?
Vou construir um retrato fiel do que ele é. É polêmico? É muito.

O senhor não teme a passionalidade de Antônio Carlos Magalhães caso ele não goste do livro?
É claro que eu não estou escrevendo sobre Madre Teresa de Calcutá ou Irmã Dulce. Escrevo sobre um dos personagens mais fascinantes da política brasileira dos últimos anos. Jornalista que não se interessa pela vida de Antônio Carlos Magalhães tem que mudar de profissão. Vai ser DJ, monta uma alfaiataria, uma loja de CDs.

Perguntar é fácil, difícil é publicar. Se o Frei Betto pedisse, o senhor deixaria de publicar algo?
Mas ele não pediria. Eu nunca tive esse problema.

Qual foi a maior entrevista que o senhor não fez?
Há alguns anos eu tinha um amigo que era do MR8 chamado Eduardo Fernandez. O Edu tinha relações muito boas no Oriente Médio. Numa de suas passagens por Paris, ele foi jantar em casa e disse que havia um saudita que vivia no Sudão, milionário, que o pai havia tido trinta filhos e que havia deixado U$ 100 milhões para cada um. Esse cara tinha uma indústria de peles de cabra para exportar e sustentava algumas organizações terroristas. O nome do cidadão era Osama Bin Laden. Mandei a sugestão para uma pessoa aqui no Brasil. E ele me respondeu que isso parecia matéria do *Fantástico*. Que não lhe parecia coisa séria.

Quem foi a pessoa que te respondeu isso?
Nem no pau de arara. Pode até desencapar os fios que isso eu não conto.

Era amigo ou um profissional?
Nem com choque elétrico.

Música que vende muito é música suspeita. Filme que é muito visto é filme suspeito. Livro que vende muito é suspeito?
Na USP é. Na USP, na PUC... Para mim, não. Escrevo para ser lido pelo maior número de pessoas, sem concessão. Eu poderia escrever história de sacanagem, ganharia muito mais. Mas prefiro escrever sobre História do Brasil, onde às vezes, tem muito mais sacanagem.

Francisco Cuoco

A hora da verdade
(16/01/2006)

Aos 72 anos, Francisco Cuoco é um homem cansado da mesma TV que o fez galã. Quer repensar sua vida por não suportar mais o "limite da exaustão" nas gravações da Globo, por não entender os critérios usados para escalar atores e por ter, agora, redescoberto o teatro. Ao revelar o que há além de glamour no reino da TV, se torna o primeiro a tocar em feridas abertas que podem gangrenar

> **Se eu tiver que renunciar a alguma coisa na minha vida hoje, renunciarei à televisão... Ela só está piorando**

> **Sinto no ar as pessoas cansadas. Não sobra nada para o prazer da profissão. É preciso estar feliz para fazer novela**

> **A cada novela que se faz, daria para gravar três ou quatro, de tanto tempo e dinheiro que se perde na Globo**

O senhor ainda faz televisão por necessidade?
Faço. Eu me dou bem com todo mundo na TV mas dependo de ser escalado para fazer novela. Tenho um contrato com a Globo, que para mim é interessante na medida em que eu esteja trabalhando. Quando não estou trabalhando preciso de um complemento, mesmo que seja um pedaço pequeno do teatro. O que me encanta é que o teatro é muito civilizado, não tem o autoritarismo que a televisão tem.

Que autoritarismo?
É delicado falar mas, se a pessoa está recolhendo o lixo na televisão e você passa e a cumprimenta, essa pessoa vai ter um dia melhor. Sempre achei posturas arrogantes uma coisa inaceitável. Sei que é muito complicado para a produção lidar com 80 atores, como foi em *América*. Eu via à minha volta as pessoas no limite da exaustão. Ia para lá e esperava oito, dez horas. Sei que acontece, só que isso, quando se repete por semanas, vira uma loucura. Há uma bílis que vai te consumindo. A produção se perde muito nisso tudo e gera um grande desperdício. Não entendo até hoje os critérios econômicos e artísticos da Rede Globo.

Como se dá esse desperdício?
A cada novela que se faz daria para se fazer três ou quatro. Isso de tanto tempo e dinheiro que se perde, de tantos planos diferentes. Os editores já estão tão maluco que não conseguem acompanhar e escolher a melhor cena das dez iguais que foram feitas.

Muito dinheiro vai embora?
Demais. Eu tenho a impressão de que a televisão, infelizmente, não encontrou ainda uma medida mais aproximada da relação custo-benefício. Isso para todo mundo, diretores, autores, atores, figurinistas. Fica todo mundo hoje à beira da exaustão. Depois de quase 50 anos de trabalho, sinto que as coisas estão piorando na TV. E sei que isso não é só da Globo. Sei das dificuldades da Record, das tentativas da Bandeirantes, das tentativas do Silvio Santos no SBT. Seria ótimo termos três Globos porque o mercado de trabalho tem 17 mil atores desempregados no sindicato do Rio de Janeiro. Eu sei que é complicado, mas não temos nenhum horizonte para melhorar isso.

A Globo perdeu o controle sobre ela mesma?
Eu sinto no ar as pessoas cansadas. Não sobra nada para o prazer, para se poder melhor exercer a atividade, para um resultado melhor. É preciso estar feliz para fazer novela. Você sabe que vai gravar uma cena, ela tem que ser bem feita. Podemos esperar, mas ela vai ser cuidada. Só que não é isso que acontece. É muito difícil para os iluminadores, com as câmeras de alta definição, iluminarem. Então esperamos entre uma cena e outra uma hora e meia. O iluminador fica doido porque não consegue fazer o que era dia virar tarde. Ele tenta, demora, demora. É um processo que só uma televisão com muito

sucesso e faturamento consegue ir suportando. Eu acredito que esteja tudo sob controle porque eles não são doidos de rasgar dinheiro, mas está sobrando para quem realiza, quem faz, está sobrando uma carga pesadíssima. Com todo o respeito à Rede Globo, porque não posso cuspir no prato em que comi e como ainda, mas eu preciso ser escalado e não sei mais o que fazer para ser escalado. Eu tenho que ser amigo de quem?

Não é assim em todo lugar?
Eu me pergunto como é que... É muito bom trabalhar com quem se confia. Confia-se na esposa, tudo bem. É o tal nepotismo praticado em todas as áreas. Mas como é que fica o cast? Se eles têm um compromisso comigo de um trabalho básico, preciso ter uma produtividade.

O senhor ainda tem de provar que é um bom ator?
Vou falar uma coisa sem nenhuma vergonha. Eu liguei para a Glória Perez quando ela estava escrevendo *América*: "Glória, você teria um papel para mim nessa novela?" Ela disse que ia ver. Felizmente, ela atendeu ao meu pedido e me deu o Zé Higino. Aquilo cresceu, as pessoas até hoje imitam os trejeitos do Zé Higino. Além do talento, o que precisamos ter mais para sermos chamados? Imagine então o significado para mim, a liberdade de estar no teatro. Se eu tiver que renunciar a alguma coisa, provavelmente vou renunciar à televisão. Isso porque ninguém lá na Globo faz falta, tantas pessoas saíram. O Boni saiu, a Ana Paula Padrão saiu, a Lilian Witte Fibe saiu, o Carlos Nascimento, a Paloma Duarte, o Gracindo Júnior. E a emissora continua. Eles estão muito ancorados. É bom que tenha esse movimento para que a própria TV Globo não tenha monopólio.

O senhor cansou de ser ator?
Ser ator de televisão é uma luta que... bem.... é uma coisa para ser pensada. Tenho que refletir. Se sou proibido de fazer outras coisas quando faço novela, se não sei que dia vou gravar, se não tenho um comando em termos artísticos... Ninguém senta comigo e diz: "Vamos conversar sobre o seu personagem. O Zé Higino ficou muito simpático, então agora você vai mostrar um outro lado dele, o saudosista".

Ninguém fala nada?
Você vai descobrindo sozinho. Há uma quantidade de diretores que abrem, às vezes, seis frentes de trabalho durante as gravações. Eu chegava no horário em que eles pediam e, depois de três horas, perguntava: "Sabe por que não posso gravar?" E me respondiam: "Porque o fulano está gravando na frente 3". E eu perguntava de novo. "Não, porque a fulana está gravando na frente 1". Essas são coisas que a própria TV tem que observar.

A tensão já chegou no relacionamento entre os artistas?
A Carolina Ferraz (*durante Pecado Capital*) teve atitudes que não agradavam nem à faxineira, nem à camareira, nem ao diretor, e ninguém tomava providências. Ela não queria passar texto, queria ir embora, não passava a cena.

íamos ensaiar algo que tinha cem figurantes e ela vinha de roupão. E nenhum diretor tinha qualquer atitude. Era o oposto de tudo o que eu tinha aprendido na Escola de Arte Dramática, dedicação, renúncia, entrega, disciplina. Era o reflexo de como era impressionante a falta de atitude da Globo. Como é que a Globo suporta uma coisa dessas? Ninguém tem o direito de fazer isso, em nenhuma atividade. Fiquei sabendo depois que ela era uma riponga no mau sentido. Não tenho nada contra os ripongas, mas ela continuou com uma atitude de exclusão, só que nesse meio o que vale é a integração.

Uma biografia sua na Internet diz o seguinte: "Ator brasileiro, um dos mais populares do País. Tornou-se conhecido por encarnar dezenas de vezes o papel de herói romântico nas novelas". É assim que o senhor se vê?
Sinto, quando encontro senhoras, que querem um abraço porque jamais imaginaram que pudessem encontrar comigo. Isso deve representar milhares de outras que nunca vou ver e fico feliz por isso.

É sério que, por uma época, o senhor contratou uma secretária para responder as cartas que suas fãs mandavam?
Sim, isso aconteceu por um período curto. Tive que dispensar a secretária porque eu lia as respostas que ela escrevia e percebia que aquele não era meu jeito de escrever.

Mas assinar o senhor assinava?
Uma por uma, não dava autógrafos prontos. Um dia estava dando autógrafos em um shopping com a Beth Carvalho e ela começou a dar fotos já preparadas com um autógrafo. Ela levou um esporro de umas pessoas! Fiquei quieto, pensando: "ainda bem que não estou fazendo isso".

O senhor tem um jeito de falar, um tom de voz, que parece estar em todos os seus personagens.
Como não percebo isso acho que vou chegar ao ensaio do Orlando (*personagem da peça O Último Bolero*) e ser o Orlando. O Gracindo Jr. (*diretor*) pode até achar: "Nesse momento está o Cuoco". E aí vai me dizer: "Cuidado que está o Cuoco aí, procura a verdade do Orlando".

Há atores que recusam papéis parecidos para romperem com estereótipos.
Eu agüentei muita coisa porque tive estômago. Se a pessoa tem menos estômago, é porque ou é mais corajosa ou depende menos do veículo. Na Rede Globo tem muitos rebeldes. O Selton Mello é um que falou "não faço mais novela". FernandaTorres não faz mais novela. Acho que o Matheus Nachtergaele, depois de *América*, não faz mais. Eu o vi sofrendo, dizendo: "Porra, tiraram o sangue da gente, não agüento mais, não acaba, não acaba".

E como o senhor consegue?
Estou na contagem regressiva, estou acabando. Já agüentei tanto, mas agora tem um teatro me esperando, vou respirar, pedir licença.

Gilberto Gil

"Deus é invenção dos homens"

(29/11/2004)

Gilberto Gil recebeu o Palavra Cruzada em sua produtora, no Rio de Janeiro, para falar sobre *Eletroacústico*, primeiro disco que lançou após se tornar ministro da Cultura do governo de Luis Inácio Lula da Silva. A entrevista que começa com um Gil músico, sem tempo para compor, termina 50 minutos depois com um Gil político, preocupado com uma missão. Já o Gil místico, todo de branco, diz que perdeu a crença mas aumentou a fé. Não em Deus

> Não ligo se disserem que eu não consegui fazer nada como ministro. Só não quero que digam que não tentei

> A geração de Preta Gil tem menos pudores. Minha filha não teve problema em monetarizar a nudez dela

> Quem diz uma coisa com dez palavras é porque não pode dizer com cinco. Falo muito porque não sei falar. É uma deficiência

O senhor está todo de branco hoje porque é sexta-feira?
Sim, é isso.

É uma convicção religiosa?
Eu só uso às vezes, quando posso. Mas não faço disso um fetiche.

O senhor se sente bem assim?
Sim. E é uma maneira de dizer que eu sou do povo, do candomblé.

Foi difícil fazer um disco com músicas antigas soar novo?
E você acha que há um grau de reinvenção suficiente neste disco? A idéia foi de juntar elementos de música eletrônica para ter outros resultados. Tive de fazer isso sem muito tempo. Estou muito ocupado com o ministério. Ensaiei um pouco e logo lancei um show aqui no Rio.

O senhor ficou surpreso quando eu disse que há novidade...
Não, não fiquei surpreso. Eu perguntei se você tinha o sentimento de que, ao ouvir o disco, ouviu algo que tenha trazido a sensação de novidade. Queria saber se essa proposta era vista ou ouvida como nova.

O disco tem apenas regravações. Que tempo um cantor ministro tem para compor?
Nenhum.

O que o cantor Gil está achando do seu ministro da Cultura?
Olha, se eu for ver de longe, eu digo que não acho ruim não o trabalho do ministro. Um dos pressupostos iniciais que o presidente teve ao me chamar era de que a visibilidade que tenho como artista pudesse ser aproveitada pelo ministério. Hoje fala-se do ministério, existe um Ministério da Cultura conhecido. Essa é uma expectativa que não se frustrou. Depois, esperava-se que eu pudesse trazer um pouco mais de recursos para o ministério. Não é nada espetacular, mas saímos de 0,2% do orçamento em 2003 e fomos para 0,4% em 2004. E estamos indo para 0,5% ou 0,6% em 2005. Propus a criação da Loteria da Cultura, aumentamos a renúncia fiscal, estamos fazendo uma política interessante para o livro, para os museus. E queremos aumentar o repertório cultural. Fazer com que cultura não seja somente música, arte, teatro, patrimônio histórico. Estamos trazendo os costumes, as linguagens.

O senhor pensou que seria mais fácil?
Não, sabia que a pedreira era dura. A gente tem uma tradição muito conhecida de crítica ao Estado.

O senhor a fez várias vezes...
É. Mas o Estado é mesmo lento, tem seus rituais próprios. Tem Tribunal de Contas, Ministério Público, órgãos fiscalizadores, a opinião pública que fiscaliza tudo. No setor privado você faz do jeito que quer. Bota o dinheiro onde quer, tira de onde quer, na hora que quer, não tem licitação. No governo não.

Qualquer passo tem de ser cuidadoso. É tudo muito lento.

Quando fala como ministro, o senhor parece outra pessoa.
É? Como é isso? Diga aí.

O senhor acredita que as pessoas que ouvem Gil cantor são as mesmas que ouvem o ministro?
O meu pressuposto é de que estou falando para todos. E principalmente como ministro. Como cantor ainda posso escolher a quem cantar, para qual público, para tal setor. Como ministro tenho de falar para todo mundo. Se é todo mundo que me ouve como ministro, não sei.

Olha só o que o senhor diz enquanto ministro: "A globalização que produz a hegemonia também acelera as trocas e os encontros, ampliando as contaminações, miscigenações e metamorfoses".
Sim, mas para o público letrado, que é quem lê jornal e revista, esse vocabulário é comum. Todo mundo sabe o que é metamorfose, miscigenação, globalização...

E o não letrado? O senhor mesmo disse que o ministro tem que falar para o povo. Será que o povo entende?
O público letrado é uma grande parte da população. As classes médias e alguns segmentos das baixas são letradas. Você vê na televisão um repórter entrevistando alguém na rua, gente do povo em Salvador, Londrina, Caruaru... As pessoas dominam linguagens compartilhadas por todos.

O senhor nunca pensou em usar frases mais simples ao falar para pessoas mais simples?
Às vezes eu até consigo. Mas em geral não. Em geral falo mesmo do jeito que eu sei falar. Não acho que precisaria me disfarçar, de falar popular umas vezes, outras não. "Vou colocar o discurso do povo na minha boca, vou falar do jeito que o povo gosta". Além do mais, o povo gosta de decifrar, de ouvir uma palavra nova. O povo gosta de ver um homem simples podendo fazer uso de instrumentais que historicamente só pertenciam às elites. Um homem negro falando bonito é um orgulho para a gente simples.

Há os que dizem que quem fala muito bonito o faz para camuflar a falta de profundidade em certos assuntos.
Às vezes é mesmo. Eu mesmo faço um pouco esta crítica. Eu não tenho uma inteligência muito ágil. Vou explicar o que quero dizer: o domínio preciso do vocabulário requer uma inteligência muito ágil. E eu não domino o vocabulário.

O ministro da Cultura não domina o vocabulário?
Aí é que está, vou dizer: quem fala muito com muitas palavras é porque não domina o vocabulário. Quem diz uma coisa com dez palavras é porque não pode dizer com cinco. Muitas vezes eu não encontro uma palavra que quer

dizer o que eu estou pensando e então uso duas, três para chegar onde quero. Então eu fico prolixo. A minha prolixidade nasce do fato de eu não saber muito bem os significados essenciais das palavras básicas. Questão de memória. Aquelas 500 palavras que a gente usa o tempo todo, eu esqueço tudo. Só ficam 200, 300. Entendeu?

Sim, está decifrado o mistério do ministro *(risos)*.
É isso. Eu falo muito porque eu não sei falar.

Ou o senhor está muito modesto ou muito convincente.
Não, estou sendo muito sincero. Eu falo muito porque não sei falar. É uma deficiência.

O senhor chegou ao ministério como um astro. Como é a vida de um ministro pop em Brasília? O senhor dá autógrafos para ministro, canta em solenidades?
Sim, muito. Há pedidos para eu paraninfar turma de formandos de parentes de políticos, escrevo prefácio para livros de políticos, pedem para eu cantar em solenidades, deputados pedem para eu cantar na Câmara, no Senado, governadores pedem para eu cantar em eventos, prefeitos pedem...

O senhor consegue ser ministro cantando assim?
Se eu fosse atender a todos os pedidos, não conseguiria.

Ser um ministro músico o faz ser mais cobrado pelos músicos?
Sim, dizem que estou dando mais atenção ao cinema, ao patrimônio histórico. Mas neste ano conseguimos nos aproximar mais dos músicos com a criação da câmara setorial, que vai discutir questões como direito autoral, pirataria, circulação de música, produção.

O "jabá" não deveria ser crime? (*"Jabá" é o dinheiro pago por gravadoras para que certas músicas toquem mais nas rádios e certos artistas apareçam mais na televisão*)
Sinceramente, acho difícil criminalizar o jabá. Porque ele não é feito às claras, tem disfarces. Se for criminalizado, pode até aumentar.

Teria o efeito contrário?
Não falo sobre os efeitos, mas sim sobre a dificuldade de identificação do jabá. Como é que eu provo o jabá? Você é um programador de rádio, eu sou um artista. Eu proponho a você que toque a minha música 15 vezes por dia durante um mês e eu me comprometo a te dar uma recompensa. Essa recompensa pode ser uma viagem, um fim de semana não sei onde, um dinheiro. Como alguém vai detectar essa transação?

Sendo a rádio e a TV concessões públicas cedidas pelo governo, não teriam que ser democráticas?
Aí entra a questão da regulação.

E aí o senhor é apedrejado.
Você está vendo o caso da Ancinav, que quer regular relações no setor do áudio-visual entre tevê e cinema. Você vê a grita que é.

É melhor não mexer com essa história de jabá?
Acho que deve-se mexer sim, deve-se discutir e enriquecer a conceituação sobre o que é o jabá, como ele pode ser identificado. E, como você colocou, se deve ou não criar meios para regular o setor.

O Sesc de São Paulo é visto hoje como criador de vida cultural própria, independente do governo. Há algo a se aprender com o Sesc?
Muito. Capacidade de programação, gestão, contemplação à diversidade cultural. Tudo isso aprende-se com o Sesc e com programas como o Itaú Cultural, Petrobrás, Festival Tim. Uma missão nossa, uma missão do governo, é fazer com que todas essas iniciativas passem a ter um diálogo mais próximo com a visão política do governo. O segredo hoje no Brasil é casar recurso privado com política pública.

Um outro assunto: Preta Gil, sua filha, lançou um disco que ficou mais conhecido pelo encarte que trazia fotos com ela nua do que pelas músicas que ela cantava. Como o senhor assistiu ao fenômeno?
O que há na vida hoje é uma monetarização de tudo, tudo vira moeda. Tirar a roupa para aparecer na fotografia é uma moeda.

É um bom puxão na orelha de Preta Gil?
Eu já puxei na época, não tenho problema com isso. Aparecer na coluna social é uma moeda de troca. Tudo cobra um ingresso. Ninguém faz nada de graça. Ela não tirou a roupa por tirar, mas porque aquilo é uma moeda.

Essa moeda não é necessária?
Esta é que é a questão. O mundo monetarizou coisas que não precisavam ser monetarizadas. Tudo entrou na lógica monetária. Até a virtude virou uma moeda. Ninguém faz o bem porque a virtude é um bem em si. As pessoas fazem o bem porque fazer o bem significa ser reconhecido como bom. Eu sou bom porque eu recebo em troca consideração, imagem. As empresas fazem isso. Investem em meio ambiente por imagem, investem em esporte por imagem, investem em cultura por imagem, investem em resgate social por imagem. Tudo virou moeda.
O saber é uma moeda, o comportamento é uma moeda...

O Ministério da Cultura é uma moeda?
Claro que não! Estou falando da lógica que é imposta. Nem todos se submetem a ela. Mas o número é cada vez menor dos que não se submetem. Isso porque a lógica vai prevalecendo. Minha geração ainda tem pudores, tem reservas com relação a monetarizar tudo. Para uma geração como a da Preta, há menos pudores. Ela não teve problema nenhum em monetarizar a nudez

dela. Aquilo era natural porque ela nasceu vendo a revista *Playboy* na casa dela com as atrizes nuas das novelas, as amigas, as madrinhas, as mães das colegas dela. Então, por que ela iria achar isso absurdo? Ela não tinha questões nem morais, nem éticas e nem de nenhum tipo ao tirar a roupa. Aquilo foi natural. E ao mesmo tempo ela usou a lógica da troca. "Eu vou aparecer nua na capa porque isso vai vender mais disco." A lógica monetarista.

O senhor também não teve suas moedas?
Sim, claro. Não estou falando de homens perfeitos de um lado contra homens imperfeitos do outro. Todos nós monetarizamos partes significativas de nossas vidas. Fazemos até de nosso bom comportamento uma moeda de troca em nossas vidas. Fazemos das nossas caridades moedas de troca. Mas o que digo é que há intenções diferentes disso e que com o passar do tempo as pessoas foram se sentindo cada vez mais à vontade com essa lógica. Cada vez criticam menos essa lógica. As meninas vão aparecer nas escolas de samba não porque gostam de samba, mas porque querem sair em um lugar de exposição pública. Porque aquilo é um lugar de criação de valores simbólicos.

Três temas tabus: O senhor torce para que time em São Paulo?
Para o Santos.

Já jogou bola com Lula?
Não, eu não jogo nada. Quando jogava, na juventude, era goleiro. Já fui à Granja do Torto duas vezes ver o futebol, mas não jogo nada.

E torceu para o time do presidente?
Não, até porque uma hora ele joga em um time, outra hora joga em outro.

Religião: o senhor continua sendo um agnóstico?
Eu acreditava um pouco nos poderes, na transcendência como dimensão própria característica de um mundo que se destacava do nosso, que não era um mundo humano. Com o passar do tempo fui perdendo a crença e aumentando a fé.

Em quê?
No conjunto da vida, na biosfera. Todas essas camadas de vida que envolvem o homem. A camada vegetal, a camada atmosférica. A inter-relação entre os seres vivos todos é o que dá a própria vida, a autogênese. A vida é gerada da própria vida, o milagre é o próprio cotidiano. E aí fui ficando meio descrente com relação a pensar que é preciso haver vias de acesso a um poder superior.

Deus existe?
Deus é uma criação do homem. Só passou a existir quando o homem pensou nele.

E quem criou a vida que o senhor citou?
A autogênese.

Drogas: qual o senhor usou que não usaria jamais?
Várias. Cocaína usei uma, duas, três vezes e não tive nenhum benefício. Maconha usei muito e não tenho vontade nenhuma de usar mais. Do álcool, não sinto saudade.

O que vai marcar a passagem do ministro Gilberto Gil?
Não sei e nem estou muito preocupado com isso.

Que marca então o senhor gostaria de deixar?
A única coisa que eu gostaria que não dissessem de mim é que não me dediquei. Não me importo que digam que eu não consegui fazer nada relevante. Mas que eu não tenha tentado, que meu empenho não tenha sido visível, isso eu não gostaria que dissessem.

Glória Menezes

"Por que o povo não vai mais ao teatro?"

(07/08/2006)

Morte? Ninguém deveria passar dos 70 anos. Fidelidade? Não é o mais importante no casamento. Teatro? É um mistério o fato de não chegar às massas. Glória, aos 70, fala tudo com conhecimento de causa

"Não acho que eu e Tarcísio já somos uma pessoa só. Ele fez muitas coisas sem mim. Trabalhou mais com a Vera Fischer e a Bruna Lombardi do que comigo"

"Se um dia o Tarcísio me trair, eu não quero nem saber, não me interessa. O que me interessa são os mais de 40 anos que estamos juntos. O resto é resto"

"Essa peça *Ricardo III*, olha, acho que o Jô Soares (direção e adaptação) conseguiu aproximar Shakespeare do grande público. É muito curioso"

O teatro, séculos depois de ter sido criado, não chegou ao grande público. Isso não quer dizer que o teatro fracassou?
E eu te pergunto: o que tinha além do teatro 500 anos atrás?

É, quase nada.
Isso é parte da resposta. O teatro era o jornal da época, a TV, a rádio. O problema de hoje é que as pessoas estão emburrando. Agora mesmo estava vindo para cá e veio um jovem ator daqueles que ficam fantasiados de palhaço, muito bem maquiado, com roupa muito bonita. Ele me perguntou se não estava mais na televisão. Eu disse que estava fazendo o *Ricardo III* no teatro e ele falou: "Ah, sei. Aquela peça do Shakepia". Do Shakepia! Nem ler as pessoas estão conseguindo mais. E era um jovem que estava lidando com esse tipo de arte.

Mas o que faz o teatro ainda ser tão distante das pessoas?
Às vezes eu também fico me perguntando, é engraçado. A França, nos anos 60, passou por um problema muito sério com o teatro. Os diretores se perguntavam porque as pessoas não estavam indo ao teatro. Imagina, isso em 1960. Então falaram: "Vamos encenar peças de Samuel Beckett porque Beckett fala dos problemas sociais, pode atrair os operários das classes mais baixas". Não deu certo. As pessoas não queriam ver seus próprios problemas. Então pensaram em construir creches nos teatros porque acreditaram que as mães não iam ao teatro porque não tinham com quem deixar os filhos. Não deu certo. Então abaixaram o preço pela metade. Também não deu certo. Não tem resposta. Na França da década de 60 já se buscava um meio de fazer o povo ir ao teatro.

E continuam buscando...
Continuam, é uma coisa misteriosa. Ao mesmo tempo as pessoas estão sempre achando que vai acabar o teatro e ele nunca acaba. Essa peça *Ricardo III*, olha, acho que o Jô Soares *(que assina adaptação e direção)* conseguiu aproximar Shakespeare do público. Há pessoas na platéia que nunca tinham visto nada de Shakespeare, é curioso.

A senhora nunca tem a sensação de que seu talento pode acabar?
Sempre tenho. Sempre que acabo de fazer um trabalho em que fui bem, penso: "Deus do céu, será que vou acertar assim de novo?" É perigoso. Você pode pegar seu talento e enveredar com ele por uma estrada totalmente errada. Aí você ó, plaft! *(bate uma mão na outra)*. Todas as vezes em que começo um trabalho penso isso. Mas acho que é o que todo ator deve sentir.

Não há uma entrevista nos últimos 40 anos em que não lhe perguntam sobre seu marido, Tarcísio Meira. Seria um caso raro de duas pessoas que se tornaram uma só?
Será? Acho que não *(risos)*. Ele fez muitas coisas sem mim. Ele trabalhou mais com a Vera Fischer ou a Bruna Lombardi do que comigo. Somos totalmente diferentes, apesar de sermos do mesmo signo. Temos uma maneira de traba-

lhar totalmente diferente. Somos solitários em nosso trabalho, mesmo morando na mesma casa, ele fica lá e eu fico cá. Não "batemos" texto, cada um faz seu trabalho.

Os telespectadores da Globo já elegeram vocês o casal que melhor representa a família brasileira. Isso não é peso demais nas costas?
Não, porque isso é um problema de quem elege. E falo com a maior sinceridade. Não tenho a menor preocupação, nem eu nem Tarcísio. O que nos chateava quando as crianças eram pequenas e eu tinha meus pais vivos, eles morreram com 93 anos, eram as notícias falsas que saíam sobre nossa separação. Nosso filho Tarcisinho ia à escola e voltava dizendo que os meninos falavam que o pai dele havia brigado com a mãe. Uma vez me lembro que ele foi entrevistado quando tinha 14, 15 anos, e disse: "Pois é, já separaram meus pais umas seis ou sete vezes e eles estão juntos, continuam juntos. Então não acredito mais". Nós temos os nossos defeitos e estamos juntos porque nos sentimos bem. Mas, sei lá, se não der mais certo um dia a gente se separa. Não existe um compromisso de estarmos juntos para dizer que somos um casal feliz.

Fidelidade em casamento é importante mesmo ou as pessoas acabaram colocando nisso um peso além da conta?
Não tem essa importância toda não. Fidelidade é cumplicidade. É estar a qualquer momento pronto para atender o outro. Se o Tarcísio algum dia for infiel a mim, não quero nem saber, não me interessa. O que me interessa são os mais de 40 anos que estamos juntos. E eu sei o propósito dele em relação à minha pessoa, os cuidados que ele tem comigo, a disposição que ele tem de me acompanhar e estar a meu lado quando eu preciso. O resto é resto.

E fazer o quê com o ciúme?
Eu não sou ciumenta, por composição genética (*risos*). Tarcísio sempre foi muito mais assediado do que eu. E as mulheres fazem um assédio muito mais agressivo do que os homens.

Sempre se falou mais da beleza dele do que da sua. Isso nunca foi um incômodo?
Sempre lidei bem com isso, graças a Deus. Ele era o homem mais bonito do Brasil. Ele, com 1,80 metro, imagina. E eu com meus 1,59 metro. Eu conquistava as pessoas de outra maneira. Se fosse ligar para isso nosso casamento já teria ido para a cucuia.

A senhora e Tarcísio Meira estavam no elenco da primeira telenovela brasileira *2-5499 Ocupado*, de 1963. Depois disso as novelas não pararam mais, uma após a outra, sem nenhum dia de folga. Já pensou que é uma das responsáveis por esse vício?
Sim (*risos*). E a gente não acreditava que fosse dar certo. Quando a TV Excelsior começou não acreditávamos, éramos contra as novelas. Como assim? Aquilo

era um absurdo. Fazíamos peças em grandes teatros, teatro de vanguarda, não gostávamos de gravar aquilo. Mas o grande benefício foi que acabamos com aqueles filmes americanos da vida, os seriados que vinham para cá, como *Doutor Kildare*.

Glória, viver mais a todo custo ou viver menos e melhor?
Viver menos e melhor.

As pessoas não falam isso da boca pra fora? Na hora H todo mundo quer prolongar a vida.
Eu não. Olha, vou te falar minha teoria: as pessoas deveriam chegar aos 50 anos e parar de envelhecer. Não passar por essa decrepitude, que eu acho uma grande sacanagem. Eu presenciei meu pai e minha mãe, essa coisa de... (*entorta as mãos como se fossem defeituosas*). Então as pessoas só envelheceriam até os 50. E quando chegassem aos 70, vupt! Morriam. Pra que esse desgaste biológico que existe no ser humano? Essas pessoas que ficam como mamãe ficou, dura de pedra, perguntando "Quem és tu? Quem és tu?". É uma coisa horrorosa.

E morreríamos aos 70?
Sim, mas na boa. O que adianta vivermos depois dos 70 vivendo mal? Raramente se chega aos 80 bem. O desgaste é implacável.

Qual a idade da senhora?
Setenta.

E a decrepitude não chegou.
Mas tenho cabeça de 40.

A senhora é prova de que sua teoria pode ser falha.
Não, mas agora, veja bem, veja bem... Eu prefiro viver até aqui, do jeito que estou, do que ir até os 90 mal. Existem as excessões, e eu estou fazendo parte de uma excessão. Eu estou com 50 anos tendo 70, é isso que te digo.

Mas a senhora se cuidou para isso.
Que me cuidei nada menino. Ando, faço musculação até hoje, mas não estou podendo andar agora por um problema de coluna que deu estes dias. Aí, tá vendo? Já começou. Se começar esses perecoteco daqui, perecoteco dali, aí fica ruim. Eu andava dez quilômetros por dia, e agora estou há seis meses sem andar.

E cirurgias plásticas? São sonhos de mentira?
Fiz minha última há muitos anos e acho que as mulheres devem fazer, mas devem saber que não vão ficar anos mais jovens. O que existe são mulheres de 60 anos com plástica, de 70 anos com plástica, de 80 anos com plástica. A plástica nunca vai rejuvenescer ninguém.

Jorge Benjor

Fazendo música, jogando bola

(12/12/2005)

Ele criou um ritmo nos anos 60, foi regravado por gente como Dizzy Gillespie nos 70, tocou para distrair os jogadores do Flamengo nos 80 e, ainda assim, não se aquietou. Aos 64 anos, Jorge Benjor faz shows com quase três horas de duração e diz que está à procura do que chama de "som universal" para ser entendido pelo mundo "em cinco ou dez anos". Benjor, que quase nunca fala, falou depois de um show em São Paulo

"Fui banido da bossa nova porque cantei com a jovem guarda. Se tivesse ficado com a bossa, não seria quem sou hoje"

"Estádios viraram campos de guerra. No meu tempo não havia essa paixão destruidora das torcidas de hoje"

"Estou ainda fazendo descobertas. Espero que em alguns anos minha música, mesmo em português, seja universal"

São 3h da manhã, o senhor acabou de fazer duas horas e meia de show, atendeu uns 50 fãs aqui no camarim...
Eu só funciono à noite mesmo. Começo às 20h e vou embora. Ontem fiz um show que começou às 2h da manhã, cheguei ao hotel às 7h da manhã.

Sempre faz shows de duas horas e meia?
Sim, sempre faço. Hoje tinha muito pedido de música. Digo que meu show é de uma hora e quarenta minutos o primeiro tempo. Aí depois tem o bis, que acaba em duas horas e meia. Hoje tinha mais de 12 pedidos...

O senhor parece gostar mais da sonoridade das palavras do que do próprio sentido delas. Cantar letras sem sentido foi uma carta branca que conquistou?
Minhas músicas são histórias que vou fazendo aos poucos. Eu, modéstia a parte, poderia fazer um livro de cada letra que faço porque eu vou escrevendo, escrevendo e elas ficam muito grandes. Chega um momento em que tenho que fazer uma síntese para fechá-la. Ninguém me ensinou, aprendi a rimar sem rima. Faço isso só pelo som das palavras. Minhas letras não têm mesmo uma rima certa.

Mas o engraçado é que as pessoas cantam suas músicas sem procurar o sentido para o que estão cantando...
Eu não sei porque isso acontece. O jazz tem isso e eu acho que aprendi assim porque sempre gostei muito de jazz. Há o tema, depois o improviso, cada músico vai para um lado e, no final, volta todo mundo certinho para o tema.

Seus finais não parecem muito certinhos...
É, na verdade minha preocupação é acabar bem as histórias. Quero sempre que acabem com um final feliz. Com isso eu me preocupo.

Quando criou o que chamou de samba com maracatu, o sambalanço no Rio ou samba rock em São Paulo, houve uma festa por um lado e muitas acusações de que, a partir dali, o senhor começou a se repetir a cada disco.
Muita gente falou isso. Mas eu tive os conselhos de minha mãe em casa que me ajudaram muito a superar essas críticas. Meus pais não queriam que eu fosse músico, não queriam que eu vivesse de música e me alertavam: "Você vai criar inimigos sem que as pessoas o conheçam direito, sem saber como você é como pessoa. Vão falar de você por não gostarem de sua música". Eu também não queria ser músico, queria era ser jogador de futebol. Minha mãe queria que eu fosse pediatra, meu pai queria que fosse advogado porque tenho dois primos advogados. O sonho dele era me ver com aquele anel de bacharel.

Essa história de futebol e música... O senhor chegava a cancelar shows para ir ver o Flamengo jogar no Maracanã?
Cancelar não, mas eu pedia para que não marcassem shows nos dias que havia jogos do Flamengo. "Marca antes porque aos domingos tenho que estar com minha galera no Maracanã para ver o jogo", dizia para o pessoal.

Se o Flamengo fosse jogar amanhã, um domingo, o senhor não iria se apresentar contrariado?

Meu encanto pelo time ainda continua, mas a paixão... Os estádios viraram campos de guerra. A torcida no meu tempo tinha o encanto, mas não era essa paixão destruidora dos torcedores de hoje. Hoje tem briga mesmo, mortes. Eu ia para a arquibancada, mesmo depois de ser profissional na música, ia encontrar outros flamenguistas como os sambistas do Fundo de Quintal. Éramos da torcida Fla Maior. Havia ainda a Fla Mor, a Lira do Flamengo, só nomes bonitos e poéticos. Hoje em dia são aqueles nomes agressivos, seus integrantes brigam uns com os outros. E o time também não é mais aquele. Eu acompanhei a época de ouro do Flamengo, a década de 80 inteira. Vi Zico, Adílio, Carpegiani, Andrada, Julio Cesar. Via aquele time.

Via e tocava no ônibus para distrai-los...

Eu fazia o que chamavam de musicoterapia. O Claudio Coutinho, que era o técnico, me chamava e dizia: "Jorge, quando não tiver nada para fazer vem tocar para o pessoal". Eu ia para a concentração na véspera de jogo, ficava lá, tocava, comia o rango junto com os jogadores e entrava no ônibus com eles. Íamos todos para o Maracanã. Pô, aquilo era uma poesia total. Hoje é muito difícil.

Filho Maravilha, a música, é uma homenagem a um jogador do Flamengo.

Sim, *País Tropical* também foi feita depois de uma vitória do Flamengo. Saí do Maracanã com aquele clima de domingo de sol azul. Aquilo me pegou e eu, depois, consegui transformar em música. E depois fiz essa homenagem ao Fio com a *Filho Maravilha*.

E só ele que não entendeu a homenagem?

(Fio Maravilha processou Jorge Benjor quando ouviu que era citado na música).
É.

Homageou mais alguém depois do episódio com o Fio?

Depois fiz uma música para o Zico. Mas fiz muitas outras sem citar os nomes dos jogadores. Fiz a música *Zagueiro* porque sempre gostei muito daquela figura do zagueiro xerife. Brito, Luis Pereira, Belini. Eram os xerifes da área. Depois fiz uma música para os goleiros. (*Começa a cantar*) "Goleiro não pode falhar / não pode ficar com fome na hora de jogar / Se não é um frango ali, um frango aqui / frango acolá...".

O senhor seria músico se não existisse futebol?

A assessora de imprensa se aproxima e pede para o repórter fazer a última pergunta.

(*Longa pausa*) Eu seria mas.... Não sei... Eu seria músico mas sem a alegria que tenho quando falo desse esporte. As duas coisas se combinam. Sabe que eu estive nos Estados Unidos e percebi que eles também usam o futebol americano para fazer letras de música?

O senhor recebeu um Grammy latino recentemente...
Fiquei muito orgulhoso, apesar de saber que meu trabalho sempre foi mais para o Brasil e Europa. *Mas que Nada* foi mais curiosa, foi uma música que não precisou de versão em inglês nos Estados Unidos para vender dois milhões de discos. Todo americano que ouviu rádio em 1966 conhece essa música. Eu tive um amigão que gravou *Mas que Nada* chamado Dizzy Gillespie (*um dos maiores trompetistas de jazz, morto em 1993*). Em dois shows que fiz lá, olhei para a platéia e vi o Dizzy assistindo aos shows.

O senhor mudou o nome de Jorge Ben para Jorge Benjor porque os americanos o confundiam com o George Benson e depositavam na conta dele seus direitos autorais. Acredita que ele acabou ficando com muito dinheiro que era para o senhor?
É (*faz expressão de dúvida e muda de assunto*). A gente conversou recentemente aqui no Brasil, na última vez que ele veio. Eu ia tocar com ele a *Masquerede* mas, o dia que ele tocou aqui foi o dia em que eu estava embarcando para a Europa. Estava tudo certo para me apresentar com ele aqui em São Paulo.

O senhor disse recentemente que, quando ouviu o grupo pernambucano Mundo Livre S.A, pensou que poderia ter ido mais longe com sua música. É isso mesmo?
Sim, embora eu ache que o Mundo Livre ainda não, ainda não... Mas eles estão no caminho certo, estão lapidando e vão ter o caminho. Estão brutos, mas vão chegar lá.

Ouvi-los o fez pensar que o senhor, Jorge, poderia ter ido mais longe?
Eu digo o seguinte: não desisti. Eu sempre acreditei no meu trabalho. E posso dizer isso porque tive o apoio da minha família e de meus amigos. Amigo você descobre na hora em que está fazendo sucesso. Ele reconhece e diz que você merece aquilo. Esse é seu amigo.

Sempre que está para sair um disco seu, muitas pessoas esperam ouvir o Jorge Benjor soando como nos tempos em que era o Jorge Ben, com mais violão e menos guitarra...
Eu toquei violão no disco acústico feito pela MTV há dois anos.

Foi uma decisão irreversível não tocar mais violão?
Nesse momento a assessora de imprensa de Jorge pede para a entrevista ser encerrada porque ele teria que viajar.

Não é irreversível, mas veja. Em um show como o de hoje (*realizado no Credicard Hall*), por exemplo, eu não poderia tocar violão. Não saía o som da guitarra, queimou o amplificador, não tinha microfone para uma de nossas guias de som. O violão é bom para uma banda acústica. A Banda do Zé Pretinho toca com uma pressão de banda de rock, têm os metais, os teclados.

O senhor estudou em um colégio de padres e cantou em coral de igreja...
Muitas vezes, fui até coroinha.

Nunca ficou tentado a se tornar padre?
Padre não, mas sou religioso e vou dizer uma coisa: aquilo foi um presente do meu pai. Eu saí do ginásio e ele me arrumou uma bolsa de estudos no seminário. Iria estudar aquelas matérias todas que, para mim, seriam ótimas até hoje. Eu falava e rezava em latim (*o nome de seu disco novo é Reactivus Amor Est*), escrevia em grego, estudava São Tomás de Aquino, Santo Alberto, O Grande, São Lebovites...

Os anos 60 chegaram e o senhor foi um dos únicos a freqüentar os programas *O Fino da Bossa*, que recebia cantores da bossa nova, e *Jovem Guarda*, reduto dos roqueiros. Quem pisava em um, geralmente, era banido do outro.
Eu fui banido do *Fino da Bossa* porque cantei uma vez no programa *Jovem Guarda*. Fui ao *Jovem Guarda* num domingo e, na segunda-feira, não estava mais escalado para o *Fino da Bossa*. Fui banido. Roberto e Erasmo souberam disso e falaram: "Então você vai ficar aqui com a gente". E lá fiquei.

Se tivesse ido para o time dos bossa novistas, sua história seria diferente?
Seria sim.

Seria hoje Jorge Benjor?
Não. Eu não era bossa nova e meu samba já era outro. Ali eu era um estranho no ninho. Meu samba era africano batido com maracatu.

Sua música quer chegar onde?
Estou tentando fazer descobertas ainda. Espero que em cinco ou dez anos minha música seja universal, que mesmo cantando em português o mundo inteiro me entenda.

J.R. Duran

Fotógrafo de fantasias

(02/05/2005)

Mais de 25 anos se passaram desde que J.R. Duran fotografou uma mulher nua para a *Playboy* pela primeira vez. Nome requisitado pela publicidade e por revistas masculinas, o espanhol radicado no Brasil se tornou especialista em um ser que define com poesia: "Ninguém descobriu ainda de que planeta vieram as modelos". Personagem da chamada indústria da imagem, Duran fala sem falsos pudores sobre as artimanhas de se fotografar sonhos. "Não é a verdade que está em jogo." No final da entrevista, dispensa o fotógrafo e envia fotos próprias para serem publicadas. Um dos maiores nomes da fotografia tem pavor de ser fotografado

"Não existe mentira. Ninguém vai comprar a mulher da revista. A verdade não é o que está em jogo"

"Mulher de revista não é tudo igual porque não é plastificada. Há peitos grandes e pequenos, bundas grandes e pequenas"

"Não há nenhuma foto hoje, a não ser a jornalística, da qual não se tire espinhas com o photoshop"

O fotógrafo é um mentiroso?
Não, a fotografia é uma verdade. Quem conta essa verdade pode até ser um mentiroso, mas ela é uma verdade.

A naturalidade de uma modelo fotografada, por exemplo, é fruto de muita produção. Essa naturalidade não é uma mentira?
Sei onde você quer chegar. É o seguinte: eu tenho um mundo que existe e minhas fotos escrevem esse mundo. Se ninguém mais consegue enxergar esse mundo, não quer dizer que eu seja um mentiroso. Estou contando para as pessoas as coisas que eu enxergo. A imagem que faço existe de verdade no momento da foto, ainda que ela desapareça meia hora depois.

O senhor faz qualquer mulher ficar bonita?
Creio que sim. Mesmo porque não existem mulheres tão feias assim. É tudo uma questão de proporções e produção. O corte certo do cabelo, a cor certa do batom, a maquiagem certa. É um equilíbrio que faz uma pessoa ser mais marcante que outra. Não vou dizer que faria todas as mulheres bonitas. O que posso dizer é que conseguiria fazer todas se tornarem interessantes.

Alina Fernández, filha de Fidel Castro, posou para o senhor por três dias e as fotos nunca saíram na *Playboy* porque o resultado não ficou satisfatório. Foi impossível torná-la interessante?
É possível tornar uma mulher interessante desde que ela queira. Alina não quis.

Quando foi que o senhor jogou a toalha?
Quando acabou o filme (*risos*). Eu pensei: "essa mulher não piscou e nem sorriu nenhuma vez. Acho que esse negócio não vai dar certo".

Se pudesse, publicaria as fotos?
Não sei. Para ser sincero, nem me lembro mais como eram essas fotos. Entreguei tudo para a revista e me arrependo inclusive de não ter ficado com nada. Me surpreendi quando resolveram contar isso (*em uma matéria para a revista Mitsubishi*). Era algo que estava enterrado como um pacto e, no meio, alguém resolveu chutar o balde.

O senhor se lembra da primeira vez que esteve diante de uma mulher nua?
(Duran olha intrigado)

Profissionalmente, claro.
Ah... me lembro das duas, mas vamos falar profissionalmente.

O senhor tremeu?
Era uma matéria para a *Playboy* e eu nunca havia fotografado um nu na minha vida. Um diretor de arte da revista disse que eu poderia fazer um teste. Então descobri uma garota esplendorosa em uma agência, isso há 25 anos. Na hora das fotos foi muito engraçado. Havia descoberto a mulher mas não sabia o que fazer com ela. Fiz as fotos, mostrei e a revista aprovou.

Se todas as mulheres podem ficar interessantes, como o senhor diz, por que só entram nas revistas aquelas que seguem os padrões de beleza?
Não, espera aí. Existe uma miopia nisso. As modelos de sucesso não têm padrão de beleza. Naomi Campbell, Linda Evangelista... Todas as modelos de sucesso são produtos de uma miscigenação. Se você pegar todas e fizer suas árvores genealógicas, verá que não seguem nenhum padrão. Neste mercado, o que se busca é a personalidade.

Está todo mundo enganado?
Nunca entendi isso. As misses sim, têm padrão de beleza. As modelos não.

Não há padrão de magreza?
As mulheres não são magras, são normais. Estão no peso certo.

Gisele Bündchen não é magra?
Mas aí é... Está bem, vamos lá. Você já viu um jóquei alto?

Não.
Por que eles não colocam um homem alto para montar cavalos?

Não sei, talvez pelo peso.
Então. Por que a modelo não pode ser magra? Por que invocam com modelos magras e não com jóqueis baixos? É a mesma coisa, cada um faz o que sabe fazer.

Não há muitas mulheres querendo ser Gisele Bündchen?
Ninguém vai pegar uma mulher parecida com Bündchen para colocar no mercado. As pessoas querem o fenômeno Gisele Bündchen, não alguém parecido com Gisele Bündchen. A modelo que se parecer com ela está acabada.

Quando é que o profissionalismo corre riscos no seu ofício?
Em que sentido?

Não é fácil perder a cabeça por uma modelo estonteante?
É o mesmo que em outras profissões. Pilotos de aviação com aeromoças, médicos com enfermeiras. Isso só acontece quando duas pessoas se sentem atraídas. Mas são as pessoas não tão profissionais que se deixam levar por esses instintos. Acredito que consigo me controlar bastante bem. Antes de mais nada sou um fotógrafo, não um galinha.

Como é possível quebrar o gelo da modelo que posa nua pela primeira vez?
Não acredito na figura do fotógrafo sedutor. Chega com aquela voz macia, não sei o quê. Sou um freelancer que trabalha para a *Playboy*. Quando as pessoas chegam aqui, já sabem o que vão fazer. Já tiveram reuniões com diretores, agentes, produtores. Há toda uma negociação de seis meses antes de começarmos.

O senhor não faz nada do tipo 'senta aí, toma um cafezinho'...
Não, não sou seboso. Prefiro dizer "desculpa, quando você estiver pronta me avisa". A pessoa está lá e uma hora, mais cedo ou mais tarde, vai ter que fa-

zer as fotos. Há um contrato e eu não tenho pressa. A parte complicada, na verdade, não é essa. A parte complicada é como fazer uma matéria que irá surpreender o leitor dessa revista.

Nunca aconteceu de a mulher fechar o contrato, chegar aqui e...
Já aconteceu de tudo, de tudo, de tudo. Você pode inventar tudo o que você quiser que....

Fique tranqüilo, não vamos inventar nada.
Inventar não, desculpe. Você pode imaginar o que quiser.

Inclusive mulheres que chegam aqui e vão embora sem fazer as fotos?
De tudo, de tudo. E todas as vezes a gente vê coisas acontecendo que nunca vimos antes.

O senhor ainda é muito severo com algumas modelos?
O único severo que conheço é Severo Gomes, o ex-ministro. O que você quer dizer com severo?

Quero dizer severo, duro.
Acho que já fui muito pentelho mas, graças a Deus, não sou mais. Fui muito... Bem, posso te dizer que fui severo demais. Mas isso foi em uma época, nos anos 80, em que essa profissão no Brasil estava começando, em que as modelos chegavam ao estúdio duas horas atrasadas, em que a falta de profissionalismo era muito grande. Eu deixava de trabalhar com quem chegasse atrasada. Havia casos de modelos que tínhamos de mandar o carro buscá-las em casa. Me tornei severo porque decidi que faria as coisas como aprendi que deveriam ser feitas. Hoje em dia não preciso mais ser assim porque todo mundo faz o que sabe que tem de fazer.

Photoshop, o programa de computador que corrige imperfeições como estrias e celulites nas fotos de mulheres nuas, deixou de ser um palavrão, um pecado?
Nunca foi um palavrão para mim. Photoshop é uma ferramenta. O problema é quando as pessoas fazem mau uso dele. Uma cor errada de batom, um exagero de base, uma cor de cabelo estranha. Acredito que hoje em dia não exista nenhuma foto, a não ser a foto jornalística, da qual as pessoas não tirem uma espinha ou algo assim com o photoshop. Não há nenhuma revista de categoria que publique fotos que não passem por tratamento.

Quando é que o photoshop exagera?
O exagero não existe. Se o cara quer exagerar, distorcer alguma imagem, ele está fazendo o que quer, ele tem seu propósito. Fotografia é uma coisa livre em que pode-se fazer o que quiser.

Se me permite retomar a primeira pergunta, aqui a fotografia não começa a mentir demais?
Não...

Transformar uma mulher cheia de celulite e estrias em uma deusa não seria uma mentira?
Mas uma mentira para quem?

Para o leitor.
Que nada, meu. Mostra essa deusa para um homem para você ver se ele não vai gostar. Não existe mentira. Alguém, por acaso, vai comprar essa mulher? O cara vai pegar essa foto e ir comprar a mulher no mercado? A verdade não é o que está em jogo aqui. Nós estamos falando de imagens, de mulheres de outro planeta. Há um livro que diz que os homens são de Marte e as mulheres são de Vênus. Mas as modelos são de um planeta que ninguém descobriu ainda. É uma categoria que ainda não foi definida. É a categoria do sonho. Ninguém está falando: "Olha, essa mulher não tem celulite". Essa é uma discussão boba.

Uma discussão boba?
Sim, desculpe. O grave para mim foi o que fizeram quando houve a explosão daquele trem em Madri (*atentado em março de 2004*). Houve uma foto emblemática que rendeu até prêmios para o fotógrafo que a fez. Mostrava um homem no chão com uma perna destroçada. Me lembro que, na época, um dos jornais brasileiros tirou essa pessoa da foto para publicar esta imagem. Isso sim é grave. Agora, se a mulher que o cara viu como uma deusa na revista der bola para ele na rua, duvido que vá mandá-la embora quando descobrir que ela tem celulite.

As mulheres não ficam muito iguais nas revistas masculinas?
Não, de jeito nenhum.

Se cobrir o rosto delas, o senhor sabe quem é quem?
Eu sei. Você está fazendo a pergunta para o cara errado (*risos*).

Um leitor normal não saberá.
Eu não concordo. Essa premissa é falsa.

Quando todas as mulheres são perfeitas, não se tornam iguais?
Não, está errado. Se fossem iguais poderíamos publicar a mesma revista todos os meses.

O estímulo final que se provoca no leitor, que é o mesmo, não é o que importa?
Não, não, não, não. Está errado.

Não sei se consegui explicar...
Conseguiu sim, mas eu discordo. As mulheres não ficam todas iguais porque as revistas não plastificam as mulheres. Não existe isso. Há quadris largos, peitos grandes, peitos pequenos, bundas pequenas, bundas grandes... É uma generalização banal.

Qual foi a mulher mais difícil de fotografar?
Isso eu não conto nem para o papa Bento 16.

E a mais divertida?
Nem para o papa Bento 16.

O que é um nu artístico?
Não faço nem idéia.

Existe nu artístico?
Deve existir, muita gente faz.

O senhor fotografa isso?
Eu sou um fotógrafo de profissão que fotografa campanhas de publicidade, mulheres nuas, que escreve livros, que fotografa a vida como eu a enxergo. Se minhas fotos são artísticas ou não, só as pessoas podem dizer.

Quando trabalha para campanhas de publicidade o senhor deixa as mulheres elegantes. Quando trabalha para revistas masculinas, deixa as mulheres sexies. O que é mais difícil?
Para mim é uma coisa só. Quando fotografo mulheres vestidas eu penso que elas estão nuas. Quando fotografo mulheres nuas, penso que estão vestidas. As vestidas ficam mais sensuais e as nuas, mais elegantes. Não existe diferença. Todo trabalho é um desafio.

O que acontece se o senhor colocar o filme na máquina antes de a modelo chegar ao estúdio?
Esta é uma superstição que realmente funciona para mim. E não é nem chegar até o estúdio. É até a modelo estar pronta em minha frente para ser fotografada.

A prática já confirmou a teoria?
Sim. Uma vez ia fotografar um ministro de Estado que tinha muito pouco tempo. Meus assistentes prepararam tudo e, de repente, na última hora, o ministro cancelou as fotos. No estúdio, falei para o assistente nunca colocar um filme antes de tudo estar pronto.

Não assinar o nome inteiro também é uma superstição?
Não, isso é um... (*faz pausa de 11 segundos*). Sim, pode ser sim.

Por quê?
(*Faz pausa de 15 segundos*) Fico pensando que é engraçado. Por que as pessoas querem saber o que significa o J.R.?

A indústria da imagem faz cada vez mais mulheres perderem a cabeça em busca do corpo perfeito. Muitas se tornam anoréxicas em casos mais graves. Qual a parcela de culpa do fotógrafo nessa história toda?
Nenhuma. Essas mulheres que se sentem feias deveriam procurar um bom fotógrafo. É mais barato do que um cirurgião plástico.

Luciana Gimenez

A gafe virou sua arma. Os críticos, seus divulgadores. Luciana Gimenez perdeu o medo de falar bobagens, passou a alimentar "barracos" em seu programa na Rede TV e viu seu Ibope nas alturas. Agora, sorri do assunto ignorância

"Não é que eu seja ignorante. Falo francês, inglês, italiano, alemão, espanhol. Estava aprendendo outras línguas fora do País"

"Eu vou ser bem sincera: gosto de Rolling Stones mais para fazer ginástica. *Start Me Up* dá um gás..."

"Tudo é mais difícil para mim na Rede TV! Eu levo a fama por namorar o dono e ainda não ganho regalia nenhuma"

A patrulha ainda vigia suas gafes?
Quando comecei eu era uma apresentadora que havia aparecido do nada. Sinto agora que as pessoas entenderam que sou sincera. Tenho recebido elogios na rua e acho que as pessoas se sentiram meio culpadas por terem falado mal de mim.

Você sente que as pessoas estão se desculpando?
Eu acho que sim, tenho tido muito carinho. Não sei se elas ficaram meio com dor na consciência por terem falado mal de mim. O problema é que a mídia sempre quer ver o lado ruim das coisas. "Ah, ela não sabe falar português". Não é que eu seja ignorante, mas eu falo francês, inglês, italiano, alemão, espanhol. Não é que não falo português, é que estava aprendendo outras línguas e morando fora.

Qual é a língua mais difícil?
O alemão.

O português está em que número na escala?
Escrever o português é difícil. Volta e meia tenho que perguntar "como é que escreve mesmo isso?".

A gafe virou seu marketing?
As pessoas falaram: "Ela planejou tudo. É marketing". Eu gostaria muito de ser esse tipo de pessoa. Vejo mulheres como Madonna, que querem algo e vão atrás. Não sou assim, mas tenho muita sorte. Nunca planejei nada na minha vida. Quando eu errava iria fazer o quê? Fingir que não errei, dar uma de fina? Começo a dar risada mesmo. Metade da vida você trabalha e na outra metade dorme. A gente tem que se divertir muito.

E sorrindo você sentiu que poderia desarmar os críticos.
Não, eu não desarmei os críticos, eles estão sempre de plantão. Mas o público gostou. Os críticos perceberam isso e falaram: "ih, as pessoas gostam dela".

A televisão ainda é muito norteada pelo padrão Globo, que não permite erros.
E quando alguém erra eles mandam o profissional embora.

As pessoas não estão com esse padrão na cabeça?
Se tivessem, não gostariam de mim. Eu acho a Globo uma emissora brilhante, mas erra também. Nas novelas há erros de continuidade. Fulano entra com um chapéu e sai com outro. A CNN entrevistando o George Bush ficou sem som! E aí? Às vezes o microfone falha no show dos Rolling Stones. O Luciano Pavarotti gaguejou em uma ópera!

Seu programa *Superpop* traz muitos barracos.
Eu adoro.

São barracos sobre assuntos sérios, religião, sexualidade...
Tudo bem, mas é engraçado. Quando o programa é sério a gente trata com

seriedade. Mas pensa bem, você chega em casa à noite, já assistiu ao jornal, vai querer ficar vendo um papo-cabeça? O barraco é engraçado e as pessoas gostam de se divertir com o barraco dos outros. Outro dia, quando estava no trânsito, rolou um barraco. Um cara saiu do carro, uma mulher meteu a mão na cara de outra. Comecei a olhar e dar risada.

O barraco não baixa o nível na televisão?
Quem não quer assistir barraco pega um livro do Machado de Assis, vai ler *Cem Anos de Solidão*. Quando não quero ver esse tipo de coisa, vou assistir ao *Animal Planet*.

Qual seu maior desafio nesses cinco anos de programa?
Me acertar com o País, no começo tive uma dificuldade com os horários. Eu também não conhecia alguns artistas e alguns convidados não foram tão gentis de entenderem que a gente não é obrigado a conhecer todo mundo quando passa um bom tempo fora do País. Algumas pessoas ficaram ofendidas.

Quem ficou ofendido?
O É o Tchan, por exemplo. Eu não sabia quem era o Tchan e até hoje eles ficaram de bode de mim. Você me desculpe, mas eles não eram nenhum Frank Sinatra. Eu não sabia, morava nos Estados Unidos. Se alguém não souber quem sou eu, e daí? Não sou a Madonna. A gente tem que ter humildade.

O fato de estar namorando o dono da empresa (Marcelo de Carvalho) não lhe dá privilégios que outros funcionários não têm?
Eu quero reclamar agora: tudo é mais difícil para mim, não sei, acho que ele quer me usar como exemplo. Eu levo a fama - isso é bem minha cara mesmo - eu levo a fama e ainda não tenho as regalias. Eu quero que você escreva que estou fazendo uma reclamação, é um absurdo. Eu não tenho um mole daquela empresa, nada acontece para mim.

Você pede?
Eu brigo. O *Pânico* falou que eu teria privilégios. Eu fui trocar meu cenário depois de dois anos e meio de programa. Eles trocaram antes. Mas todo mundo troca cenário. E quando eu faço alguma coisa errada, ele me liga. Ontem, por exemplo, eu estava no meio do programa, toca o celular, é ele brigando comigo porque eu fui para o comercial quando o Ibope estava alto.

O ditado diz que onde se ganha o pão não se, digamos, aprecia a carne. Se brigar com seu namorado você não corre o risco de ficar desempregada?
Se terminássemos, não acho que ele me prejudicaria. Para que ele faria isso? Iria prejudicar sua própria empresa? Vamos dizer que houvesse uma briga séria. Iríamos conversar, dizer que não daria mais, cada um seguiria sua vida, meu contrato iria continuar. Talvez ele não gostaria de me ajudar mais tanto pessoalmente, mas não iria prejudicar o *Superpop* e a Rede TV.

Quando perguntavam sobre o seu tipo físico preferido, você sempre falava em Brad Pitt, Reinaldo Gianecchini. O Marcelo (calvo e baixo) não tem este perfil.
Mas eu sempre falei que gostava de homens inteligentes. E acho o Marcelo charmosérrimo, bem vestido, cheiroso, bonitão.

O motorista do jornal me dizia no caminho que se o Marcelo não fosse dono de emissora você jamais o namoraria.
Talvez se eu tivesse um metro e meio de altura e um cabelo ruivo e espetado para cima ele jamais ficaria comigo. Cada um é o que é. Você gosta de maçã?

Sim.
E de jaca?

Não.
Cada um come o que gosta, no sentido metafórico.

Beatles ou Stones?
Stones.

Você imaginou um dia ter uma história com Mick Jagger?
Uma vez, quando tinha 18 anos, fui a um show dos Stones em Paris. Me lembro que estava na área VIP e falei: "Nossa, esse Mick Jagger tem uma energia, um gás. Nossa, que sex appeal." Ele tem uma sensualidade mesmo, uma coisa animal né? Mas não era um homem que tinha o perfil de beleza dos meus padrões. Assim como o Marcelo, ele tinha personalidade. As mulheres hoje procuram isso.

Há algum disco preferido?
Gosto muito do *Forty Licks*, o último, que é uma coletânea. Mas vou ser bem sincera. Eu gosto de Rolling Stones para fazer ginástica. Start me Up acaba te dando um gás. E *Angie* é legal em festa. *Satisfaction* todo mundo sabe cantar.

Mick dizia que não chegaria aos 40 cantando essa música.
Bem, agora chegou aos 62.

Ele não reclama de ter de cantar *Satisfaction*?
Você não quer que eu te conte o que ele acha de verdade não é? Claro que ele gosta, imagina.

Algumas mulheres acabam tendo seus inícios de carreira associados ao envolvimento com homens famosos. Xuxa lembra Pelé; Adriane Galisteu lembra Ayrton Senna... Luciana Gimenez lembra Mick Jagger. É como se dissessem: "se não fossem esses homens elas não teriam chegado lá".
Eu acho o máximo ser associada ao Mick Jagger. Acho ele um gênio contemporâneo, um cara que fez a diferença no mundo com sua música, um bom caráter, trabalhador. Não sei o que as outras acham, mas eu acho o máximo. Me sinto extremamente orgulhosa de ser mãe do filho dele, de ser associada a

um cara que é um bom exemplo, que não usa drogas. Não tenho esse tipo de crise existencial até porque eu sei de uma coisa: quando estou lá no *Superpop* não tem Mick Jagger nenhum. Se não der Ibope, filho, posso mostrar uma foto dele na TV que não vai adiantar.

Se não fosse modelo ou apresentadora, você seria o quê?
Médica, eu adoro patologias. Gosto de assistir a cirurgias de cérebro.

Meu Deus.
Ja fui assistir. Corta lá, passa o negócio aqui, eu adoro.

E o que mais?
Partos. Havia um canal de parto que eu adorava. Adoro patologias, doenças. Peço para meus amigos médicos me contarem tudo.

Algum outro projeto em vista?
Depois de estudar muito, estou lançando um produto de emagrecimento que se chama Dream Week (*semana dos sonhos*). É gostoso e não deixa a pessoa passar fome.

Quanto dura o tratamento?
Uma semana. E a pessoa pode perder até dois quilos por semana.

Mudando de assunto, cinema não era um sonho?
Sim, é. E vou participar do filme *Rondon*, do Fábio Barreto. Vai ser o máximo. Fiz teste para o *Tróia*, com o Brad Pitt, mas infelizmente não deu certo. O Marcelo falou que ele iria ficar lá no set comigo. Eu falei para ele que se eu tivesse que beijar o Brad Pitt, seria beijo técnico. Não iria ter língua.

Luciana Vendramini

Flores depois do inferno

(12/09/2005)

Os demônios de Luciana Vendramini, exorcizados um a um depois de fazerem com que ela queimasse por cinco anos no fogo do transtorno obsessivo compulsivo, voltarão nas páginas de um livro que a modelo termina de escrever. Aos 33 anos, Luciana dá o melhor sinal de sua cura ao falar sem medo de suas piores obsessões e do trauma de ter posado para a *Playboy* aos 16 anos

> Eu virei a curva da loucura, tive uma vida subumana. Quando escrevo, penso: 'Caramba, eu sobrevivi'

> Quando lia uma notícia ruim, tinha de ler uma boa. Fiquei três anos sem abrir revistas, sem ler jornal, sem ver TV

> Fiquei na calçada por 26 horas. Ninguém conseguia me tirar de lá. Eu de pé, chorando, o sol escaldante

É a hora de exorcizar os demônios?
Está sendo muito difícil. Falta pouco para eu terminar o livro em que contarei o que vivi nestes cinco anos que sofri de transtorno obsessivo compulsivo (TOC). Reviver aquilo é muito difícil. No início foi muito prazeroso, mas depois de um mês fiquei com medo. Houve uma época que eu evitava escrever e ia jogar gamão. Quando a gente adquire um hábito obsessivo de desvio é porque algo está sendo difícil. Mas voltei a falar com minha médica para saber se esse negócio iria me machucar muito. Claro que vai machucar, mas agora sei lidar com isso.

É um alívio poder escrever sobre isso?
Nunca imaginei escrever sobre isso. Eu virei a curva da loucura, tive uma vida subumana. Quando escrevo, penso: "Caramba, eu sobrevivi". O engraçado é que quando eu vou escrever não consigo mais parar e escrevo até às 7h da manhã.

Uma compulsão.
É, eu não consigo parar, fico naquela viagem.

Que parte da história você escreve agora?
A parte em que chego a um buraco absurdo no qual fiquei três anos e oito meses em um processo de manias e rituais intensos. Minha irmã me ajuda a lembrar muitas coisas. Eu fiquei um ano sem menstruar, por exemplo. Quando fiquei com 40 quilos, meu organismo parou para me proteger.

Aos 14 anos você foi ser paquita da Xuxa e aos 16 posou para a *Playboy*. Isso tudo tem a ver com sua doença?
Eu não quis falar sobre isso no livro, mas pincelei. O que os médicos falam é que tudo pode ter desencadeado. Um grande trauma, perda, mudança radical. Eu tive choques na minha vida o tempo inteiro. Sempre fui muito precoce, desde a escola. Era a menina que recebia medalha de primeiro lugar em colégio de freira, tive uma educação completamente rígida que se chocaria com a minha vida de adulta. Me expus de uma maneira que não condiz com minha criação cristã.

E, aos 16 anos, essa vida cristã entra em choque com a nudez em uma revista masculina.
Pois é, ali foi muito difícil.

Foi um erro?
Meus pais me deram uma educação rígida, mas davam também uma bomba em minha mão quando diziam: "Você faz o que você quer, deixo para você decidir". Meu pai falava: "A bucha está na sua mão". Esse eco ficou na minha cabeça por muito tempo. As meninas eram supermodernas no Rio, quando fui trabalhar com a Xuxa, eu não conseguia nem me trocar se a porta não estivesse trancada. Estava começando a ter peito e não gostei dessa sensação. Dos 14

aos 15 anos meu peito explodiu, minha bunda cresceu e virei a garota mais bonita do colégio. E depois todos os colégios escolheram a garota mais bonita, até que fui a garota mais bonita da cidade. Aquilo não combinava comigo, eu não queria aquilo.

Não se sentia feliz com isso?
Não, eu me sentia confusa. Foi tudo muito rápido.

Qual o momento exato, um fato que a fez ter certeza de que precisava da ajuda de um médico?
Na época em que fui fotografar para a *Playboy*, aos 16 anos, achei o máximo. Mas quando cheguei para o ensaio foi um choque. Fui com minha mãe e logo de cara pedi para tirarem um assistente do J.R. Duran (fotógrafo). Não queria ficar de calcinha e camiseta com aquele menino lá. Não me toquei quando o Duran abaixou a alça da minha camiseta e fiz lá umas três ou quatro fotos. Quando vi que estava com meio peito aparecendo, comecei a chorar compulsivamente com muita vergonha. Chorava, chorava e ele continuava fotografando. É por isso que minhas fotos são retocadas e todos os meus olhos estão mareados. E aí paramos de fotografar, ficou aquele climão. Conversa vai, conversa vem, já estava mais íntima do Duran e topei fazer mais fotos. Quando saiu a revista eu queria me esconder debaixo da cama de vergonha, entende? Eu ainda era virgem, não tinha noção do que era ficar nua na frente de um homem.

O ensaio desencadeou algo ruim em sua mente?
Creio que sim. Eu não sabia nem o que era ninfeta, fui procurar no dicionário.

No auge da doença você ficou mesmo 26 horas parada em uma calçada?
Eu já estava nisso há seis meses. Antes de chegar a essas 26 horas eu já havia ficado duas, três, quatro, cinco, seis, sete. É um processo obsessivo de repetições exaustivas até que você desmaia ou acontece alguma coisa.

O que leva a essas repetições?
A repetição acontece para você fechar um ciclo que, na verdade, nunca conseguirá fechar. O TOC é a insegurança permanente. Você nunca vai se sentir seguro. Fiquei naquela calçada da Rua Haddock Lobo até que um amigo ligou para minha mãe. Ninguém conseguia me tirar da calçada. Meu pai veio de Jaú.

E você lá sentada.
De pé! Um sol escaldante, eu de pé, chorando, o mundo acontecendo, os carros descendo, as pessoas passando.

Até o banho se tornou difícil?
Fiquei certa vez onze horas tomando banho, até que meu pai falou: 'Não vai dar mais'. Aí arrombou a porta e me tirou de lá.

E o que aconteceu quando ele quebrou seu ciclo no chuveiro?
Quando se quebra o ciclo de uma pessoa que está em um processo obsessivo,

a pessoa acredita que coisas trágicas vão acontecer. Aparece o desespero, a morte iminente, um medo que nunca experimentou na vida. Quando meu pai quebrou meu ciclo foi horrível. Tive uma crise de choro, eu tinha de voltar para o banheiro e fechar o ciclo na minha cabeça. Fora as manias físicas, eu tinha o que os médicos chamam de "pensamentos intrusivos". São os pensamentos que vêm e que a gente quer tirar mas não consegue. Você começa a substituir pensamentos, cores e tudo aquilo que te incomoda por coisas que não te incomodam. Quando eu olhava para o azul, tinha que olhar para outra cor que não me incomodava. Se eu lia uma má notícia, tinha que ler uma boa. Deixei de ver televisão por três anos, de abrir revista, de ler jornal e de ouvir música. Tudo desencadeava algo ruim que eu tinha de apagar com algo bom.

O simples ato de abrir a porta pode desencadear algo?
Eu ficava abrindo e fechando a porta até que viesse um pensamento bom. Um pensamento bom para mim era "eu no meu sítio com minha irmã e meu sobrinho". Mas a imagem que persistia em minha mente era "a morte da princesa Diana", que me apavorava. E eu ficava ali e perdia a noção de tempo. Minha irmã dizia: "Lu, já deu, dez minutos". E eu: "Espera, só mais um pouco". Eu levava cinco horas para me levantar, depois mais cinco para tomar banho, mais duas para comer. Aí eu comecei a decidir não fazer mais as coisas. Foi quando fiquei dez dias sem comer.

E se não tivesse sido tratada?
Eu seria uma ameba. Ficaria 24 horas sentada na mesma posição no sofá da minha casa. Não fazia xixi, não comia, não me mexia. Tudo que se mexia desencadeava repetição, então aquilo me irritava.

Necessidades físicas, como fazer xixi, não dependiam da sua vontade.
Eu ia fazer xixi de mãos dadas com minha irmã. Ela dormia sentada no vaso sanitário me esperando tomar banho.

Esses pensamentos nunca voltam para você?
Não tenho mais nenhuma mania, minha médica me usa nas palestras que ela dá. E olha que São Paulo é campo minado para quem tem TOC. No meu livro faço um mapa das ruas que eu não podia passar, das esquinas, dos fios.

Em qual rua você não podia passar, por exemplo?
Havia nomes que eram negativos. A rua José Maria Lisboa, por exemplo, lembrava uma tia minha que havia morrido e se chamava Maria. Então tinha que desviar e fazer um baita caminho longo. E não podia passar na Rebouças porque eu já havia tido várias crises naquela avenida.

Houve alguma mania obsessiva com música?
Eu tinha problemas com músicas que terminassem antes de meu pensamento bom chegar. Aí colocava a mesma música várias vezes até isso acontecer.

O que diria para uma garota de 16 anos que fosse convidada para posar nua?
Que não fizesse. Isso porque a nossa sociedade é moralista e a gente tem essa educação. Se você não foi criada em um meio mais moderno, como artista, não segura a onda. Se não tiver uma cabeça mais aberta, vai pirar.

O que a levou a fazer o segundo ensaio?
Eu achei que estava bem. Depois de dez anos, a *Playboy* me ligava insistentemente. Falei: "Ótimo, vou ver como lido com a nudez". Mas aconteceu a mesma coisa. Eu gosto de ter feito, não tenho vergonha, mas não faria de novo. Não lido bem com isso, fico um mês sem sair de casa.

O que você é hoje?
Sou uma pessoa muito feliz, com qualquer coisa, em qualquer lugar do mundo. Sou feliz de uma forma que nunca havia sido. Sou tão feliz que, às vezes, tenho até medo.

Luciano

De *É o Amor* a Dostoievski

(17/01/2005)

Quem surge por trás da segunda voz de É o Amor é um pensador que pede justiça à obra do autor russo Fiodor Dostoievski (1821-1881), um admirador da forma de escrever do colombiano García Márquez e um cinéfilo que vê nos filmes americanos uma praga

> Ser a segunda voz é trabalhar bem menos que a primeira e ganhar o mesmo tanto. É ser esperto

> Só o cinema americano tem a pachorra de pegar um personagem rico como Ulisses para transformá-lo em comércio

> A música sertaneja só iria conquistar os centros quando deixasse o 'nóis vai' e o 'nóis qué'. Foi o que aconteceu

Ai, meu Deus do céu. Esse negócio de dar entrevista...

O que houve? Você não quer dar entrevista?
Eu não gosto de dar entrevistas. Sempre penso que quem vai entrevistar vem preparado para perguntar e quem será entrevistado nunca está preparado para responder.

Seu irmão não pensa assim. Em uma entrevista ao Jornal da Tarde, ele falou sobre tudo.
Eu amo o Zezé, mas quando li aquela entrevista pensei: "Meu irmão, como é que você fala essas coisas?" Achei de uma coragem muito grande. Eu gostaria de ter tido, na idade da Wanessa Camargo, a coragem para falar o que ela fala hoje. Eu não tive. Quando li aquela entrevista tive certeza de que meu irmão era doido. E o pior é que ele diz lá que tem um monte de crítico de literatura que não tem a capacidade intelectual que eu tenho. Eu não tenho essa coragem não, não gosto desses assuntos.

Não vou te perguntar nada disso. O que você está lendo?
Mis Putas Tristes

Pedro Gutiérrez?
Gabriel García Márquez.

Claro, desculpe.
Como sou um apaixonado por García Márquez, não tive paciência para esperar a edição em português e comprei o livro em espanhol. É a história de um velho de 90 anos que resolve, no dia do seu aniversário, se dar um presente de sair com uma jovem virgem.

García Márquez é o maior?
Não diria isso. Sou mais fascinado, na área política, por Carlos Heitor Cony. Seu livro mais recente é fantástico. E acho curioso como o Elio Gaspari, que também é jornalista e escritor, se parece com ele. Um deve ter aprendido muito com o outro. Gosto da série de livros sobre a ditadura escrita pelo Gaspari. Só me falta ler o quarto, chamado *A Ditadura Humilhada*.

Seu irmão disse que você lê muito Dostoievski. O que um autor tão sombrio e que tem uma linguagem tão...
Não, ele não é sombrio! O mundo foi sombrio com ele. As pessoas que o rodeavam foram sombrias com ele. Dostoievski lutou contra uma doença, a epilepsia, e por isso a maioria de seus personagens sofre desse mal. Dostoievski foi totalmente explorado por sua capacidade de se doar. Ele estava muito além do mundo em que vivia. E por isso está sendo tão entendido hoje em um país como o nosso.

Mas ele ainda não é um autor popular no Brasil.
Não. Há um filme nacional chamado *Nina* que quero muito assistir. É sobre uma das grandes obras de Dostoievski, *Crime e Castigo*. Uma adaptação totalmente livre. As pessoas criticam Dostoievski por não o conhecerem. Dizem

que ele é sombrio, viciado, que maltratava as pessoas. Há cartas e mais cartas dele na biografia escrita por sua ex-mulher, Anna Grigorievna, chamada *Meu Marido Dostoievski*. Ali está documentada sua real personalidade.

Você conseguiu ler *Crime e Castigo* de uma só vez?
Foi o primeiro de Dostoievski que eu li e que agora quero ler de novo. Há uma edição que está sendo traduzida direto do russo para o português. A que eu li foi traduzida primeiro do russo para o inglês e, depois, do inglês para o português.

Este livro tem uma linguagem arrastada, um ritmo lento. O que o atraiu tanto?
A situação extrema que o personagem principal vive. Até que ponto um ser humano pode chegar e o que ele pode fazer nesta situação. Não digo que seja o melhor, mas *Crime e Castigo* é um dos grandes clássicos de Dostoievski. *Humilhados e Ofendidos* é fantástico.

No fundo mesmo, você é um angustiado?
Não. Mas nem Dostoievski era um angustiado. As pessoas o maltratavam. Ele foi totalmente incompreendido. A gente ainda vai descobrir muita coisa sobre este escritor. O autor que mais soube retratar sua época. Mesmo em um mundo sombrio e gelado, faz seus personagens vencerem por amor e luta. *Humilhados e Ofendidos*, por exemplo. A personagem principal é de uma força, de um poder de doação que, na verdade, é o que todos buscam nas pessoas.

Quem gosta tanto de García Márquez pode gostar de Dostoievski? Um é quase o extremo do outro. Os livros de Márquez são ensolarados, felizes.
Vivendo no mundo em que García Márquez viveu na infância, ele só poderia ser feliz.

Naquela pobreza absoluta do interior da Colômbia?
Aí é que está. Eu mesmo fui pobre mas fui muito feliz. A todo momento nas obras de García Márquez você sente o quanto havia de alegria naquela pobreza. *Mis Putas Tristes* traz isso também.

Sei que você lê muito a Bíblia.
Olha só, você está me complicando. Esta entrevista não vai dar certo. Isso é pergunta que se faça?

Novo ou Velho Testamento?
A Bíblia é o livro mais lido e o menos compreendido até hoje. Ela consegue ser totalmente abstrata e ao mesmo tempo extremamente simplória. É nada mais nada menos do que o nosso espírito. A interpretação de quem lê vai sempre depender de seu estado de espírito. Se estiver alegre, fará um tipo de leitura. Se estiver triste, outro tipo. A mitologia grega está por todo o Velho Testamento. Eva é Pandora. Mas não gosto de falar muito sobre isso.

Por que você está suando, Luciano?
Isso não vai dar certo. Eu tenho minhas opiniões sobre tudo isso mas, se eu abri-las aqui, podem me dar problemas. Acho que a gente só tem o direito de

cobrar privacidade se não falarmos tudo o que pensamos. Dizem que o artista tem de expor suas opiniões. Eu já acho que não. Tenho minha visão sobre mitologia, Bíblia. Mas, se a expor, estarei abrindo uma janela para que uma pessoa venha bater de frente comigo, me criticar. E não sou um cara que se relaciona bem com críticas.

Então vamos pular a Bíblia.
Olha só a complexidade deste assunto. A indústria de cinema norte-americana vai lançar um filme sobre a vida de Martinho Lutero (reformista católico alemão que viveu entre 1483 e 1546). Eles vão conseguir pegar este personagem riquíssimo e transformá-lo em comércio. Como Mel Gibson fez com Jesus no filme *Paixão de Cristo*. Aquilo foi o maior incentivo à brutalidade da história. Os americanos têm o dom de te colocar sentado na poltrona para fazer você ver o filme até o final. Quando o filme acaba, você vira e fala: "Que merda que eu assisti". Mas você assistiu até o fim. Isto é, para fazer uma comparação com o que estávamos falando, o oposto de Dostoievski, que muita gente tenta ler por duas vezes para conseguir chegar ao final na terceira. Dostoievski é arte pura.

E o Lutero? Não pode render um bom filme?
Não acredito. Um outro exemplo do que fazem com a história é o filme *Cold Mountain*, que tem uma Nicole Kidman só para dar bilheteria e um Judie Law pelo mesmo motivo. O talento de Judie Law, aliás, não se compara ao de nenhum ator brasileiro mediano. E o pior: *Cold Mountain* é Ulisses, o personagem de Homero (autor grego nascido provavelmente em 850 a.C.). Se alguém falar para mim que *Cold Mountain* não é Ulisses, estou ficando louco. Aquela guerra, a volta para a casa, as tentações que Ulisses passou. Tudo aparece em *Cold Mountain*. E só o americano tem a pachorra de pegar Ulisses, que é arte pura, para transformar em comércio. O que você acha que irão fazer com Lutero?

Cineasta brasileiro também faz isso.
A diferença do que acontece no Brasil é o seguinte: o cineasta muitas vezes precisa maquiar a história para levar público ao cinema. *Carlota Joaquina*, da Carla Camurati, maquiou um pouco a história, mas e daí? Um monte de gente não foi assisti-la? E quantas pessoas não voltaram ao cinema para ver um filme brasileiro depois deste? O que falta é vergonha na cara do brasileiro que prefere assistir a filmes estrangeiros. O brasileiro tem de aprender a saber degustar o nosso produto. Quando comento que gosto de *Carlota Joaquina* alguns me dizem: "Como? Um filme que expõe nossa história de maneira tão vulgarizada". Não é nada disso, pelo amor de Deus. O que a Carla Camurati fez sozinha, em uma época de decadência do cinema nacional, sem incentivo, é fantástico. O figurino é maravilhoso, os takes são ótimos.

Zezé di Camargo & Luciano não usa a arte da música sertaneja de raiz para fazer comércio?
Eu só consigo levar a arte da música sertaneja de raiz para o mundo das casas de espetáculos, do cinema e da propaganda porque nós introduzimos o

comércio na música sertaneja. Quando você poderia imaginar uma música como *Calix Bento* sendo cantada no Olympia durante três semanas? Um grande amigo meu dizia que a música sertaneja iria conquistar os grandes centros a partir do momento em que ela deixasse de falar o "nóis vai" e o "nóis qué". E foi isso que aconteceu. Ela conquistou tudo isso e não é passageiro. E graças a Deus conseguimos introduzir o lado romântico, o lado bem-falado, o lado comercial dentro da arte das canções tradicionais. Não se pode transformar arte totalmente em comércio. Mas é preciso haver um equilíbrio dos dois. A música *Tristeza do Jeca* só foi para a novela *Chocolate com Pimenta*, da Globo, porque Zezé di Camargo & Luciano vendem 1,5 milhão de discos por ano.

E por que *Tristeza do Jeca* é arte e *É o Amor* é comércio?
É o Amor é mesmo bem comercial. Mas, se vir a fundo, vai perceber que na verdade esta música é um soneto. Sem querer, Zezé fez um soneto quando compôs *É o Amor*.

Você e seu irmão fazem arte ou comércio?
Os dois.

Quem define o que a dupla canta é seu irmão. Se fosse você a escolher as músicas, o que Zezé di Camargo & Luciano cantariam?
Se fosse eu a definir o repertório, não estaria aqui com você dando esta entrevista. Nossa carreira não teria passado do primeiro disco. Não tenho esta percepção para achar músicas que fazem sucesso.

Como é ser a segunda voz?
É ser o segundo.

Como é ser o segundo a vida inteira?
É trabalhar menos e ganhar o mesmo tanto que o primeiro. É ser esperto.

Por que é que quando morre a segunda voz não se coloca uma outra no lugar?
É, isso aconteceu algumas vezes.

João Paulo & Daniel, Leandro & Leonardo, Tonico & Tinoco...
Se eu morresse, o Zezé faria mais sucesso ainda. Imagina a comoção. Todo mundo compraria o novo disco do Zezé. Só posso responder à sua pergunta na brincadeira. A segunda voz é tão importante quanto a primeira. Ela pode não aparecer como a primeira, mas é tão importante quanto.

As pessoas conseguem ouvir a segunda voz?
Hoje estão ouvindo muito.

Ninguém consegue cantá-la.
L: Porque é muito difícil. Ela tem que respirar junto com a primeira, é como se fosse um instrumento. A segunda voz tem que olhar muito bem onde pisa. E eu sou o tipo do cara que prefere não cantar em muitos momentos do que cantar sempre e deixar tudo feio.

O homem que criou mulheres-fetiche como Tiazinha e Feiticeira mudou. Aos 34, casado e pai, Huck tapa o buraco das tardes de sábado deixado por Chacrinha. E garante que sua origem acabou sendo distorcida

> Eu deveria ter documentado os bastidores do que aconteceu com a Tiazinha. Aquilo foi avassalador. E dificilmente ela se livrará dessa imagem

> Encontrei uma mulher incrível, fico diariamente apaixonado. Como sei que não iria encontrar nada igual ou melhor, era com a Angélica que eu tinha de ficar

> As grandes lembranças que tenho são da Luma de Oliveira, Vera Fischer, Maitê. Ao contrário de hoje, mulheres que não precisavam posar por dinheiro

Há um abismo de diferenças quando se olha para o programa que você fazia na Bandeirantes e o que faz hoje na Globo. Quem mudou? Você ou a TV?
Fui aprendendo a fazer televisão na marra. Como não acho que tenha um talento nato - não sei cantar, não sou engraçado, não toco atabaque - tive que ter sensibilidade para aprender a fazer TV. A Globo tinha um buraco no sábado a tarde desde a morte do Chacrinha. Quando cheguei, há oito anos, sabia que seria um processo lento e gradual.

Quando percebeu que sabia fazer TV?
Se um dia eu escrever um livro, ele vai ter que se chamar Muito Além dos Jardins. O formato que o programa tem hoje me obrigou a sair de casa, a rodar o Brasil, a andar muito na periferia, a sair. Sempre gostei de gente, pessoas comuns. Gosto de ouvir as pessoas. Mais do que nunca, comprovo no dia a dia que cada um realmente tem uma história pra contar. Se eu começar a ouvir você, me interessa. De onde veio, o que fez, porque está aqui sentado hoje.

Isso pode ser a chave de uma outra questão. Você vem de uma classe social bacana e, de repente, tem de falar para pessoas de todas as classes. Não foi preciso aprender a falar com essas pessoas?
Vou ser muito sincero com você. A mídia acabou construindo uma história um pouco diferente de mim. Quando comecei a trabalhar, em 1992, fazia uma coluna no próprio JT falando de bares e boates para um público absolutamente Jardins. Isso maquiou um pouco minha origem. Minha mãe é professora da USP e vive disso. Meu pai é professor da Universidade São Francisco, um advogado muito bom, diga-se de passagem. Então, ninguém da minha família nunca viveu de herança, nunca herdou nada que fizesse com que tivéssemos uma vida muito abastada. Sou de uma família classe média paulistana que foi crescendo por competência.

Acha que ainda fazem uma imagem errada de você?
Não, acho que também já não sou moleque, vou fazer 35 anos. As pessoas sabem o que penso, não sou um personagem. Mas o Brasil tem uma coisa engraçada. Como a gente vive em um País muito desigual, as pessoas ficam com vergonha de gastar dinheiro quando ele é ganho de maneira lícita, fruto do trabalho. É tanta sacanagem, com tanta gente expondo bens comprados com dinheiro ilícito, que você fica com vergonha quando ganha dinheiro de forma legal. Não, não sou um cara esbanjador. O dinheiro que gasto é de conforto para minha família e só. Não sou de ficar comprando milhares de carros, milhares de jóias, não gosto de esbanjar grana.

Há uma parte curiosa de sua vida, quando viveu um pouco no universo da revista *Playboy*...
Explicando melhor: minha mãe foi casada com o Mário de Andrade (morto em fevereiro de 1991), que era editor da *Playboy*. E o Mário... Até hoje não conheci um cara tão competente como era o Mário na *Playboy*. Eu devia ter 12 anos e uma vez a cada 40 dias se reunia em casa uma espécie de confraria da revista.

Washington Olivetto, Jô Soares, Walter Clark, Luiz Schwartz, Juca Kfouri, J.R. Duran, José Victor Oliva, gente que ia para lá falar sobre a vida. E dali saíam três, quatro, cinco edições da *Playboy*.

E o que ficou na cabeça do menino de 12 anos?
Aprendi ali três clichês que uso muito. O primeiro é que Deus realmente está nos detalhes. O segundo é... Um dia briguei com minha mãe na frente de um amigo meu e, no outro dia, o Mário me deixou um bilhete: "Escuta, não faça com os outros o que você não gostaria que fizessem com você". E a terceira coisa, mais profissional, é a importância de se saber montar equipe. Muita gente gosta de montar equipes burras, nas quais você é o grande resolvedor de problemas, o cara que deixa tudo organizado. Eu sou o contrário. Gosto de fazer equipes nas quais eu me sinta burro, na qual fico me punindo por não ter tido tal idéia.

O que ficou com relação às mulheres? Afinal, era a reunião de uma revista masculina.
Eu ainda não comia ninguém naquela época, só tinha 12 anos (*risos*).

Não se falava sobre mulher ali?
Cara, não lembro. As grandes lembranças que tenho de mulher são a Luma de Oliveira, que estava começando, a Vera Fischer, Maitê Proença... Ao contrário de hoje, eram mulheres às quais o dinheiro não faria muita diferença na vida. Saíam na *Playboy* por entenderem o que era aquela revista. Isso então ficou marcado. Acho que o Mário hoje ficaria muito contente. Se você somar o que os frutos dos meus programas venderam de revistas, se somar tudo, Tiazinha, Feiticeira, as Hagazetes do *Caldeirão*, as Coleguinhas na época do *H*, as Coleguinhas do *Caldeirão*, é muita revista.

Quando garoto, testemunha reuniões da confraria da *Playboy*. Ao crescer, tem como marca criar mulheres fetiches, como Tiazinha e Feiticeira que, por sinal, se tornam campeãs de venda dessa revista. Uma coisa tem a ver com a outra?
Há uma coisa de se saber fechar ciclos na vida. Quando eu estava na Bandeirantes, ninguém assistia ao meu programa. Era uma coisa meio anárquica, de não ter muita grana, de não ter ninguém olhando o que a gente fazia. Foi meio guerrilha mesmo. Quando fizemos a Tiazinha, as coisas começaram a ecoar. Mas havia ali uma coisa ingênua. Eu era mais moleque, havia um público mais moleque para o programa. Havia meninas que não tinham nada a ver tentando fazer personagens, havia uma vulgaridade ali. Eram meninas normais com as quais você poderia almoçar na casa como namoradinho que a avó delas iria achar ótimo.

Há uma resistência a você por ter criado mulheres-objeto?
Sou contra qualquer tipo de policiamento. Uma das grandes vantagens da democracia é a oportunidade de você consumir o que você quiser. Se quiser, você muda de canal, não abre a revista, não entra em determinado site. Acho que as pessoas têm mesmo que produzir, produzir, produzir, e as pessoas vão

consumindo o que elas têm vontade. Se eu virasse refém desses personagens, ou se minha carreira fosse ancorada nisso, era mais fácil virar cafetão. Mas é como eu disse. Daquele jeito, naquela emissora, naquela fase, fazia sentido. Se eu faria hoje na Globo? Não, acho que não cabe.

Suzane Alves e Joana Prado não ficaram reféns daquilo?
É difícil julgar.

Se chamar Suzana Alves de Tiazinha, ela olha feio.
Aquilo foi um sucesso avassalador. Se eu tivesse tido a sensibilidade de documentar os bastidores do que aconteceu na vida dessa menina, da Suzana, seria um documentário genial. Você tem nessa história o que é essa fama instantânea. Ela passou por todos os processos de piração, de inspiração, tudo. Foi violentíssimo. Ali ninguém sabia de coisa nenhuma, do que iria acontecer com a vida daquelas pessoas. Nos primeiros quatro meses ela tinha uma roupa só. Ali tem uma coisa antropológica que acontece com ela que mereceria ter sido registrada. E vai ser difícil ela se livrar disso.

Você acha?
Vai, vai. É justo que ela tente se livrar disso, mas é difícil.

A Rede Record vem crescendo bastante. Chegou a hora de a Globo se defender?
Se você pegar a média anual da Record, deve ser 6 pontos. A da Globo é 21, 22. Está muito longe. Eu acho ótimo para o mercado, concorrência é supersaudável. Quanto mais gente fazendo TV bem feita, melhor para o mercado. Agora, eu não acho que o projeto da Record, de clonar a Rede Globo, seja muito criativo. Em televisão é preciso criatividade para construir, crescer, solidificar. É preciso ter crédito, não adianta copiar tudo. Quando copia tudo, chega uma hora em que não terá mais para onde ir e, aí, terá que começar a criar. E a Globo, hoje, é uma fábrica de TV mesmo. Estou lá há 8 anos e nunca vi uma interferência da família Marinho dentro da TV. É uma empresa profissionalizada. Então, se a Record é concorrente? Hoje acho que não. Se passar a ser uma emissora criativa, criar identidade própria, investir em TV de verdade e ser auto-sustentável, como a Globo é, só pela televisão, sem ter gerência da Igreja (Universal do Reino de Deus) na história, pode vir a ser concorrente. Hoje, copiando o formato da Globo e sendo dependente da Igreja, não.

Nos últimos anos você se casou com a apresentadora Angélica, teve um filho, sedimentou seu programa. Muita coisa parece ter mudado no homem conhecido também por seduzir várias mulheres bonitas do meio artístico.
Eu tento viver todas as fases da vida da maneira mais intensa possível. Então achei que aos 32 anos de idade... Bem, não acho que vou chegar aos 40 achando que deixei de fazer muita coisa. E encontrei uma mulher incrível, minha parceiraça, fico diariamente apaixonado, a gente tem uma troca muito rica. Como se continuasse procurando não iria encontrar nada igual nem melhor, era nela que eu tinha de parar.

Luiza Brunet

Sobrevivente das passarelas

(11/04/2005)

Ao perceber que seus dias de modelo estavam perto do fim, Luiza Brunet saiu de cena para se tornar mãe e empresária. A coragem de deixar as rentáveis passarelas aos 26 anos lhe conferiu respeito e status de uma guru da moda. Aos 42 anos, a mulher que foi babá e empregada doméstica na infância lança um livro de memórias, fotografias e conselhos para quem entra na agressiva indústria da imagem. Luiza firma a voz e fala também de temas que não estão na publicação: sua decepção com a ex-amiga Xuxa, sua preocupação com modelos ricas e vazias e o peso que carrega por ter feito um aborto

> **Muitas modelos famosas são realmente vazias. Não vão fundo na profissão, não se informam**

> Carrego uma dor por ter feito um aborto aos 17 anos. A melhor foto que eu não fiz foi o filho que eu não tive

> A mulher de hoje é um cabide. Ela não quer ser desejada pelo homem, quer ser desejada por ela própria

Sua mãe era dona de casa e seu pai, lavrador. A senhora, quando adolescente, trabalhou como babá, empacotadeira, empregada doméstica. É possível ter classe sem ter berço?
Há meninas que tiveram tudo na vida, de família classe média alta, estudaram idiomas, fizeram faculdades e não conseguem ter classe. Classe é algo que nasce com você e você não sabe muito bem de onde vem. Ela esta lá. Mas cabe a quem tem cultivá-la e definir uma linha de conduta.

As modelos perderam a classe?
O problema é que a profissão de modelo se tornou objeto de desejo. É como o sonho de ser jogador de futebol para os meninos. A carreira de modelo promete dinheiro, glamour, fama. E as meninas, às vezes, perdem a classe para sobressaírem em um batalhão de concorrentes.

Uma menina de 14 anos desponta em uma passarela e logo está envolvida com a indústria da moda. Controlada por uma agência, só faz o que mandam. Quando se vai entrevistar essa menina quinze anos depois, descobre-se que aquela criança não cresceu. Agências de modelos não são fábricas de garotas vazias?
Elas viram um produto, um número. Não podem perder a personalidade. Eu sempre escolhi meus trabalhos e, mesmo quando era símbolo sexual, não tive assessoria de imprensa. Sempre quis saber o quanto ia ganhar. Quando tive o primeiro convite da *Playboy*, eu mesma fechei o contrato. Quis saber como seriam as fotos, onde iria tirá-las. Sinto hoje que muitas modelos famosas são realmente vazias, não vão fundo na profissão.

Qual a melhor hora de parar?
Eu parei aos 26 anos, estava sentindo as coisas se tornarem repetitivas. Já tinha feito campanhas interessantes, fotografado com todos os bons fotógrafos brasileiros, fiz a campanha da Calvin Klein. Resolvi então que queria ser mãe e comecei a investir na carreira de empresária. Há um momento em que você tem que parar e fazer uma avaliação. Ou você vai fazer cinema, ou TV, ou abre uma empresa.

As pessoas relutam em deixar uma profissão que paga tão bem. Há muita modelo fazendo hora extra nas passarelas?
Não porque a própria mídia descarta as pessoas muito rápido.

Não seria interessante para a própria carreira de Gisele Bündchen se ela parasse agora?
Eu acho que ela é deslumbrante, mas que já fez tudo. Não gosto de quando ela dá entrevistas, a acho muito infantil pela idade que tem. Mas ela é molecona e creio que vai ser assim até os 50 anos. Imagino que ela deve ser superprotegida, que tem muitas pessoas que cuidam de tudo para ela. Gisele traçou uma carreira sensacional, se tornou a modelo número um do mundo, a mo-

delo mais bem-sucedida que apareceu na história do Brasil. Não houve outra e nem haverá.

A graça de uma modelo não fica comprometida quando ela aparece estampada pela 15ª vez na capa da mesma revista de moda?
Gisele já fez tanta campanha, já ganhou tanto dinheiro, já foi a principal modelo da Victoria's Secret, esteve nos desfiles mais incríveis. Para ela mesma deve começar a ficar muito monótono. Chega uma hora em que você tem de se perguntar: "Puxa, será que não posso fazer nada mais além disso?"
Assessorar modelos novas, trabalhar com responsabilidade social. Se ela for inteligente, já deve ter conseguido informação suficiente para repassar a outras pessoas. Não é uma crítica. Só acho que ela pode aproveitar melhor isso tudo de bom que ela tem.

Quem fazia sucesso nas passarelas, nos anos 80, fazia sucesso para os homens. Por que o gosto masculino deixou de ditar as regras no jogo da moda?
A mulher da minha época era mais sexy. Hoje é um cabide. Ela quer ser aquela mulher que a passarela idealizou. Quer vestir a roupa que Gisele Bündchen veste, ter 1,83 metro e 50 quilos. É um sonho que jamais será alcançado, mas que serve para criar uma frustração enorme nas mulheres e alimentar ainda mais o desejo de querer ser aquilo. As mulheres, com isso, querem ficar bonitas sim, mas para as próprias mulheres. O desejo de ficar magra às custas de anorexia para ser o tipo ideal. Ela não quer mais ser desejada pelo homem, quer ser desejada por ela própria.

As pessoas mais jovens que ficam sabendo que a senhora e Xuxa começaram juntas como modelo se surpreendem. Mais de 20 anos depois, há alguma semelhança entre as duas?
Não temos mais nada a ver. Até 1983 éramos coladas, o dia inteiro. A Xuxa morava em um bairro do subúrbio, eu morava no Jardim Botânico. Ela ficava muito em casa, eu ia para a casa dela, tomávamos banho de sol na laje. Mas quando Xuxa entrou na TV, começou a se tornar inviável uma aproximação e começamos a nos desligar. Ela se transformou em uma pessoa famosa da qual ninguém pode chegar perto.

Nem os amigos?
Este também é um tipo de amizade que não me interessa. É uma pena porque vivemos muitos anos intensamente. Hoje em dia, quando olho para a Xuxa, não sobrou muita coisa daquela garota que conheci. Não é uma pessoa com a qual tenho vontade de discutir sobre algum assunto, de falar sobre filhos, sobre as crises que as mulheres de nossa idade passam. Não iria me acrescentar nada.

A senhora faz um estilo mais, digamos, família.
Ser mãe solteira é uma opção de algumas mulheres modernas. Eu sou mesmo mais antiguinha. Acho maravilhoso quando vejo um casal de velhinhos de

mãos dadas. Eu me casei muito cedo porque sempre quis ficar casada. Estou há 21 anos com meu marido e ainda o amo, por incrível que pareça (*risos*). Sou meio careta mesmo. Acho que temos que ter nossos filhos com um mesmo marido. Me impressiono quando vejo mulheres com filhos de três maridos. Ela não cria vínculo afetivo com nenhum pai.

A senhora fez um aborto aos 17 anos. Fez sentido abrir mão de um filho pela carreira?
Naquele momento fez. Eu estava começando a carreira, era muito jovem, tinha acabado de me casar.

Se voltasse no tempo, faria o quê?
Não faria o aborto. Eu teria um filhão hoje de vinte e poucos anos que seria um tremendo companheiro. Fica um vazio. Quando você faz, não percebe. Mas um aborto é extremamente doloroso. Só percebemos quando estamos mais maduras. Me arrependo totalmente. Penso no aborto que fiz quase todos os dias. Penso que minha mãe poderia ter me conduzido melhor, ter me explicado que um aborto seria doloroso no futuro.

Uma parte interessante do seu livro é a reprodução dos e-mails que recebe.
É uma média de dois mil e-mails por mês. Há meninas com dúvidas sobre sexualidade, mulheres com dificuldade de encontrar estilos, pessoas que querem viajar e estão em busca de um bom roteiro para fazerem com o namorado, com o marido, com o amante.

Há respostas para tudo?
Tudo.

Não é muita responsabilidade assumir este papel? Há mulheres que escrevem para perguntar com qual roupa devem ir a um jantar em Petrópolis, gordinhas e meninas que usam aparelhos dentários com complexo de feiúra.
Se há uma dúvida escabrosa, procuro um psiquiatra, um terapeuta. Não posso dar opiniões sobre tudo.

A senhora é um guru?
Guru é demais. Sou uma consultora. Saber que as pessoas me vêem como referencial é algo que me dá muita alegria porque, quando criança, usava vestido de chita. Era glamour zero.

Mulher bonita sofre mais para envelhecer?
Não. Sophia Loren envelhece e continua belíssima. Brigitte Bardot também. Mas envelhecer não é fácil no mundo da estética.

A senhora tem crises?
Estou superjovem ainda e o espelho é o melhor teste. O importante é ter qualidade de vida. Faço exercícios para me sentir bem, mas nunca para competir com garotinhas.

Existe beleza nas rugas?
São elas que contam sua história. A ruga da velhice é linda porque é um privilégio envelhecer, significa que você não morreu ainda.

Isso é muito poético. Mas alguém enrugado pode ser bonito?
Robert Redford é o cara mais enrugado que conheço e que é um deslumbre. É uma prova de que há beleza nas rugas.

O que é feio na senhora?
Eu tenho vitiligo desde os dois anos de idade. Se pudesse apagar algo, apagaria isso. São manchas no cotovelo, no joelho, nas mãos e nos pés. Quando era criança me chamavam de mortadela.

Por que sua carreira de atriz não deu certo?
Porque sou péssima atriz. Ou você nasce ator ou vai melhorando com o passar do tempo. Eu não tinha disciplina. Fiz Mapa da Mina, que foi um horror. Era muito criticada e, quanto mais críticas, pior ficava.

A senhora não levou a sério demais um meio em que ninguém parece estar muito preocupado com isso?
O importante é o que eu penso. Ator tem de ser bom. Temos que ligar a TV e ter prazer de ver uma cena. Não quero ver peito e bunda porque isso eu já tenho. Acho uma perda de tempo sentar hoje em frente a uma televisão e ficar assistindo a uma novela por oito meses.

Qual foi a melhor foto que a senhora não fez?
A melhor foto que eu não fiz? Essa é bem difícil. (*Luiza pára, olha para baixo e se emociona*). Foi o filho que eu não tive.

Maitê Proença

"Vou criar cabras em Cariri"

(28/08/2006)

A mesma mulher que se divide em duas para estar no teatro e na televisão sente que o balde da vida louca das grandes cidades está para transbordar. Maitê fala sério sobre seu futuro e sobre a "crise do bom riso"

> O que o Woody Allen faz? Ele fala dos escritores, judeus, neuróticos, e é universal. Aquilo poderia ser gueto, e você se identifica com aquele negócio

> Eu viajo só para buraco. Vou para a Birmânia, para o interior do Brasil, para o Pantanal. Quando estou lá quero ficar para sempre

> Se você disser não quando é chamado para fazer novelas, da próxima vez eles não irão chamá-lo

Como fazer as pessoas rirem com uma comédia sem apelar para o pastelão, como a maioria faz? O bom riso está em crise?
Sim, está. Mas isso tem a ver com a dificuldade de se fazer teatro. É muito difícil conseguir um patrocinador, as leis de incentivo são poucas. Os produtores precisam pagar os atores, pagar os técnicos, e o preço do ingresso não é suficiente para isso. As pessoas têm de viver disso e para conseguir elas esquecem que estão fazendo arte e fazem um produto como se fosse uma lata de margarina. E as pessoas que vão lá para ver arte têm que comer uma lata de margarina. Elas percebem, e não gostam de ser ludibriadas.

Será que não gostam mesmo?
Algumas gostam porque vão ficando viciadas na coisa ruim. Gostam de dar risada sempre da mesma coisa e se sentem inteligentes. Mas acho que todo mundo tem uma área que ainda é sensível e que quer ser tocada. Não precisa dar um murro para a pessoa se sentir ameaçada. Você fala uma frase que vai
bater ali no coração dela e vai magoá-la, se for sua intenção. Mas não precisa dar o soco. Eu prefiro que seja dessa maneira, que a forma seja mais delicada.

É bonito, mas não é pretensão demais para se fazer uma comédia?
Uai, eu tenho que vender meu peixe né? E não estou vendendo meu peixe de uma forma mentirosa, as pessoas podem vir e constatar o fato ou dizer que eu estou enlouquecida. Se eu fosse querer ganhar dinheiro, faria outras coisas da vida. Eu posso abrir uma loja, uma pizzaria, aplicar no mercado de valores, são maneiras mais rápidas e menos trabalhosas. Só não acho que a arte seja um bom lugar para se fazer isso. E para falar de qualquer assunto, se não for para dar uma roupagem bonita e interessante para isso, é melhor a gente ir conversar no botequim.

Você está na TV, está no teatro e tem um convite para fazer uma nova novela. A vida não começa a ficar complicada demais?
Minha vida não é uma vida para ir para as páginas de jornal, é uma vida de verdade. Tem filhos, tem os amigos, tem o momento da pausa. Eu preciso da pausa, preciso de silêncio. Falo isso porque, às vezes, aparece alguém de quem falam "ah, fulano consegue fazer oito coisas ao mesmo tempo". Mas será que ele consegue fazer oito coisas ao mesmo tempo? E que horas ele vai dormir? Ele consegue dormir sem tomar três Lexotans?

Você consegue?
Eu preciso da minha saúde. Acho que a gente veio ao mundo para... Eu não vim de férias, isso eu descobri bem cedo. Eu vim aqui fazer um negócio, e esse negócio não é ficar me exibindo para os outros acharem que sou algo que não sou. Se trata de uma evolução real, uma busca que tento fazer dentro da minha vida. Que passa pelo trabalho, pelos filhos, mas há vários outros setores que têm de ser contemplados. Não posso esquecer disso porque senão viro uma pessoa incompleta, pela metade.

Como assim?
Se eu deixar, isso acontece muito fácil. E a primeira coisa que você deixa de lado é o que menos deveria ser deixado, aquilo que ninguém está vendo.

A família?
Minha filha, as coisas que ninguém está vendo, que não estão aparecendo. É ali que você está pisando na bola e que as pessoas estão achando que está tudo bem. Mas não é tudo bem, para mim não.

Muitos atores reclamam de fazer novelas, mas por que ninguém diz não quando é convidado?
Novela é uma pedreira e você trabalha muito mais do que seria razoável, por mais organizadas tecnicamente que elas sejam. Onde antes havia uma frente hoje há cinco. Então você tem cinco diretores trabalhando ao mesmo tempo. Sai de um estúdio, vai pra outro, vai pra outro, vai pra outro. Você chega em casa na hora em que todo mundo iria descansar e aí é hora de você decorar seu texto. Quanto maior o personagem, maior a responsabilidade. E é um ano disso, vai ficando muito difícil mesmo.

E por que você não fala não?
Se você falar não, no próximo trabalho eles não irão chamá-lo. E aquilo paga. Acho que, em um país com problemas financeiros como o nosso, o primeiro lugar onde as pessoas vão deixar de gastar dinheiro é no entretenimento, como no teatro. Então as pessoas só vão a uma peça com uma garantia de que vão gostar. E se elas conhecem os atores da televisão, fica mais fácil irem ao teatro para vê-los. Estamos em um momento em que a televisão também está tentando se achar para que aquela forma seja mais possível. A própria televisão já entendeu que a forma que ela usa para trabalhar é desumana e que vai ter de encontrar uma outra forma de fazer aquilo para que as pessoas consigam ter uma vida.

As pessoas precisam rir mais hoje do que riam antes?
As pessoas das grandes cidades estão saturadas. Eu vou criar galinhas, não vou ficar aqui. No interior do Brasil o telefone toca menos, as pessoas não precisam sair com o celular, não precisam sair com dois celulares, não têm e-mail. Eu me vejo plantada na frente do computador três horas por dia. Além do computador, essas mesmas pessoas que me mandam e-mail me telefonam várias vezes ao dia. Se não houvesse celular as pessoas teriam que deliberar sobre as coisas, resolveriam sozinhas sem me perguntar. Agora elas ligam e ligam e ligam. Estou aqui tendo uma conversa com você, o telefone toca e é um intruso. Eu não escolhi conversar com aquela pessoa. Se ela ligou eu páro minha conversa com você para falar com um terceiro, que não foi convidado mas que tem uma emergência. O que era mesmo a pergunta?

A necessidade do riso...
Eu acho que o fato de você ficar sentado por duas horas em um lugar onde é obrigado a desligar o celular, em que não vai receber nenhum e-mail e que você possa relaxar através da risada faz muito bem. É provado cientificamente que o riso faz um benefício químico para o organismo que nenhuma emoção faz.

É sério quando você diz que vai embora da cidade?
Eu falo isso todas as vezes em que viajo. E eu viajo só para buraco. Vou para a Birmânia, para o interior do Brasil, para o Pantanal. Sempre que estou lá quero ficar para sempre.

Seria uma prova de desprendimento histórica. Na Birmânia você deixaria de ser Maitê Proença.
Essa vida eu já fiz, lá eu faria outra. Não é mais interessante? Em vez de ter uma vida toda igualzinha do começo ao fim, eu teria várias vidas.

E quando isso vai acontecer?
Na hora em que eu não agüentar mais, com certeza vou. Quem sabe criar cabras em Cariri (*no Ceará*).

Uma de suas peças, Achadas e Perdidas, tem quadros que falam sobre duas meninas no enterro da mãe de uma delas, uma mulher que tem crise de pânico, uma outra que se constrange no ginecologista. Tudo isso, no fundo, não é autobiografia?
Mas tudo é autobiografia. O que o Woody Allen faz? Ele fala dos escritores "psicanalisados", judeus, neuróticos, e aquilo lá é universal. Aquilo poderia ser o mais gueto, e você vai lá ver e se identifica com aquele negócio. A gente via isso acontecer no cinema há 20 anos. Por que o cinema brasileiro não funcionava, o cinema que tinha pretensões políticas e sociais? Porque era um bando de intelectual falando da favela. Eles não estavam habilitados para falar da favela, o que eles entendem da favela? É melhor escrever um artigo para uma revista especializada, para o jornal. Não precisa fazer um filme e gastar uma dinheirama para falar de um assunto que você não conhece. É muito pretensioso. Ou então vai lá. Vai morar lá dentro para entender daquele assunto de verdade, vai sentir aquela história para ficar autorizado a falar daquele assunto. Eu quero que meu universo íntimo seja grande, por isso eu viajo, por isso saio daqui onde é confortável para mim e vou para um lugar que não é confortável para mim, para que eu tenha que me adaptar. Por isso não vou para Nova York e vou para o buraco, porque ali eu sou obrigada a crescer, ali sou obrigada a sair da minha zona de conforto e ir para um lugar onde não sei nada. Um lugar onde eu tenha de aprender a língua, de aprender a me vestir daquele jeito para não agredir as pessoas, ali tudo é diferente. Se não fizer isso para meu universo, quando for escrever ou atuar sairão mentiras que não vão bater no coração de ninguém.

Mulheres bonitas sempre passam pelo dilema beleza versus talento. Isso, para você, ficou no passado?
Por quê? Eu estou muito feia? É meu cabelo? É isso que você está falando? Agora que estou feia não tem mais o dilema, é isso?

Não, a pergunta existe porque você continua bonita.
Ah, obrigada. Essa questão fica importante só se você não tem nenhum conteúdo mesmo. Mas se pode ter um aspecto agradável e um conteúdo também agradável, isso nunca é um problema.

Mano Brown

"Não acredito em líderes.
Só acredito em pessoas"

(06/11/2006)

Mano Brown chega à sede do projeto social "Capão Cidadão", no Capão Redondo, zona sul de São Paulo, às 16h20 de uma sexta-feira de sol. Cumprimenta todos com mão firme, olho no olho e alguns sor*risos*. Quem o recebe é Paulo Magrão, vice-presidente do "Capão Cidadão". Conversam a sós por alguns minutos e se aproximam do jornalista

> Se o Lula saísse (da Presidência) iria tomar a pinga dele mesmo, assumir a personalidade... O pessoal fica tentando fazer do Lula o rei da Inglaterra e ele não é

> Não é só no rap que existe a contradição. Se você assiste a um filme de Steven Spielberg, não sabe quem mata mais, se é o vilão ou o mocinho

> Como se vai narrar uma história de desigualdade sem raiva? Friamente, como o papa? Nunca se sabe se o papa está com raiva, ele não passa o que sente

palavra cruzada

Paulo Magrão: Brown, esse aqui é o Júlio, repórter do Jornal da Tarde.
Mano Brown: É, já vi o carro da reportagem ali. Eh Magrão, não gosto dessas tocaia aí não, hein.
Magrão: Não Brown, o cara fez uma matéria bacana sobre o projeto, falou até que funciona como um oásis aqui na periferia.
Brown: Oásis por quê? Quer dizer que tudo o que está em volta é seco?
Júlio Maria: Aí vocês é que estão distorcendo o que sai no jornal (*riso nervoso*).
Magrão: Ele vai estar na conversa com os moradores, beleza?
Brown: Beleza, beleza.
Júlio: Brown, na verdade, gostaria também de conversar com você depois sobre alguns temas. Pode ser?
Brown: Vou pensar (*Brown se vira e vai falar com alguns amigos*).

Quando acabou a conversa-palestra de Mano Brown com moradores e gente que trabalha no "Capão Cidadão", acompanhada pela reportagem, ele finalmente falou.

Há quase 20 anos os Racionais falam sobre segregação, racismo, os dilemas da periferia. Acredita que este discurso mudou algo?
Os Racionais são só uma célula entre milhões de células. Não acredito em líderes, só acredito em pessoas. Uma comunidade unida vai fazer muito mais do que o Paulo Magrão (*líder comunitário do Capão Redondo*) sozinho ou do que qualquer pessoa bem-intencionada. O que o rap fez foi levar para as pessoas dessas comunidades a idéia de que elas têm de se unir nos piores momentos, nos momentos de dor, de perda, de insegurança. O problema é que, para muitas, morar aqui é um trânsito, não vão ficar aqui para sempre. Para as que vão ficar, seria importante que o bairro melhorasse, que seus filhos crescessem em um lugar melhor. É impossível medir se algo mudou por causa dos Racionais.

A gente percebe seu desconforto ao ser colocado como líder, mas muitas vezes o próprio movimento rap tenta colocá-lo assim. Esta situação é angustiante para você?
Sempre pensei que cada um é seu líder. Às vezes, é desconfortável mesmo você ver que as pessoas estão esperando uma atitude sua para ver o que vai acontecer. Eu acho que posso servir como espelho, mas é cada pessoa que tem de ser sua própria liderança. No momento crucial, Mano Brown não vai estar lá. Na hora em que você for deitar com uma mulher, vai ter que usar camisinha e o Mano Brown não vai estar lá. É você quem sabe o que vai fazer. É você quem vai colocar uma arma na cintura e ir para o asfalto atrás de uma "fita" (*roubo*), e o Brown não vai estar lá (*para impedir*). Não siga o Brown, siga o seu coração. Se o Brown for firmeza, siga as idéias dele, mas não siga ele. Mesmo porque o ser humano Brown vai errar, com certeza vai errar.

Ainda que tente evitar, esta liderança parece fugir ao seu controle.
Sempre achei a cadeira do presidente o lugar mais solitário que pode existir. Quando o cara chega lá em cima, ele é um solitário, é um alvo. Com certeza os que estão ao lado, mesmo estando juntos, estão lutando por benefícios pessoais. Eu vejo o Lula. O Lula poderia fazer muito mais fora do governo do que dentro, ele poderia ser muito mais útil estando fora da cadeira de presidente do que sendo uma figura de enfeite, manipulado para cá, para lá, os amigos roubam e ele não pode falar nada, o amigo dá mancada e ele não pode falar nada porque ele está de ilustração. Se o cara mandasse mesmo, diria logo "sai todo mundo", "são todos safados", "fica você, você não é safado". Se saísse (*da Presidência*) ele iria tomar a pinga mesmo dele, iria assumir a personalidade dele. "Bebo pinga mesmo, sou brasileiro, gosto, sou honesto." Mas não, o pessoal fica tentando fazer do Lula o rei da Inglaterra e ele não é. As pessoas questionam que ele fala errado, que ele bebe, tá ligado? Se fosse da periferia, seria um rei com as idéias que tem. Como presidente, é questionado.

Não há uma confusão nas mensagens do rap? Muitos jovens entendem que o crime compensa quando ouvem uma música que narra a história de um homem que entrou para o tráfico, ainda que este homem se dê mal no final da música.
Não é só no rap que existe essa contradição. Quando você assiste a um filme de Steven Spielberg, não sabe quem matou mais, se o vilão ou o mocinho. O mocinho mata o filme inteiro. Qualquer filme ou novela que for ver tem relação com a violência. O rap não se relaciona com a violência, ele vive a violência, ele nasce dentro. Ele não relata a vida dos outros, fala da sua própria vida e, às vezes, isso vem cheio de mágoa porque fala de seres humanos. E como você vai narrar uma história de desigualdade social sem raiva, friamente, como o papa? Você nunca sabe se o papa está com raiva ou não porque ele nunca passa o sentimento que tem. O rapper é diferente, tem raiva, tem ódio, ele xinga, cai em contradição, mas por trás dessa contradição existem outras histórias. E a contradição do rap faz muitas pessoas pensarem... As palavras que eu canto me trombam no farol. "Aí mano, tá de carrão aí? E essa corrente aí? E esse boné novinho aí?" Eu me coloco na posição do cara, sei o que ele está pensando, só que eu sou igual a ele. A diferença é que não sou o playboy que está trancado no carro. Posso descer e trocar uma idéia com ele. "Sou o Brown, estou há 18 anos falando de pessoas como você. Não sou seu inimigo."

Os Racionais fizeram há dois meses um show na quadra da escola de samba Tom Maior, em Pinheiros, promovido por alunos da Faculdade Armando Álvares Penteado (FAAP)...
(*Brown balança a cabeça em sinal de desaprovação.*)

Isso pode ser um sinal de mudança, de que o grupo não é mais tão radical, de que faz show "do outro lado da ponte"?

Essa festa não foi feita com a intenção de agradar aos boys, respondendo ao que seria sua pergunta. Foi feita para que os favelados pudessem ir até lá ver o irmão do (*rapper*) Tupac Shakur (*Moprene Shakur*), que estava no Brasil. Nós abrimos mão de ganhar para podermos pagar o cachê dele, que era alto. A FAAP não era dona de nada, no dia em que a FAAP for dona da escola de samba, estamos ferrados. A gente foi lá para cantar. Agora, veja como é que é. As pessoas falam que somos preconceituosos. Saiu no jornal assim: "Racionais cantam para playboys". A partir do momento em que o jornalista reconhece que aqueles caras são playboys, então não estamos errados. Os jornalistas perceberam que existe uma elite, que existe um playboy.

Há sempre uma demora grande do grupo em lançar discos. Muito se falou sobre o próximo CD de vocês, sobre um DVD com documentário, mas ninguém sabe quando vai sair.
Vai sair o DVD (*com documentário*) agora em novembro e o CD ficou para o ano que vem. Estamos lançado dois grupos agora, um daqui (*Capão Redondo*) e um outro da zona oeste. Se esse grupo pegar, vai mudar tudo na região em que eles moram. É uma estratégia. Se pegar, vai ser uma revolução.

Por quê?
Eles vão ser o espelho que falta na região deles... A gente vive como espelho. Não tive pai ou irmão mais velho em quem me espelhar, tive dois amigos da rua. Um primo mais velho me ensinou a ouvir Jorge Ben, outro me ensinou a usar roupa tal e um outro me ensinou a chegar de um jeito tal nas mulheres. Se a gente for espelho de nossos filhos e dos menores que vivem com a gente, se conseguirmos ganhar dinheiro honestamente e fazer com que eles percebam isso, vai ser bom.

A estratégia que você diz seria fazer cada região ter um Racionais?
Não, Racionais não, mas o importante é fazer aparecer referências de superação. Se pudesse, ajudaria os caras a se formarem advogados.

Brown, você fez uma declaração no DVD 100% Favela dizendo como seu próprio preconceito havia atrapalhado sua vida. Quando via um moleque de olhos claros, automaticamente o odiava por saber que ele tinha coisas que você não poderia ter. Quando você reconhece isso quer dizer que está mudando?
O problema é que toda hora estou regredindo e esse ódio volta para mim. Isso é algo que ainda penso e que me maltrata muito. Antigamente, eu não conseguia ver (*os preconceitos*), eu era cego e sofria menos. Agora, eu vejo melhor e sofro mais.

O que o faz regredir?
Você acha que o cara não tem culpa, mas ele tem sim. Você não tem nada contra a pessoa do cara, mas contra o que ele representa.

É um círculo isso?
É um círculo.

E como sair dele?
Não tem como sair dele.

A qualidade do rap não caiu muito por causa do excesso de grupos?
Tudo que cresce muito atrai gente que só pega carona no movimento, mas que vai se achar lá na frente, gente que está no rap mas que ainda vai ser um bom médico. A primeira missão de muitos foi ser cantor de rap, mas aí ele descobre que não é bom para cantar mas é bom para trocar idéia, para mexer com dinheiro, para fazer compra. Eu já estou vendo uns manos assim, que começaram no rap mas hoje são artistas plásticos. O rap muda a vida dele, mas ele não vira um astro.

Não se dá um valor muito grande para o discurso dos Racionais, para as letras, e se fala pouco de música?
Sim, eu acho que sim. Quer que eu fale? O pessoal da periferia só gosta dos Racionais por causa da música, não por causa da mensagem. Não vou dizer que nossa música seja boa, mas se fosse ruim nada do que eu falo iriam querer ouvir.

Quando se pergunta para essas crianças daqui o que é Mágico de Oz, elas dizem que é uma música dos Racionais. Não têm mais as referências da infância...
Elas ficam adultas muito rápido, mas isso não somos nós que trazemos, elas vivem e pegam isso na rua. Estão perdendo a infância.

Brown, você nunca quer saber de aparecer na mídia, de dar entrevistas, de difundir suas idéias na imprensa. Por que isso?
A gente tem de fazer mais e falar menos. Não dá para ficar aparecendo desnecessariamente, aparecendo em vão. Isso impede o progresso de uma quebrada. Dá para fazer muito mais estando no submundo.

Manoel Poladian

"Por dinheiro faço qualquer negócio"
(08/11/2004)

Quarenta anos como empresário, promotor e agente de artistas como Roberto Carlos, Ney Matogrosso, Gal Costa, Rita Lee, Maria Bethânia e RPM fizeram de Manoel Poladian um dos mais poderosos e polêmicos chefões do show biz nacional. Aos 61 anos e com fama de colocar seus músicos para trabalhar sete dias por semana, Poladian quer uma revolução na indústria de discos. "As gravadoras têm de acordar. Elas precisam fazer CDs com uma música só." Com uma franqueza que não se vê em executivos do meio, reconhece que também trabalha com artistas considerados produtos de marketing. Só faz uma ressalva: "Não adianta enganar o artista. Ele tem que saber seu prazo de validade"

> **Há artistas gastando muito para fazer discos. Muita gente ainda sonha em botar orquestras, essas coisas**

> **Há artistas como Rouge e É o Tchan. É o tipo de coisa que vende muito mas é curto**

> **O novo disco da Simone é uma obra-prima. Mas a rádio toca o que o povo pede**

O senhor tem muitos discos de ouro pendurados ali na recepção.
Ao todo são 180 entre ouro e platina. Muitos outros estão guardados em uma outra sala.

Está cada vez mais difícil ganhar um desses, não?
Não está difícil não. O que existe é uma nova realidade. Um jovem de dez anos pensa como a sua mãe pensava quando ela tinha 25 anos. Os novos meios - Internet, tevê a cabo - são muito rápidos. E por causa deles temos de criar novos produtos. A indústria ainda não acordou que tem de fazer discos com quatro faixas ou até com uma faixa só.

CD com uma faixa só? Mas o senhor está quase pregando uma revolução.
Claro. Antigamente se fazia um CD com 12 músicas das quais só duas prestavam. Quando o público percebeu que estava sendo enganado, passaram a fazer discos com mais músicas de sucesso. Aí veio a pirataria com discos bem mais baratos. Então, se um CD com 12 faixas custa tanto, faça um com quatro faixas para vender bem mais barato. Ou faça um disco com uma música só. Só a que vai vender. O que regularia a quantidade de discos vendidos seria a qualidade.

Ainda existe qualidade?
Alguma. O novo disco da Simone tem muita qualidade. É uma obra-prima. Mas a rádio toca o que o povo pede. E se o povo não tem cultura para pedir certas coisas e tem para pedir outras, temos de respeitar.

Música ainda dá dinheiro?
Música é o seguinte: se você conseguir um grande sucesso, ganha muito. Quanto melhor for este sucesso, mais será duradouro. Por outro lado, você pode trabalhar artistas de consumo rápido como Rouge, Bro'z e É o Tchan. É o que a gente chama de produto de marketing. É o tipo de coisa que faz muito sucesso, vende um milhão, mas é curto. As músicas destes nós esquecemos logo porque não são duradouras, não têm conteúdo.

O que o artista acha quando o senhor o chama de produto de marketing?
Ele sabe que é um produto de marketing.

Sabe?
Claro, ele não tem nenhum talento.

Não é o que ele diz quando dá entrevistas.
Ele sabe que está enganado.

Ele sabe que tem prazo de validade?
Sabe, claro.

O senhor abre o jogo para cada um deles?
Não adianta você enganar o artista. Ele tem de saber se tiver um prazo de validade. Há artistas eternos como Roberto Carlos, Djavan, Caetano Veloso...

Toni Francis, cantor que o senhor contratou, seria um produto de marketing?
Não, você está confundindo. Produto de marketing é tudo o que não tem conteúdo artístico. Quer ver como você não sabe? Quem é Toni Francis?

É um cantor que se apresenta com um visual sertanejo, mas é um cantor pop e que não dá impressão de ter muita longevidade.
Então, como você não tem culpa nenhuma de não ter sido informado de quem é Toni Francis, sua ignorância está perdoada. Toni Francis é um garoto de uma família pobre do interior de Goiás que canta desde os 12 anos, compõe músicas como ninguém, toca vários instrumentos e tem 21 anos. Há uma multidão que o ama. Mas ele foi colocado equivocadamente em um programa que não entende de música, que tem toda uma produção que não sabe nada de música, incompetente, que se chama *Fama*, da Rede Globo.

O senhor já trabalhou com produtos de marketing?
Eu trabalho com tudo. Dando dinheiro eu faço qualquer negócio, desde que venha limpo...

Dizem que dinheiro é a alma do negócio.
Sim, desde que seja honesto.

Então resolvem lançar um grupo de funk carioca com letras cheias de palavrão. O senhor trabalharia com isso para ganhar dinheiro?
Aí não. Funk, pagode, essas coisinhas eu não trabalho.

Seu gosto pessoal ainda fala mais alto?
Claro. Para os outros isso pode dar dinheiro, mas para mim não. Estou em uma fase em que me sinto acima do bem e do mal. São 40 anos de profissão, 61 anos de idade, trabalho com artistas que tenho prazer.

É verdade que o senhor "arranca o couro" de seus artistas?
Eu trabalho das 4h da manhã até a noite. Quando você tem uma oportunidade de sucesso, tem que trabalhar e guardar dinheiro. Há muitos artistas que se acomodam no sucesso e outros que não querem trabalhar porque já estão com dinheiro em caixa e achando que vai ser a vida inteira assim.

O senhor coloca seu artista para fazer cinco, seis shows por semana?
Claro, porque ele vai lá, canta e vai embora. Ele tem que trabalhar. Se tiver público, tem que divulgar o trabalho. Se não tiver, pode ficar em casa. Os Titãs faziam 200 shows por ano.

O senhor já perdeu algum artista que não concordou com suas idéias?
Os problemas são as más companhias que chegam perto do artista e falam: "Vamos sair do Poladian. Você vai ganhar muito mais dinheiro. Vai economizar os 30% que ele leva". Quando sai, acaba. Ele deixa de ter uma estrutura.

Isso explica porque não se ouve mais falar no RPM (*a banda deixou a Poladian Produções*)?
O RPM é complicado. Além de empresário, eu era psicólogo do grupo. Enquanto dei a psicologia bem aplicada, mantive a união. Quando perdi essa força... Pense assim: existem quatro meninos de 20 anos que não têm um centavo. Em um ano, cada um tem um valor estupidamente grande que nem a loteria paga. Surge o procurador, o advogado e o economista que dizem: "Vocês têm de montar a gravadora de vocês e sair do Poladian porque ele explora vocês". Eles esquecem que a Poladian investiu uma fortuna neles durante um ano. Mas a ganância e a inveja trazem a destruição da carreira. Só quando os artistas são íntegros, como Roberto Carlos e Ney Matogrosso, é que permanecem com o mesmo sucesso. Foi feito um investimento grande no RPM no ano passado para a volta da banda. Mas aí o Paulo Ricardo "viajou" (*o artista rompeu com o grupo e formou uma nova banda*). Enquanto o artista está ganhando muito dinheiro, ele está com você. É como o casamento. Quando acaba o dinheiro acaba o sexo, acaba o casamento.

Sem dinheiro não existe casamento?
Sou advogado, já fiz 200 separações. Todos os casamentos começam e terminam no dinheiro. Mas isso são parênteses na conversa.

Não, pode ter a ver com a conversa. O senhor parece dar uma grande importância ao dinheiro. O que ele significa de fato?
É uma forma de manter suas necessidades.

Ele parece ser mais importante que isso.
Não, não é não. Não é assim. Eu sou cristão. Mas na área dos negócios, ele é fundamental. E casamento também é um negócio.

Artistas brasileiros gastam muito dinheiro?
Há muitos artistas gastando muito para fazer disco, fora da realidade. Muita gente ainda sonha em botar orquestras, essas coisas. Se você quiser um grande arranjador em seus discos, mande um e-mail para ele que ele faz tudo.

Isso não fica frio demais?
Não, ele manda tudo certo, compasso, marcação. Não precisa ir viajar, ir para estúdio lá fora.

O que faz o sucesso de alguém?
É uma trilogia: cantar bem, ter carisma e, o mais importante, ter caráter.

Sucesso depende de caráter?
Claro!

Todo mundo que a gente vê fazendo sucesso na rádio ou na televisão tem caráter?
Se for sucesso por muito tempo, tem um bom caráter. Se for por pouco tempo,

um caráter duvidoso. Se for por pouquíssimo tempo, não tem caráter. O caráter é fundamental. Ele ajuda a pessoa a administrar o sucesso e a derrota com a mesma tranqüilidade.

O senhor trabalhou um bom tempo com os Titãs. Faria isso de novo?
Uma das maiores alegrias de minha vida foi trabalhar com os Titãs. Eles são geniais. Houve uma época em que começaram a fazer músicas com muito palavrão e eu preferi sair e eles saíram também, foi um consenso.

O senhor saiu por causa dos palavrões?
Claro, passaram a falar "filho da puta", clitóris. Mas os Titãs saíram pela porta da frente como amigos. Tenho um grande respeito e carinho por todos eles. São íntegros, trabalhadores. A minha relação maior era com Marcelo Frommer, que eu considerava um gênio.

Há histórias de que o senhor "comprava" um artista barato e o "vendia" caro.
Há muita história mentirosa que diz que eu comprava barato e vendia caro. São lendas. Na verdade, a prática que eu fazia é a seguinte. O show biz é técnico, não é uma aventura de emoções. Eu comprava um pacote de shows do artista. Pagava um xis para ele e investia em promoção e mídia para torná-lo muito mais rentável. Muita gente guarda o dinheiro quando deveria investir mais. Eu bancava o show. Bancar o show é alugar o teatro, fazer a promoção e vender o ingresso.

E o senhor ganhava o quê? Cinco vezes mais do que investia?
Não, não. Eu ganhava muito. Nunca chegava a cinco vezes mais, isso é uma bobagem.

E se ganhasse? Qual seria o problema?
Se ganhasse é porque havia feito um bom investimento. Muitas vezes na minha vida eu também cheguei a perder muito dinheiro. Mas detesto falar sobre as minhas derrotas.

Marcelo Yuka

"A música está me salvando"

(06/06/2005)

Os tiros disparados por criminosos em 2000 haviam levado do baterista Marcelo Yuka os movimentos das pernas, a fé em Deus e a vontade de viver. No estúdio montado no quarto de sua casa na Tijuca (RJ), onde decidiu sair da depressão e voltar a criar, Yuka nos recebeu com um olhar diferente para falar de sua nova banda com nome de grupo guerrilheiro: Furto (Frente Urbana de Trabalhos Organizados). Sabe que está renascendo porque faz planos. Mas sente que a felicidade ainda é algo distante

> **Criar com revolta é mais produtivo do que criar com o coração quebrado por amor ou do que criar com depressão**

> **O Rappa me fez um favor ao me mandar embora. Por nada no mundo ficaria próximo dessas pessoas de novo**

> **Estou tendo coisas que eu não acreditava que teria. São planos. Faço planos. E se você tem planos, você tem futuro**

Qual a diferença entre uma "frente urbana", que é o Furto, e uma banda?
Minha idéia é ter um coletivo de artistas em diferentes meios de expressão. O Furto é a banda, mas temos ainda um estúdio, um centro de design, um grupo de estudos da violência que se une toda semana com 50 pessoas de várias classes sociais, idades, etnias. Eles debatem sobre tráfico de armas e abuso da autoridade policial. A idéia é ser algo maior do que uma banda.

Frente Urbana lembra nome de grupo guerrilheiro. Até onde sua música pode chegar?
Cara, eu coloco os bichos para fora. Curioso que, depois desses quatro anos parado, percebo que uma parte das pessoas têm um respeito grande comigo. Acho que minha música me deu esse respeito.

Música pode mudar alguém?
Ela me mudou, me salvou. E está me salvando de novo. Fiquei um ano e meio, depois dos tiros, em uma depressão aguda. Estou sendo salvo não só pela possibilidade de fazer música, mas por perceber a importância dela na minha vida como alguém que ouve música.

Injustiça social, tema das letras de seu novo grupo, é a tecla na qual o rap bate há mais de 20 anos. O rap fracassou?
O rap da indústria falhou. O rap que parece que venceu é o rap que chama a mulher de puta, que usa cordão de ouro, que tem carro importado, arma de fogo. Dizer que isso é poder ou revolução é um equívoco. O que muda realmente as pessoas é a cultura, a informação. Muitos expoentes da cultura negra americana entenderam que os livros fazem a grande mudança. Malcom X, que infelizmente teve que aprender a ler na cadeia, foi um deles. Martin Luther King foi outro. Ele não apostou em bens materiais para ser o revolucionário que foi. O rap que parece estar vencendo é o rap que muitas vezes faz uma crítica redundante porque narra a violência como se fosse um filme de ação. O que temos que fazer é perceber que a cultura nacional já é mais esperta do que a americana. Nós temos o sincretismo religioso enquanto o mundo é dividido por religiões, temos a capoeira, a arquitetura das favelas. Esse rap que parece estar vencendo vai em sentido contrário a tudo o que foi a essência do hip hop. Mas graças a Deus o Brasil continua produzindo muitos grupos de rap autênticos.

Seu discurso parece atacar tudo. Quem é o maior inimigo?
A elite econômica e cultural deste País está cada vez mais burra. Um país se faz com livros. Mas eles usam a informação como bijuteria, só para mostrar que têm.

Se a salvação está nos livros, por que a elite, com acesso a eles desde a infância, não dá certo?
O livro é uma das salvações. Não estou falando em criar uma nova religião literária.

Malcom X descobriu os livros na cadeia. Você descobriu onde?
Descobri aos 16 anos, por raiva. Fui estudar em um colégio antigo, a única vez que estudei em um colégio pago na vida. Era na Zona Sul (*região classe média alta do Rio de Janeiro*) e eu ainda morava no subúrbio. Os outros alunos tinham uma vida social e econômica diferente da minha. Fiquei muito acuado, entrei em uma depressão muito grande porque nunca havia ido para um meio tão diferente. Como não queria cair no lugar comum, minha indignação não foi para as drogas, mas para os livros. Acabei entendendo que livro é tão ou mais importante do que a escola.

Esse é o primeiro disco depois do incidente que o colocou em uma cadeira de rodas. Você teve medo de não terminá-lo?
Eu temi não ter mais vontade. Houve um momento em que eu não tive mais vontade de continuar na música. Mas eles me deram muita força (*aponta para os amigos da banda sentados no sofá*). Foi tanto tempo juntos que havia duas alternativas: ou ninguém mais conseguiria olhar para o outro ou iríamos até o fim. No último ensaio eu estava tocando e, cara, eu estava rindo. A gente estava tocando tão bem que... Bem, eu não toco mais bateria. Mas vi o Jan (*um dos bateristas*) tocando tão bem que fiquei emocionado (*pausa*). Como ele era autêntico, criativo.

Não poder tocar mais bateria ainda o frustra ou você conseguiu reverter o jogo fazendo as viradas que estão na sua cabeça, os pratos, os bumbos, com os recursos eletrônicos?
Não cara, não dá. O que eu faço é ter confiança nos meus bateristas (*Garnizé e Jan*). São eles que estão fazendo o que eu não posso fazer mais. Mas vou confessar uma coisa que não falei nem para eles. De vez em quando eu fico repetindo alguns movimentos que eles fazem no ar assim, sabe? (*Move os braços como se estivesse tocando uma bateria*). Eu falo "pô, o cara fez assim".

E quando eles tocam de uma forma que você jamais tocaria?
Houve uma viradinha de um reggae que eu fazia com tanta naturalidade que cheguei a cantar o que a bateria deveria fazer. Aí me liguei e pensei: "Espera aí, não sou eu quem está tocando". Por um momento esqueci que não era mais baterista. Aquilo era um golpe tão normal meu que naquele momento foi como se eu falasse para mim mesmo: "Pô, mas eu faria isso diferente". Depois falei: "Mas era eu quem fazia diferente. É claro que o Jan vai fazer do jeito dele". Fiquei abestado comigo. Foi um dos únicos momentos em que esqueci que não tocava mais bateria.

Houve dias em que você declarou convicto que felicidade era impossível quando se vive em uma cadeira de rodas. Ainda pensa assim?
Infelizmente sim. O trabalho, além de me motivar e fazer bem à cabeça, não me dá muito tempo para pensar na minha condição. Ele me une à pessoa que eu era antes. Mas eu não encaro mesmo de maneira positiva o fato de estar em uma cadeira de rodas, sou muito fraco nisso. Há pessoas com muito menos tempo como cadeirantes que são muito mais fortes.

Isso parece bem sincero.
Sim, eu poderia dizer coisas para me tornar um exemplo, mas não é assim.

Não vai chegar o dia em que pensar em sua própria situação física será segundo plano?
Cara, eu estou tendo hoje coisas que eu não acreditava que poderia ter. São planos. Estou fazendo planos. E se você tem planos, você tem futuro. Isso era o que eu não havia me deixado ter até agora. Acho que já é uma mudança.

Esses planos podem ser mais importantes do que o fato de você se levantar dessa cadeira e chegar até aquela porta?
Sim, podem. Eu tenho um irmão de 11 anos que, até então, eu queria dar tudo a ele como se eu não fosse ter um amanhã. Hoje já penso em dar meu melhor para ele hoje e dar meu melhor para ele amanhã também.

Uma música sua começa dizendo: "Eu sou um misto de cinemas convertidos com funk de laje". As pessoas entendem isso?
Eu não sei, mas não estou aqui para subestimá-las. O fato de termos compositores populares fortes como Candeia, Cartola e Monsueto mostra que as pessoas pobres têm sensibilidade para poesia. Eu já consegui uma comunicação com o público dessa maneira, acho que já venci essa barreira. Sou um cara musicalmente muito admirado por bandidos, que é um setor teoricamente sem cultura. Ao mesmo tempo recebo elogios na poesia de gente que está do outro lado da moeda. A metáfora está na cultura popular. E os discos que mais admiro são os que me fazem pensar. Ele não te pega de pronto mas também não te deixa de pronto. Você fica com ele mais tempo, e ele se torna um disco companheiro.

Se inscrever como voluntário para as pesquisas com células tronco na esperança de andar de novo foi substituir Deus pela Ciência?
Houve um momento em que eu perdi os dois. E hoje acho que tenho muito mais, acho que os dois são indissolúveis. Eu não tenho mais religião, fiquei um bom tempo sem Deus e hoje acho isso muito difícil. Há muita gente que, depois de se intelectualizar, diz não acreditar mais em Deus. Muitas dessas pessoas têm e não sabem algo de divino, um Deus apaziguador que não nos faz desesperar. Eu perdi Deus porque perdi a fé. Não tinha como me religar, como me comunicar com algo mais etéreo. Mas acho que essas duas coisas estão dentro da gente. Por isso acho ser um ato tão violento a Igreja Católica proibir a camisinha. Estamos falando de proteção e de garantia de vida. Não sei como alguém pode pensar em cuidar de aidéticos sem compreender que a camisinha é o meio mais prático para isso.

Criar com revolta é mais produtivo?
Muito produtivo. Criar com revolta é muito mais produtivo do que criar com o coração quebrado por amor ou criar com depressão. Tudo que faço de melhor é por ter aprendido a canalizar minha indignação e minha revolta. E por saber

que nem a idade, nem o tempo, nem o mercado de trabalho podem tirar isso da gente.

A armadilha não é se tornar um artista de um discurso só, de fazer músicas muito parecidas?
Sim, pode ser que sim.

É um risco que você corre?
Não sei se corri esse risco até agora, mas acho que posso correr. É por isso que tenho que investir sempre em mim. A leitura e a rua cabem aqui. Esses dois extremos, a rua e os livros, aguçam a sensibilidade da gente. E quando você é sensível tem sempre algo mais a externar do que não só entretenimento. Na minha vida essas coisas andam juntas. Não sei onde acaba a responsabilidade e começa a diversão, não sei onde acaba o ativismo social e começa a música.

Não fica estranho um grupo disposto a derrubar os sistemas como o seu lançar o disco por uma grande gravadora como a Sony Music?
Bob Marley foi um ícone que se tornou mundial graças a uma grande gravadora. Sex Pistols foi a mesma coisa. Rage Against the Machine, Bob Dylan. Todos ícones de um radicalismo, mas que tiveram vida artística em uma grande gravadora. Não precisamos ficar de fora para contestar. Quando fomos assinar o contrato com a Sony fizemos mais exigências do que eles.

Quais, por exemplo?
Falei que havia programas de TV que não iríamos fazer, falei que não acreditava que esse disco teria uma vendagem muito interessante para eles, que eu não sabia se o disco iria tocar em rádio.

Sei que você não fala sobre o tema Rappa, sua ex-banda. Não vou perguntar sobre eles, mas é preciso citá-los na pergunta. Os integrantes do Rappa disseram, ao lançarem um disco no ano passado, que estavam mais unidos depois que você saiu. E você? Também se encontrou mais fora do Rappa?
O fato de terem me mandado embora da banda foi um favor que me fizeram. É claro que esse favor, naquele momento, nessa situação, foi difícil. Mas um favor. Tirei um peso dos ombros muito grande.

Mandarem você embora naquele momento é daquelas atitudes que não têm perdão.
(*Faz longa pausa*) Não sei (*nova pausa*). Cara, no que diz respeito ao Rappa, e olha que nunca falei sobre isso, eu acho que o tempo vai mostrar como foi essa história muito mais do que eu quero falar. E o tempo vai mostrar quais foram as opções que cada um fez. E eu acho que haverá a hora do acerto. Eu não sei o que seria ou não seria imperdoável. Eu sei o que eu não faria (no lugar deles). Eu só tenho certeza de que, por hipótese nenhuma nesta vida, eu ficaria de novo próximo dessas pessoas. Não existe dinheiro, não existe nada. Não existe causa social nenhuma que me levaria a fazer isso.

Marco Nanini

Sorrir para não surtar

(13/06/2005)

> O teatro deveria fazer crítica mais direta. Ele ainda segue o padrão da ditadura, onde só se criticava com subterfúgios

> Fazer o espectador rir é fazê-lo pensar no por que ele está rindo. O riso provoca a inteligência

> O ministro Gil nunca foi ao teatro. Não só nunca citou o teatro como achou que todo ator famoso merecia um castigo

Mídia é o mal necessário?
Eu não tenho um julgamento moral da mídia. Ela já existia antes de eu chegar ao mundo e vai continuar existindo depois que eu morrer. A peça fala sobre a era das celebridades. Um *Big Brother* apresenta gente comum que, por um momento, vira uma celebridade. Só Deus sabe o que vai acontecer. Quem sabe onde vai caber tanta celebridade assim?

O senhor, um reservado por natureza, está aqui enfrentando um jornalista sem saber as perguntas que ele fará. Vale a pena correr o risco da exposição pela fama?
A exposição é algo de que necessito. Como é que vou divulgar meu trabalho em uma cidade do tamanho de São Paulo? E nessa é claro que encontro todo tipo de pessoa. Tem gente que quer me entrevistar com interesses ocultos, é o risco. Minha peça sai melhor quando confio no diretor. Minhas entrevistas são melhores quando crio um vínculo com o repórter.

Estar no palco é ter o poder incondicional de fazer julgamentos?
Não diria julgamento, mas crítica. É a opinião de um autor que está lá para ser julgada pelo público. E eu acho que o palco tem muito que retomar isso. O palco, depois da ditadura, ficou muito subjetivo nessa crítica. Ele deveria fazer uma crítica mais direta, mais firme, mais frontal, mais clara.

As pessoas têm medo de ser diretas por que têm medo de cair em clichês?
Ou porque seguem um padrão de comportamento imposto pela ditadura, onde você tinha que ter subterfúgios para criticar. Isso deixou uma herança muito forte. Ficamos restritos a uma série de artimanhas para enganar a censura. Isso prejudicou muito os autores e nós atores também. Criou-se um tipo de subterfúgio para escrever e criticar.

A melhor crítica é a que faz rir?
Sou suspeito porque acho o humor imprescindível para tudo. A crítica com ele fica muito mais radical.

Fazer o espectador rir é fazê-lo concordar com você?
Fazer o espectador rir é fazê-lo pensar no por que ele está rindo. Isso cria uma cadeia de raciocínio que leva a pessoa a se criticar também. O riso provoca a inteligência.

E ao mesmo tempo é uma esperta forma de persuasão.
Não sei se é. As pessoas podem rir de um absurdo mas não necessariamente concordarem com ele. Encarar as coisas com humor, de qualquer forma, parece ser muito mais interessante.

Que escândalo fez Marco Nanini famoso na vida real?
Nenhum. Sou uma pessoa muito simplória e não protagonizo manchetes de jornais. Não gosto de misturar minha vida particular com a profissional

porque isso me criaria um problema enorme. Eu tenho que ter o mínimo de solidão, sem o personagem Marco Nanini. Já é meio pirado você ficar interpretando um monte de gente. É confuso às vezes sair daqui do teatro no domingo para segunda estar na TV fazendo Lineu, na terça, na quarta e na quinta fazendo Lineu. E na sexta voltar para cá. É preciso cair às vezes na real.

E como é sua real?
Ela é muito simplória. Se eu não fosse ator, não teria expressão nenhuma. Tenho manias, coisas muito simplistas. Eu gosto de ficar em casa, gosto de ler. Não há sabor nenhum nisso, entendeu?

É por isso que se sabe muito pouco sobre o senhor?
Eu não tenho atrativo nenhum. Dei uma entrevista para um jornal há um tempo atrás. Depois de falar muito sobre várias questões, a repórter virou para mim e disse assim: "Agora você tem que falar mal de alguém." Eu quis saber por quê. Ela respondeu que se eu não falasse mal de alguém, a entrevista não sairia. Então disse que não seria publicada porque não gosto de falar mal de ninguém. Não acho que deve ser regra o fato de não falar mal das pessoas. Mas cada um tem seu temperamento.

Está mais fácil ou mais difícil montar um espetáculo no Brasil?
Ah, está mais difícil, muitíssimo mais difícil.

Por quê?
Porque não temos uma política para o teatro. No início, a política foi ignorar o teatro. O Ministério da Cultura o ignorou totalmente. O teatro nunca foi citado pelo ministro da Cultura (*Gilberto Gil*) nos primeiros meses que ele assumiu. O ministro nunca foi ao teatro. Então, ele acabou desprestigiando o teatro. Não só não citou nem fez nada como de repente o ministério dele teve uma postura de que todo ator com uma certa fama merecia um castigo. Fez isso com muita dialética, dizendo que seria bom para o Brasil todo. Não é bem assim. Castigaram quem tem muita fama e isso é um paradoxo inacreditável. Todo artista que tinha alguma fama deveria ficar sem acesso às verbas públicas (*para a montagem de suas peças*). O paradoxo disso é o próprio ministro da Cultura continuar fazendo shows patrocinados. Então ele vira um artista privilegiado porque quem é que não quer patrocinar o ministro? O ministro pode ser patrocinado, mas um simples Marco Nanini não pode porque já recebeu muito dinheiro? Gente! Eu vim para São Paulo trabalhar com 30 cruzeiros em moedas. Consigo um sucesso com trabalho, melhoro de vida e vou ser castigado por causa disso? Espera aí. E outra coisa: esse negócio do artista se misturar com o poder é algo muito estranho. Não vejo o presidente do Banco Central dar consultoria em empresas. O ministro virou um artista privilegiado e um ministro privilegiado.

Não valeu pelo outro lado da moeda? Os chamados "desprivilegiados" do teatro não ganharam com essa política?

Se ganharam, não vi não. Se privilegiou, não sei. Pelo menos não li nos jornais que isso aconteceu. O ministério é sim também desprestigiado no governo, porque recebe um salário ridículo. Mas, por outro lado, ele também quer tomar as decisões. Quer ter o poder para decidir que peça é boa e que peça não é boa. Qual é o cacife moral que a política tem para confiarmos que ela fará julgamentos livres de pressões?

Gerald Thomas, dizem, é uma pessoa de temperamento forte, difícil de lidar. Ser dirigido por ele requer muito jogo de cintura?
Quando fui fazer a peça, algumas pessoas me disseram: "Você está louco? Vai fazer uma peça com Gerald Thomas! Aguarde." Eu não era amigo dele e também tive esse receio, mas nada disso aconteceu. Nunca tivemos o menor problema por causa de nada. Sempre foi muito acessível, educadíssimo. Essa imagem não bate com a realidade.

Algum personagem o havia levado mais longe do que Lineu, da série A Grande Família?
Acredito que não, tanto que íamos fazer só uns 12 episódios no início e hoje estamos no quinto ano. A gente sabe que trata-se de uma família reconhecida dentro da casa de cada um. Toda família tem um personagem como Agostinho ao redor, ou como Lineu, ou como Nenê. É um grande material, mas acho que não justifica o fenômeno. Conheço obras que têm tudo isso e não explodem. Há uma química subjetiva que faz com que esse programa dure tanto.

Como alguém tão reservado como o senhor pode se tornar ator de comédia?
Em algum lugar você tem que não ser tímido e, no palco, eu não sou de jeito nenhum. Não sei o que é isso. Nunca citei isso nas análises que fiz. Não tenho o menor problema de fazer nada no palco, nada.

A timidez é um problema quando se vive em sociedade...
Sou muito desconfiado e muito retraído. Não gosto de multidões, fico nervoso, não gosto de estar em lugares que têm muita gente. Fico tenso, acho que vou errar o nome das pessoas. Quero ser agradável com as pessoas e vou sendo cada vez mais desagradável. Não tenho traquejo para a vida social. Não fico muito à vontade com mais de seis pessoas por perto. É muito sofrido para mim.

Foi sofrido para o senhor ser professor de matemática no programa *Telecurso Segundo Grau*, da Rede Globo?
Foi a coisa mais surrealista pela qual já passei na vida. E eu adorei porque sou péssimo em matemática e ela sempre me acompanhou como se fosse um carma. Eu trabalhei dos 13 aos 18 anos em um hotel. Tudo bem. Depois fui trabalhar em um banco. Não sei como esse banco me aceitou porque não sei fazer contas nem na máquina. Eu erro os botões da máquina.

Mesmo assim foi caixa de banco?
Eles tinham a maior simpatia por mim. Havia uma inexplicável onda de sim-

patia por mim naquele banco. Eu só não fui caixa, mas fiz de tudo. A seção que dei mais certo foi no atendimento ao público. Só que não era bom para o banco porque ficava uma fila de pessoas para eu atender e isso tumultuava, já que ninguém queria ser atendido pelos outros. Saí desse banco e pensei: "Agora me livrei da matemática". Mas o humor é matemática.

Como assim humor é matemática?
Se você errar um tempo, perdeu a chance. Tem que atacar no tempo certo. É como música. Tudo é matemática. Eu não podia imaginar que a matemática estivesse impregnada em todos os lugares.

Quem o via no *Telecurso Segundo Grau* como professor tinha certeza de que era um especialista no assunto.
Eu passava perto da Praça da Sé, por exemplo, e as pessoas diziam: "Professor, vi sua aula ontem". Eu pensava: "Meu Deus do céu, o que está acontecendo? Eles estão me chamando de professor!" Eu era apenas o comunicador do curso, tinha a explicação de um matemático e devia seguir à risca o que estava no texto, não podia mudar uma vírgula.

Quase-galã é uma boa classificação para o senhor?
Não sou um galã, não sou mesmo. Não tenho um tipo físico para isso, nunca tive.

O senhor disse em 1978: "Tenho medo do sucesso fugaz que a TV dá por causa de uma novela". Ainda pensa assim?
Há uma coisa muito estranha. Ao fazer uma novela hoje de muito sucesso você fica na crista da onda. No dia seguinte ao qual sua novela saiu do ar, você já caiu. Se acreditar na fama nessa época da inflação, você toma um belo tombo. Isso é muito perigoso. O tombo, às vezes, é irrecuperável. Isso é muito violento, se achar querido e depois ver que aquilo tudo acontece. Isso o leva para o abismo.

E o abismo aparece quando a mídia esquece do artista?
A mídia não tem culpa nisso. Se eu for tombar, ela só vai relatar o fato. Mas aí depende de como é que cada mídia vai relatar isso. Uns puxam para um lado, outros puxam para outro. E nesse momento começa o circo tudo de novo.

Marília Gabriela

A angústia da rotina

(30/10/2006)

A jornalista Marília Gabriela recebeu o Palavra Cruzada no restaurante Quattrino, em São Paulo, uma semana antes de anunciar sua separação de Reynaldo Gianecchini. Especialista em tirar segredos de seus mais de 10 mil entrevistados, Marília guardava o seu. Só não conseguiu esconder o fato de que nem tudo ia bem. Ela falou sobre seus tormentos com o cotidiano, seu amor ao teatro e as mágoas por ser reduzida à condição de mulher do galã da novela das oito

> Desde esse casamento para cá, a única referência que eu tenho é esse casamento. E você não sabe como isso é desconfortável para mim

> Entrevistei o Lula quando ele despontava como sindicalista. Este foi um homem que vi evoluir dentro da profissão dele, sem fazer juízo de valor

> A Marta Suplicy falava abertamente sobre sexo e mostrava ilustrações. Naquele momento (anos 80), o programa TV Mulher era tudo de mais lindo

Senhora Macbeth, sua personagem no teatro, é uma mulher que vive nos limites da paixão e da ambição. Não é este o lugar onde, no fundo, todos nós estamos?
Há muita ambição de poder dentro de nós. Qualquer tipo de poder. Eu quero ser o primeiro da fila, o melhor colocado dentro do meu trabalho, quero meu destaque. E esse destaque é o que me dá poder. No poder eu tenho as pessoas me bajulando, me agradando. O poder é intrínseco ao ser humano. Acho sim que temos essa ambição pelo poder.

Quando você se torna atriz de TV, estréia uma peça de teatro e, eventualmente, grava um disco ao mesmo tempo em que atua como jornalista não está atrás de muito poder?
Estou atrás de poder fazer o que eu bem entender (*risos*). Sabe que esta semana uma amiga minha me mandou um site muito divertido. Você entra, coloca sua data de nascimento e recebe na hora em que dia você foi gerado, que lua fazia naquele dia, em que dia caiu a Páscoa e o Natal naquele ano, quantos anos você teria se fosse um cachorro, qual a árvore que rege você. Aliás, a minha é a árvore da ambição. E, depois, dá características. Estava lá assim sobre mim: "Gosta de desafiar seu destino". É isso, isso combina comigo. Eu lido com dificuldades de rotina, ela sempre me perturbou profundamente. Eu ia ao analista para falar sobre rotina.

Até que você enjoou da rotina de ir ao analista.
(*Risos*) É, eu tenho um prazo e depois caio fora. Sempre digo que um bom dia é um dia em que eu tenho uma história para contar. Se não tenho uma por dia, fico muito aflita.

Qual de seus cotidianos é o melhor?
Confesso uma coisa: apesar de eu continuar adorando as entrevistas que faço, o momento em que eu acho que a vida é isso mesmo é no palco. É isso que é a vida, a vida está aqui. É aqui que ela está sendo exposta sem pudor.

Uma sensação que você nunca teve como jornalista?
São questões diferentes. No teatro, eu sou o veículo de mim mesma. No jornalismo, sou veículo para que as pessoas contem suas vidas.

Houve um tempo em que você passou por uma crise no jornalismo?
Sim, e me lembro exatamente quando foi. O primeiro grande estresse foi na época da guerra do Iraque, quando a TV mostrava os mísseis à noite. As pessoas jantando e vendo aqueles foguinhos passando. Gente, aquilo era horário de jantar. As pessoas estavam comendo, olhando a TV e sentindo como se isso fosse uma coisa normal. Aquilo foi me dando... Foi na mesma época em que houve uma grande catástrofe em Bangladesh. Vinham aquelas imagens de catástrofes naturais, cadáveres e cadáveres chegando... E foi nessa época que vi o que seria para mim a gota d'água: um operário em Brasília estava voltando do trabalho de bicicleta quando foi assaltado. Levaram dele a bicicleta e deram um tiro que pegou de raspão sobre um dos olhos. Ele entrou em um hospital de Brasília e saiu sem os dois olhos. Aquilo me deixou... Não conseguiram responsabilizar ninguém

porque as assinaturas que autorizaram a retirada dos olhos eram ilegíveis. Eu me lembro da mulher do operário, muito simples, dizendo: "Vai fazer o quê, né? Foi Deus quem quis". Aquilo me deixou num estado que falei: "Não quero mais fazer esta merda. Não agüento mais, não seguro, não tenho estrutura". E fui embora para os Estados Unidos, me pediram para voltar e eu voltei para mais uma tentativa. Aí se deu o massacre de Vigário Geral, no Rio de Janeiro. Entrou uma mulher no ar chorando a morte do filho metralhado. Eu comecei a chorar no estúdio e falei: "Não quero mais mesmo". Não consigo, não tenho a postura, a elegância, a isenção do âncora que fica no estúdio como um condutor da miséria humana, e o público que sofra em casa porque ele não vai sofrer.

Foi na estudante de psicologia que nasceu a entrevistadora?
Pode ser, levei muita coisa da psicologia. Entrevista é um jogo de sedução em que você tem de me seduzir para eu ser uma boa entrevistada e eu pretendo seduzi-lo para que você goste da minha entrevista.

Então estamos aqui interpretando?
Somos um amontoado de máscaras que vamos colocando desde cedo para não apanhar no colégio, para tirar boas notas, para enganar os pais, para não levar castigo, para ser amado. Vamos colocando máscaras. Somos todos intérpretes.

Qual dos seus entrevistados evoluiu mais com o tempo?
Entrevistei o Lula na década de 70, quando ele despontava como sindicalista. Esse foi um homem que eu vi evoluir dentro da profissão que ele escolheu, sem fazer juízo de valor, mas foram muitas entrevistas.

Quantas?
Mais de 10 mil.

Não cansa?
Para mim, não. Posso até ter preguiça de ir lá fazer, mas sento lá, começo a fazer perguntas e fica tudo certo. Às vezes, pego umas criaturas chatas, arrogantes, que se expressam de forma complicada, mas, no geral, todo mundo bem explorado tem uma bela história para contar.

As pessoas interessantes não estão cada vez mais raras?
Não, o problema é quando você vai entrevistar as pessoas interessantes de sempre e as pessoas interessantes de sempre acabam se repetindo. Eu abandonei a vontade de entrevistar só nomes sensacionais. Estou chegando à conclusão de que talvez um bom vizinho tenha uma história mais interessante para contar porque ela será inédita, espontânea e sem vícios.

(Marília interrompe para fazer o pedido ao garçom. Escolhe um prato chamado Gabi, feito em sua homenagem)

Você apresentou o *TV Mulher*, na Globo, de 1980 a 1984. Era um programa feminino que tratava de temas como sexo de uma forma que não se viu depois

que o programa acabou. A televisão regrediu?
Regrediu ou se adequou. Aqueles foram anos muito especiais, era um movimento que começava no Brasil. Ali se viu pela primeira vez alguém falando de sexo abertamente em um horário para as donas de casa. Houve um movimento de senhoras da Lapa contra a Marta Suplicy e as coisas que ela dizia. Um dia cheguei com um cabelo todo comportado e o diretor Nilton Travesso me chamou: "Agora você acertou o cabelo. Você não sabe quantas senhoras estão ligando dizendo que seu cabelo está bom". E falei: "Então não quero meu cabelo assim, não quero me adequar". Não era o momento da adequação, tanto é que demos capa do jornal *The New York Times* no mesmo dia da reeleição do Ronald Regan. A legenda da foto dizia que eu tinha apanhado na infância. E eu apanhei na infância. O teor era "essa mulher que comanda a *TV Mulher* hoje apanhava na infância." E a Marta Suplicy falava sobre sexo abertamente, com ilustrações. Naquele momento, a *TV Mulher* era tudo de mais lindo. Agora, depois, houve no mundo um movimento espontâneo de volta ao lar. Uma valorização da dona de casa, da mulher que cuida do marido, que resolveu que não vai sair para trabalhar. Neste caso a televisão se adequou ao tempo.

Incomoda falar sobre seu marido, Reynaldo Gianecchini?
Incomoda muito, incomoda em profundidade.

Não tem jeito, as pessoas sempre querem saber sobre vocês.
Eu sei, eu sei. E isso me incomoda mesmo, vou explicar o porquê. É como se minha vida não tivesse muita referência, como se tudo o que tivesse feito até hoje não tivesse nenhuma importância a não ser o fato de eu ser casada com o galã da novela das oito. É impressionante, é a sensação que eu tenho. Uma revista fez recentemente uma pesquisa de quem era a mulher mais admirada do Brasil e deu eu. Por quê?

Por ser mulher do Gianecchini.
Exatamente. Eu me lembro que há muitos anos o jornal *Folha de S.Paulo* fez esta mesma pesquisa e deu eu também, mas ali era por causa da minha vida, da minha profissão, do meu trabalho. Desde esse casamento para cá, a única referência que eu tenho é esse casamento. E você não sabe como isso é desconfortável para mim.

Não seria mais uma preocupação para ele? Afinal, sua carreira me parece mais sedimentada.
Talvez seja, talvez até seja, mas acontece que existe, enfim, existe o poder da novela das oito, da beleza, da... sabe? Que é uma coisa avassaladora. Eu tenho impressão de que, para o apelo que isso tem, tudo fica menor, mas é... é brochante.

O casamento de vocês, talvez, esteja durando mais do que a maioria das pessoas esperava.
Pode ser, talvez seja por aí, quem sabe? (*Olha para o prato*) Que tal esse macarrão? Mistura bem que tem um molho no fundo. O meu está ótimo.

Mauricio de Sousa

Hora de virar gente grande

(07/03/2005)

Ao completar 70 anos e ver Mônica chegar aos 35, Mauricio de Sousa reage ao perceber que está no meio de uma revolução infantil. As crianças não são mais as mesmas de 1970 e querem ler também histórias de adolescentes. Sua primeira revista para o público com mais de dez anos de idade, Tina, chega às bancas enquanto o império do desenhista entra em ebulição com uma série de projetos. O homem de sorriso largo revela agora que nunca foi o artista inofensivo que os militares imaginavam e que fez de tudo para irritar a ditadura. E diz que, um dia, saberá por que a Rede Globo não apostou na Turma da Mônica

> **Nunca pensei sobre a Globo gostar ou não da Mônica. Mas quem gosta ou não gosta são pessoas. E pessoas passam**

> **Mandei 98 desenhistas trabalhar em casa por causa do trânsito. Só um se recusou porque não suportava a mulher**

> **A Tina vai poder perder a virgindade. Este é meu desafio. Há maneiras de se falar tudo e vamos aprender**

Mauricio de Sousa: Vou deixar a porta aberta porque ela tem que ficar sempre assim. Eu aviso aos desenhistas que eles podem entrar e sair à vontade, independentemente de eu estar com o diretor do banco, o presidente da República ou o repórter. A arte não pode esperar.

Isso parece transtorno obsessivo compulsivo.
Nunca tinha pensado sob este aspecto mas, agora que você me falou... Eu gosto de janelas grandes e portas grandes sempre abertas. Não trabalho se não for assim. O mundo é tão vasto, tem cores...

O senhor é muito rigoroso com seus desenhistas?
Eu avalio todos os desenhos. Aprovo, reprovo. Há uma escala de valores com bom, ótimo, regular, especial, passável. Quando um roteirista faz várias histórias ótimas, ele tem uma premiação, um aumento.

São 35 anos de Mônica...
Já?

Não é? De 1970 para 2005?
Puxa vida, quem diria... Eu acho que a editora está preparando alguma coisa sobre isso.

A Mônica de hoje é a mesma de 35 anos atrás?
É. Assim como você é o mesmo de quando nasceu. A diferença é que está adaptado. Você aprendeu a mexer no computador, a abolir ou jogar alguns preconceitos debaixo do tapete. Na era do politicamente correto é proibido falar ou escrever algumas coisas.

Mas a criança de sete anos de hoje não é a mesma criança de sete anos de 1970. A Mônica não deveria crescer também?
A Mônica é conservadora. Mas a turminha vai fazendo com que ela seja menos conservadora.

A criança internauta não pode achar história em quadrinhos uma bobagem? O senhor não teme perder uma geração?
Se for acontecer isso, está bem longe. Não falamos mais só com as crianças. Estamos com os jovens e os adultos. Os jovens não estavam na nossa lista. Só estavam o adulto saudosista e a criança.

O senhor nunca criou personagens adolescentes...
Só a Tina, que agora será lançada em revista. Há tanta pressão que estou apanhando para fazer mais uma revista. E não é só porque o adolescente quer ler gibi. Descobrimos que a criança quer ler histórias de adolescentes. Isso é incontestável. Eles se espelham, querem ser como os grandes. Mas é um perigo porque vou ter que entrar em alguns temas com muito cuidado.

Isso quer dizer que a Tina jamais vai perder a virgindade?
Sim, vai. Mas vamos conversar sobre isso. Estou estudando como fazer. Este é meu desafio. Mas, para a criança de sete anos para cima, não há mistério. É só

você tratá-la com respeito, não podemos ficar pisando em ovos. Há maneiras de se falar tudo e nós vamos aprender.

O senhor foi repórter policial durante cinco anos. O óbvio seria escrever histórias de terror. Não era um incômodo fazer matérias sobre crimes?
Imagina! Eu com 19 anos, um fotógrafo do lado e um jipe à minha disposição para sair investigando casos que a polícia não investigava? Isso é aventura.

E como o mesmo repórter que vê cadáver pode...
Ah, não. Aí havia um problema sério. Eu não podia ver sangue. Se visse, eu desmaiava. Eu mandava o fotógrafo lá para perto do cadáver para que ele me descrevesse a cena: "A vítima está em decúbito ventral, foi atingida por algum instrumento cortante..."

Sinal de que não era a sua.
Não era. O que eu fazia era ilustrar reportagens. Quando eu não podia fotografar a cena do crime, eu desenhava. Chamava o pessoal, pedia para que eles posassem e desenhava. Muitos de meus personagens já estavam sugeridos ali. Tem cachorrinho parecido com o Bidu, meninos parecidos com o Franjinha.

Quadrinho quando nasce quadrinho parece que tem de morrer quadrinho. O mesmo acontece com animação. Por que é sempre um desastre quando um quer ser o outro?
O que há é uma contaminação. Eu estou fazendo uma série de mudanças aqui na empresa porque quero separar os estúdios para não haver este contágio. Quero que nosso desenho animado seja desenho animado e não uma história em quadrinhos animada. Não quero o roteirista de quadrinhos mexendo com o roteiro de cinema. Estamos para fazer televisão agora para valer e não quero fazer quadrinho televisivo. Estou forçando a barra aqui dentro para a gente cortar esta contaminação. São linguagens diferentes. Eu não sei fazer TV como precisa ser feita. Eu sei ver. Quando vejo alguns desenhos animados meus falo: "Meu Deus do céu, isso é história em quadrinhos. O pessoal vai gostar, mas não é cinema. Não é o ritmo, a linguagem do cinema." E agora na TV, pior ainda.

É por isso que a Mônica não foi para a televisão?
Não foi por isso. Desenho animado é muito caro. Um desenho animado custa 20 vezes mais do que qualquer lei de incentivo pode ajudar. Não adianta. Até dá para fazer desenho animado aqui, mas não na quantidade para competir no mercado internacional.

O senhor soltou um "vou fazer televisão para valer agora". É isso mesmo?
Eu disse isso? Nós tivemos há um tempo um contrato com a TV Globo que não funcionou. Não vêm ao caso os motivos. Um dia eu vou saber por quê. Vou fazer agora um programa independente e, se tivermos parceria com o governo, colocarei nas TVs públicas.

Por que a TV Globo não gosta da Turma da Mônica?
Não gosta?

Ela nunca apostou na Turma da Mônica.
É uma boa pergunta para nós dois fazermos para algum diretor da Globo. Nunca pensei sobre este aspecto para não desistir. E outra coisa: Quem gosta ou não gosta são pessoas. E pessoas passam.

O senhor criou histórias politizadas de João Alves em 1994 e sobre a CPI do caso PC em 1992. Não fez novamente por que não fica mais indignado?
Não a ponto de sair com uma nova série. Não sei de quem eu poderia fazer. Há assuntos que me indignam, mas que não cabem bem para o público infantil. Não dá para falar sobre o assassinato da Dorothy Stang. Mas, sobre a lei que iria liberar a Amazônia para ser desmatada, a criançada precisa saber e tomar consciência.

Gibi é diversão ou educação?
É diversão. Mas prepara também para a educação.

E quando o Cebolinha fala errado, por exemplo?
Se uma criança de sete anos reproduzir os erros do Cebolinha depois de falar certo desde os três anos o problema não é do Cebolinha, é da criança.

Enquanto os artistas se descabelavam na ditadura, o senhor estava onde?
Estava numa boa (*risos*).

O senhor nunca passou mensagens subliminares contra o regime em suas histórias?
Cansei de fazer história gozando da ditadura.

E os generais não percebiam?
Soube só agora, por meio de um funcionário do general Golbery, que eles examinavam minhas histórias mas achavam que aquilo era uma válvula de escape. Não consideravam perigosas.

Mas entendiam?
Quando proibiram o Chico Buarque de fazer música, fiz a história de um astronauta que ia a um planeta onde era proibido cantar. Quem assobiava ia em cana porque o rei não permitia música. Claro que os generais entendiam.

Seus amigos, enquanto isso, iam presos.
O pessoal do *Pasquim* foi preso, meus colegas começaram a sair do País. Eu me sentia mal de não estar pelo menos junto com eles. Fiz então uma história na qual o rei queria saber com antecipação quais tiras de quadrinhos iriam sair no jornal no dia seguinte. Ele manda os soldados convidarem o desenhista para trabalhar no palácio para poderem espiar o que ele faz. Seu funcionário pega os desenhos e leva para os porões do reino, onde os caretinhas analisam o material para ver se poderiam ser publicados. Ninguém da censura reclamou comigo.

E o senhor começou a se sentir bem mal.
Comecei a ficar preocupado. Pensava que não estavam lendo jornal, que ninguém lia minhas histórias.

Os militares nem ligaram para o senhor?
Não. Então começou a época em que estouravam bancas de jornal. Eu colocava uma tarja preta em todas as minhas tiras e escrevia: "Enquanto esta tarja preta estiver sendo publicada, não foram ainda punidos os autores dos atentados às bancas de jornal." Isso foi publicado por meses e meses.

E nada de censura?
Nada.

A ditadura não quis saber do Mauricio de Sousa?
Acho que a ditadura gostava das minhas historinhas (risos).

A saudade de sua ex-mulher Vera Lucia (morta em 1971) fez o senhor ter um comportamento estranho durante um tempo, não?
Eu seguia pessoas que achava parecidas com ela pela rua. Um dia segui uma mulher e quase a abordei. Isso durou meses. Mas superei.

Essa saudade nunca foi parar nas histórias em quadrinhos?
Não. Quer dizer, foi sim. Havia a Simone, um personagem da história do Horácio que era inspirado na Vera. Ela provocava ciúmes na Lucinda, a namorada do Horácio.

O senhor tem 150 desenhistas que trabalham...
Mandei 98 embora e os recontratei como colaboradores. Fiz isso porque a maior parte dos roteiristas perdiam até três horas por dia no trânsito e eu queria que eles produzissem mais. Fiz então uma campanha para eles trabalharem em casa. Muitos estão bem, comprando casas e carros.

O que acontece quando aparece um funcionário muito bom?
Eu mando embora.

Por quê?
Se já tiver traço definido, percebo e mando trabalhar em outro lugar.

E já mandou muitos?
Muitos. Até hoje não sei se mandei voltar para casa o Chico ou o Paulo Caruso (irmãos gêmeos e cartunistas). Não sei qual dos dois entrou pela porta da minha sala com caricaturas lindas dizendo que queria trabalhar com a gente. Falei: "Pra quê? Vai procurar revistas, redação. Você está pronto. Se eu te contratar, vai me xingar no futuro." Ele ficou bravo, me xingou e bateu a porta. Quando encontro com eles, pergunto quem fez aquela malcriação comigo e fica um empurrando para o outro. Nunca vou saber.

Milton Neves

O ódio que dá audiência

(18/07/2005)

Ao espetar com vara curta e venenosa poderosas torcidas de futebol, Milton Neves atiça o universo que tem o maior número de fanáticos no País. Se surgem quase 20 comunidades no Orkut de nome "Eu Odeio Milton Neves" e o próprio recebe até 200 e-mails às segundas com xingamentos pesados, seus programas na Record batem concorrentes com números de Ibope intrigantes. Quem odeia também assiste

"A imagem que eu tinha do presidente Medici, ao ver o Canal 100 no cinema, era a de um vovô querido"

"Armando Nogueira disse que cronista que não tem time tem de ser setorista de ensaio de ópera"

"Adianta provocar na TV a Portuguesa, o Juventus? Tenho que provocar o maior. E o maior é o Corinthians"

O senhor torce para o Santos, não é?
Santos Futebol Clube, o meu amor.

E, claro, se entristece quando ele perde.
Como se fosse criança. Gosto muito do Atlético Mineiro também porque no dia 6 de outubro de 2001 fui homenageado pela torcida. Nunca vou esquecer das 75 mil pessoas gritando meu nome durante cinco minutos no estádio do Atlético.

Que isenção o senhor tem para mediar um debate na televisão?
O cronista esportivo que diz que não torce para ninguém está mentindo. Não tem um jornalista esportivo que não tenha um time. Certa vez perguntei ao Armando Nogueira se ele achava que cronista esportivo poderia torcer. Ele disse: "Não só pode como deve. Cronista que não torce para time nenhum tem de abandonar a profissão, tem de ser setorista de ensaio de ópera".

A Globo não permite que jornalistas declarem seu time.
A Globo é uma megaempresa, ela tem de tomar muito cuidado. Mas sabe-se que o Cleber Machado é santista, que o Galvão Bueno é flamenguista. Se eu não tivesse isenção, não estaria ocupando os lugares que ocupo.

O fanatismo no futebol já é maior no Brasil que o fanatismo religioso?
A Copa do Mundo torna o futebol a coisa mais importante dentre as mais importantes. A Copa tem reflexos na auto-estima do povo, na produção do País e rende dividendos políticos. Todos se lembram quem eram os presidentes nos anos de Copa do Mundo. A imagem que eu tinha do Medici vendo o Canal 100 no cinema ou vendo os jogos numa TV preto-e-branco do vizinho era a de um vovô querido. Veja a força que tem uma Copa do Mundo.

O fanatismo, no caso do senhor, se expressa mais diretamente. Algumas mensagens na Internet dizem o seguinte: "Milton Neves, o maior idiota do jornalismo esportivo brasileiro", diz um torcedor do Atlético Paranaense. "O que esse porco imundo desse torcedor do Atlético de Minas e do Santos fez com o meu Atlético Paranaense", escreve outro.
Eu gosto de gente que é notada. O polêmico é interessante. Saiu uma pesquisa agora feita pela Record, na qual fui aprovado, que mostrou uma forte rejeição a meu nome. O que os torcedores que não gostam de mim têm de entender é o seguinte: não produzo programas, e olha que tenho oito no total. Nunca sei o que vai para o ar.

Ser odiado dá audiência?
Eu não sou odiado, sou é amado por quase todas as torcidas. As que não gostam de mim são as do Atlético Paranaense e do Vasco da Gama. A do Vasco porque, em 2000, fiquei contra o time naquele jogo com o São Caetano em que caiu o estádio de São Januário porque o Eurico Miranda (presidente do time) vendeu mais ingressos do que devia. A torcida do Atlético Paranaense estava mais preocupada comigo no ano passado do que com o Robinho e o

Santos e, por isso, perdeu o campeonato. Os jogadores do Atlético são proibidos de participar do meu programa até hoje. A torcida do Corinthians, que eu mais pego no pé, é a que mais gosta de mim. Ela sabe o que é provocação. Adianta provocar na TV a Portuguesa, o Juventus? Você tem de provocar o maior, porque o Corinthians é o maior.

Quando fala que o Corinthians é o maior, já comprou outra briga.
Você tem de analisar o tamanho quantitativo e qualitativo de uma torcida. A do Flamengo não tem o poder aquisitivo que tem a do Corinthians. Oitenta por cento dos corintianos estão no estado de São Paulo, que é o estado mais forte do Brasil. Se São Paulo não tivesse tanta má companhia na República Federativa do Brasil, esta cidade seria uma França, uma Inglaterra, um Japão. É que São Paulo tem de carregar muita mala. A torcida do Flamengo é grande, mas boa parte dela está no Norte e Nordeste. Ela não é forte economicamente.

Não é uma análise preconceituosa?
Não sou preconceituoso de jeito nenhum, pelo contrário. Sou radicalmente contra o preconceito que há contra Norte e Nordeste. Perguntaram ao Antônio Carlos Magalhães quem seria o candidato do PSDB nas próximas eleições para presidente. A resposta foi brilhante: "Se o Lula estiver fraco como hoje, será o Fernando Henrique. Se estiver mais ou menos, será o Alckmin. Agora, se for para colocar alguém para perder, aí eles colocam alguém do Nordeste." Eu luto por mais espaço para o Nordeste. Infelizmente sofremos a ditadura do Ibope. Se você fala de Guarani e Corinthians, o Ibope fica entre 8 e 9. Se corta para Flamengo e Fluminense, cai para três. Se bota um Atlético Paranaense e Coritiba, cai para um. Se bota um Cruzeiro e Atlético Mineiro, não passa de dois. Bahia e Ceará dá meio. Então ficamos reféns dessa audiência localizada em São Paulo. A audiência deveria ser nacional.

O senhor não faz muito merchandising em seus programas?
O que as pessoas têm de entender é o seguinte: por mais forte que a marca Milton Neves seja, não existe TV Milton Neves ou Rádio Milton Neves. Simplesmente chego aqui e apresento. É o departamento comercial da emissora que decide. E não sou só eu que faço merchandising.

Todo mundo faz, mas o senhor faz mais do que todo mundo.
Isso porque eu faço bem feito. É preciso ter voz, credibilidade, saber vender. No meio da publicidade, garoto, não pode haver perspectiva de prejuízo. Agência de publicidade e anunciante colocam dinheiro em um merchandising desde que cada real retorne três, quatro ou cinco. Ninguém faz publicidade para perder. Então, se essas grandes empresas apostam em mim, é um orgulho. E vamos que vamos que quanto mais merchandising melhor o faturamento, o programa continua no ar e sustenta o emprego de muita gente. O que nós temos mais, garoto, o que temos mais no meio esportivo é neguinho desempregado. E o merchandising ajuda a gerar emprego.

Gera emprego e não atrapalha o programa? Merchandising demais não quebra o ritmo?
É outra bobagem que falam. Todas as ações de merchandising são gravadas. O diretor vai colocar no ar quando entender que deve colocar. Você não corta um raciocínio para falar de um produto. É gravado e entra só na entrada ou saída de um break comercial.

O senhor ganha mais de merchandising ou de salário?
Que merchandising... Cada merchan aqui no *Terceiro Tempo* custa R$ 45 mil. E o dinheiro é 100% da Record.

Não.
Claro pô. Cada cliente é um cliente. Fazemos permutas. Há uma de vinho, que faço por amor ao vinho e sem ganhar nada, só em permuta. A empresa me dá em vinhos.

Ninguém vai acreditar que faz merchandising por amor...
Não, todos nós ganhamos, cada um tem o seu cachê. O Gugu tem, o Avalone tem, o Faustão tem, o Flávio Prado tem. É claro que ganha, mas não é o que se pensa. Tem um monte de lenda.

Futebol precisa parecer que é mais importante do que é?
Futebol, como disse, é a coisa mais importante dentre as menos importantes. Temos a melhor crônica esportiva do planeta, ninguém narra futebol como narramos, somos os melhores do mundo. Este é um negócio segmentado mas não é uma paixão nacional, é paixão nacional segmentada. Não atinge a família toda como um *Fantástico* faz. Por que o Galvão Bueno não tem uma mesa redonda domingo à noite? Não tem porque, para a Globo, dar 10 pontos é pouco. Se o debate esportivo tivesse potencial para dar 30 pontos, Sílvio Santos e Globo colocariam uma mesa redonda à noite. E nós temos que cuidar bem do nosso espaço porque, na TV brasileira, tudo é firme como prego em gelatina. Estou aqui hoje, amanhã não estou.

Os soldados do morro estão em alerta. Um deles, que não tem mais de 12 anos, revólver na bermuda, vigia a entrada da favela com um rádio pendurado no pescoço. No meio da rua, mais de 40 vibram em volta de uma mesa de pingue-pongue. É um pelotão que se diverte armado. O "gerente do branco", homem que controla as finanças da cocaína, está tranqüilo e vê tudo de um bar. A criatura mais temida de Cidade de Deus, depois do dono do morro, Elias Maluco, tem 22 anos. Cidade de Deus é um inferno para os que não são bem-vindos. Sentado lá em cima, no terreno de uma escola quase abandonada, o rapper Alex Pereira Barboza, o MV Bill, espera pelo repórter. Vai falar sem ser censurado e com um tom de voz que espanta até o tráfico

"Não falo sobre este tipo de ódio, de ver um branco na rua e matar. Mas se você, como branco, acha que o ódio é tão perigoso, por que não faz algo para evitar que este sentimento continue? A resposta não é minha, é de vocês"

O que você quer dizer quando canta que é o "pesadelo da elite"?
Pelas coisas que falam de mim, é assim que me sinto. Há uma tendência natural em não entender as letras que faço. O que produzo sempre causa medo.

Você mudaria daqui de Cidade de Deus se pudesse?
Não vejo esta necessidade. Me sinto bem aqui, as pessoas me respeitam. Acredito que posso contribuir mais continuando aqui.

Lá embaixo, fora da favela, você seria mais um...
Isso conta muito também.

Você não acha que o rap vem sendo banalizado, feito com muitos clichês?
Está na moda falar de questões sociais. Há músicos que ficam meio apagados e que tentam voltar ao cenário tratando destes temas. No rap criou-se uma cultura de que é preciso ser bandido para ter sucesso. Na realidade, narrar a situação de banditismo não é bom. Quando se fala de crime você tira a esperança. E muitos grupos estão banalizando o assunto. Boa parte do rap está banalizando o assunto, sem autenticidade. Os que respeito são Sabotage, Rappin Hood e Consciência Atual.

Por que você diz que os negros têm de se unir e afrontar o "poder da elite branca"?
Nossa vida inteira pós-África foi ignorada pelos brancos. Não temos de esperar mais ajuda de cima para baixo. Ainda somos muito desunidos. Temos de ignorar agora esta ajuda e pensar em nós.

Este pensamento não pode gerar mais ódio racial?
Sim. Mas seria um ódio legítimo. Os meios de comunicação fomentam a idéia de que o preto é secundário, de que não tem papéis importantes na sociedade. O ódio seria a forma de despertar as consciências dos negros.

Você não interpreta um personagem que criou para si mesmo? Por exemplo: sou da imprensa, branco, classe média, tudo o que você diz odiar. Se me odeia mesmo, por que me recebeu tão bem?
Mas quem disse que eu odeio você? Eu só não dependo de você. Não tenho ódio do branco, só não quero depender dele.

Mas quando você fala que o ódio do negro pode ser legítimo, não corro o risco de ser assassinado aqui no morro só pelo fato de ser branco?
Não falo sobre este tipo de ódio, de ver um branco na rua e matar. Mas se você, como branco, acha que o ódio é tão perigoso, por que não faz algo para evitar que este sentimento continue? A resposta não tem de ser minha, tem de ser de vocês brancos.

É o que você acha?
Quando vamos brigar socialmente, vocês estão sempre em vantagem. Se você trabalha em um jornal e não faz nada, só nos resta o ódio a te oferecer. Não damos amor para quem nos massacra, para quem nos sufoca.

Como você convive com os traficantes? Seu discurso não te coloca em algumas situações constrangedoras?
O tráfico de drogas não faz bem para a comunidade. Mas, por outro lado, são jovens como eu que estão envolvidos com ele. Moro aqui e sei que em Cidade de Deus não existe pé de fuzil e nem plantação de coca. A força maior está fora da favela. Então descubro que estes jovens são apenas soldados do tráfico. Os grandes traficantes não são eles. E a polícia acaba sendo vítima também. Apenas um órgão que reproduz o pensamento da elite.

É a primeira vez que ouço um rapper dizendo que a polícia é vítima de alguma coisa....
Se eu tivesse dinheiro, acho que iria estudar sociologia.

Você participou do tráfico em algum momento da sua vida?
Morar em uma comunidade pobre é viver em perigo constante a ponto de você ser conivente com o tráfico mesmo contra a sua vontade. Isso é meio complicado, prefiro não falar nesse assunto.

Qual sua opinião sobre o assassinato de Tim Lopes? Houve imprudência da Globo?
Olha cara, esse é um assunto bem complicado. Prefiro nem falar. Não sei quem era o errado. Mas ... para fazer qualquer coisa na favela tem de ter autorização do tráfico. Tem muito jornalista que fala que se for na favela vai ser metralhado. Mas se eu for no condomínio de luxo eu também vou ser parado e interrogado. É a segurança do local e aqui há também uma segurança.

Fiz duas perguntas para você sobre tráfico e você relutou em responder. Por que é tão mais fácil para o rap falar mal da polícia do que do traficante?
Eu falo mal deles, dos traficantes, sim. Mas, para mim, eles são colocados equivocadamente como o mal maior. O mal maior ainda é a corrupção. É muito mais trágico ver um político envolvido com o narcotráfico do que ver um jovem da favela com um fuzil na mão. O político corrupto mata muitos jovens. Elias Maluco e o juiz Lalau são bandidos nas mesmas proporções. O primeiro mata com o fuzil e o segundo mata com a caneta.

Você não sente que poderia ser menos genérico e ir mais fundo em seu discurso anti-tráfico, fazendo denúncias mesmo?
Meu discurso só é genérico em seu ponto de vista. As coisas que falo me posicionam perfeitamente. Para você, que não mora em comunidade de periferia, é difícil de entender. A convivência, o dia-a-dia, transformam você em outra coisa, te fazem humanizar até traficantes. Você passa a enxergar outras coisas. Outro fato é que o tráfico sempre existiu. Está sendo mais comentado agora porque ganhou as grandes cidades. Começou a causar reflexo na família real, que não sabia que o seu filho fumava um baseado, que sua filha era viciada em cocaína e que o marido tinha dívidas com o traficante. Enquanto só o favelado morria com isso, ninguém comentava nada. Você está falando

de tráfico de drogas, então vou te revelar um negócio que acontece por aqui. Minhas entrevistas, desde meu disco passado, são feitas em Cidade de Deus. Você sabia que quase todos os jornalistas que vieram aqui me pediram um baseado ou uma forma de arrumar cocaína para eles depois das entrevistas? Já tive até de brigar com alguns. Pô, cara, você está ajudando a financiar algo que você fala tão mal. Quem mais financia o tráfico de drogas são as elites. A favela não tem dinheiro para bancar tudo isso, não.

Ney Matogrosso

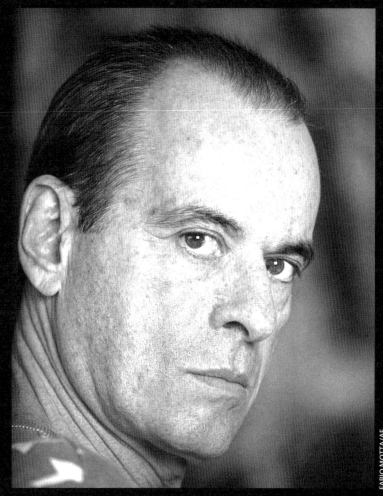

"Não quero ser um estandarte gay"

(16/05/2005)

Não fossem as mesmas convicções políticas, sexuais e artísticas que o fizeram prego no coturno dos fardados, herói no universo homossexual e um irredutível defensor da arte pela arte, poderia se afirmar agora que Ney Matogrosso é um novo homem com H. Antes um retraído, Ney espanta fantasmas, discorda de certas posturas gays e detalha sua relação com Cazuza

---

"Cazuza foi meu momento de decisão. Com ele vi que era possível me abrir para uma relação amorosa"

"Os censores perguntaram quantas vezes eu fazia o movimento com a pélvis. Disse seis. Pediram para eu fazer só três"

"As pessoas entendem que eu não sou uma bichinha louca. Não adianta me botar nesse estereótipo que eu não aceito"

O que choca mais? O senhor sem roupa enquanto todos estavam vestidos ou o senhor vestido enquanto todos tiram a roupa?
O impacto provocado pela chegada não vai se repetir. Uma chegada como aquela não provocaria o mesmo impacto hoje. Era uma situação que talvez você não tenha vivido.

Não vivi.
Então você não sabe, era violento. Uma vez eu havia acabado de fazer um show e estava com um grupo de amigos. Estávamos parados na esquina até que me despedi deles e atravessei a rua correndo para não ser atropelado. Quando cheguei na calçada ouvi um barulho, olhei para trás e vi um rapaz com um revólver na minha cabeça. Segundo ele eu estava fugindo. Fugindo do quê? Foi uma noite de terror.

Noite de terror?
Eles nos botaram na parte de trás de uma caminhonete. Eu e três amigos, um deles o Vicente Pereira (*dramaturgo*). O Vicente começou a rir de nervoso e um dos caras começou a bater nele com um revólver. Comecei a perceber que se por acaso aquele revólver disparasse e matasse o Vicente, eles matariam todos nós. Um deles disse: "Eu posso botar uma azeitona em vocês que ninguém nunca mais acha."

O que de fato ocorreu no camarim de um show seu no Ceará?
Depois de um show em Recife, me avisaram que seis censores queriam falar comigo. Eu dei uma canseira, mandei esperarem uma hora. Quando entraram no camarim, eu estava reclinado na cadeira e nu. Eles primeiro tomaram um susto. E falaram: "Aquele movimento que você faz com a pélvis, aquilo nós não aceitamos aqui no Ceará. Quantas vezes você faz aquilo?" Eu disse: "Não sei, umas seis vezes". E eles: "Então, em vez de seis, faça três."

A censura foi substituída pela falta de senso?
Ainda não achamos o equilíbrio do bom senso. Nada deve ser proibido, mas as pessoas devem ter bom senso. A televisão, por exemplo, tem sexualizado crianças. Isso é errado. Sexualizar crianças de seis ou sete anos é um erro. Meninas pintadas, de salto alto. E olha que eu não sou moralista.

As pessoas passaram a vê-lo como atração de circo nos anos 70?
Fiz o piloto de um programa para TV agora em Minas Gerais que contava com a participação do público. Um senhor de 50 e poucos anos, machão, disse que nos anos 70 era de esquerda radical, mas que compreendia a minha contribuição. Disse a ele que agradecia o fato de me dizer aquilo porque a direita me achava subversivo e a esquerda, alienado. E eu queria ajudar a esquerda. Agradeci esse homem. Ao menos alguém entendeu.

O senhor teme ter que deixar o palco?
Não, mas me preocupo em ser coerente com a idade. Sei que fisicamente não pareço ter 63 anos. Me visto de uma maneira que não é a de um homem de 63

anos, me comporto na vida de uma maneira que... Meu pai com 60 anos era um velho. Eu não sou um velho, não me vejo, não me sinto um velho. Eu danço uma hora e meia em cima de um salto de nove centímetros. Então eu não sou velho, o que vou fazer? Vou fingir que sou?

Por que os jovens arriscam mais do que os velhos?
Porque eles têm toda a expectativa do futuro. Mas eu me arrisco. Eu acabei de fazer o piloto para esse programa de TV onde fiquei exposto a uma equipe durante três dias. Era quase um *Big Brother*, só tinha intimidade para dormir. E aceitei sem nenhum medo.

Se o senhor tivesse feito o que as gravadoras pediam a história seria outra?
Eu seria um infeliz. Rico e infeliz.

Foi um erro gravar *Telma eu Não Sou Gay*?
Não foi um erro, vou contar. Essa música era do disco de João Penca e Seus Miquinhos Amestrados, que pertenciam à mesma gravadora que eu. Havia sentido no trabalho deles porque eles faziam paródia. Me chamaram para cantá-la e fui, mas era do disco deles, não uma coisa minha. Jamais cantaria isso no meu trabalho. Bem, foi um sucesso enorme. Quando fui gravar meu disco, veio a primeira e última vez que me submeti a uma imposição de gravadora. O diretor, um alemão, me disse o seguinte: "Se você não colocar esta música no seu disco, vou tirar o disco dos Miquinhos Amestrados de circulação." Uma chantagem. Eu me submeti e a música entrou no meu disco. Mas agora tem um documento meu dentro da gravadora Universal dizendo que esta música não faz parte de minha discografia oficial. Não é meu, não me pertence.

Os homossexuais também ficaram bravos com o senhor.
Ficaram irados. Mas também, vão acreditar na letra. Eles não estavam vendo que era brincadeira? Então também deveriam acreditar no *Homem com H* (risos).

As pessoas ainda se chocam quando vêem duas mulheres se beijando na TV. Foi em vão o que o senhor fez nos anos 70?
Não, absolutamente. Eu consegui arejar a cabeça do povo brasileiro, consegui trazer à tona um assunto tabu. No transcorrer desses 32 anos de carreira, encontro pessoas que me dizem "Ney, eu era infeliz. Graças a você eu tive coragem de assumir a minha verdade." Fico feliz por poder ter sido esta porta. Eu não sou um porta-estandarte gay, sou um porta-estandarte da liberdade. Isso eu assumo.

Que armas usou para conseguir respeito ao assumir uma postura sexual que, normalmente, leva as pessoas a serem ridicularizadas?
A verdade.

E foi preciso conter o humor?
Conter o humor como?

Se vestir de mais seriedade?
Mas eu sou assim. Sou uma pessoa séria. Consegui esse respeito porque me exponho com honestidade. As pessoas entendem que eu não sou uma bichinha louca. Não adianta querer me botar neste estereótipo que eu não aceito. Não assumo isso, não aceito isso pra mim. Não acho que porque você gosta de dormir com homem você seja isso ou aquilo. Olha (*pausa*)... A única vez que meu pai tocou nesse assunto comigo foi quando ele viu que em minha casa havia mulheres e homens. Isso o deixou tão perturbado que ele virou e disse assim: "Eu estou notando uma coisa aqui na sua casa, uma indefinição. Você tem que se definir." Mas tenho que me definir por quê? Pra quê? Pra quem? Se tiver que me definir, tem que ser uma necessidade minha, não de vocês que estão me vendo.

Seu pai era um militar e isso pode ter sido muito para a cabeça dele.
Ele achava pior o que ele chamava de indefinição. Era pior do que se eu fosse gay assumido. Olha que loucura! Ele achava uma doença não me definir.

Esta postura falta ao meio homossexual?
Olha, eu entendo o gueto. Eu não convivo em um gueto, mas entendo o fato de as pessoas se unirem para se sentirem fortalecidas. O problema é que esse gueto leva para uma atitude caricatural e superficial da qual eu discordo. Você pode fazer a opção sexual que quiser, mas tem que ter seriedade de propósitos, de interesses. Não acho que temos de ser sisudos e eu não sou assim. Mas tenho dentro de mim uma seriedade de princípios.

O senhor tem medo de se apaixonar?
Quando estou assim sinto que o que eu tenho de melhor aflora e é liberado o que eu tenho de pior. O desconforto da insegurança, o desconforto do ciúme, o desconforto da posse. Sentir isso me deixa desconfortável e perceber que sentem isso de mim me deixa louco.

Mas não é por isso tudo que as pessoas gostam de se apaixonar?
Sim, mas eu não gosto. Isso me deixa inseguro. Hoje em dia não sou mais dominado por isso. Entendi que tinha de lidar de uma maneira mais equilibrada.

O senhor não levou muito tempo para falar sobre seu namoro com Cazuza?
Sempre falei sobre o Cazuza. Quando estava no Secos e Molhados (*1971 a 1974*) falava sobre sexo com os jornalistas da mesma forma que estou falando agora. Quando saía a entrevista, a palavra sexo estava trocada por amor. As pessoas não tinham coragem de publicar.

O senhor falava e ninguém publicava?
Não publicavam, transformavam o sexo em amor e ficava subjetivo. Eu nunca tive nenhum problema. Na verdade eu namorei o Cazuza antes de ele ser cantor e ele não foi o único amor que tive. Mas fica uma coisa voltada a este caso como se Cazuza tivesse sido o único.

Não vou perguntar quem foram os outros mas talvez isso aconteça porque Cazuza tenha sido o mais famoso deles.
Foi o único artista. Eu não namoro artista, não gosto de artista. Quando namorei Cazuza ele não era artista. Quando virou artista já não namorávamos mais, mas sempre nos amamos. Não tinha mais sexo entre nós, mas um enorme amor que foi até o fim da vida dele.

O senhor esteve com Cazuza até o fim?
Eu ia muito à casa dele, massageava seus pés, levava ele comigo para tomar banho de cachoeira.

O medo da paixão não se manifestou?
O Cazuza foi meu momento de decisão. A partir dele me abri. Com o Cazuza eu vi que era possível me abrir para viver uma relação amorosa. Essa é a importância dele na minha vida. Até então não me permitia isso. Quando percebia que alguém estava querendo algo mais do que sexo comigo, eu cortava.

Por que vocês não assumiram o namoro na época?
Mas todos os nossos amigos sabiam. Só não falavam porque tinha a história de ele ser filho do João Araújo (*diretor da gravadora Som Livre*) e as pessoas não queriam mexer com isso. Eles tinham medo do João. E o João é alta periculosidade. As pessoas sabiam mas não comentavam porque tinham medo do João talvez, não sei. Mas nós nunca escondemos, foi uma coisa instantânea e de alta combustão.

Por que o senhor não aparece no filme Cazuza, o Tempo Não Pára (de 2004)?
Eu fui procurado e queriam que eu fizesse eu mesmo no filme. Eu disse não, eu me manco. Tinha 40 anos quando tudo aconteceu e agora tenho 63. A opção, que eu achei ótima, era o Paulinho Moska. Eu tive uma conversa de quatro horas com a diretora (*Sandra Werneck*) e fiquei aberto para qualquer coisa que precisassem. Subitamente ela me ligou e disse: "Olha Ney, chegamos à conclusão de que você é tão importante que não cabe em duas aparições". Eu disse "Sério? Tudo bem, vocês façam o que quiserem, mas terão que responder a essa pergunta. Por que é que eu não estou?" Eu não estou falando do amorzinho e do romance não. O Barão Vermelho nunca tinha tocado em rádio até que eu gravei *Pro Dia Nascer Feliz*. A música começou a tocar quando gravei e, na seqüência, começou a tocar a gravação deles. E então nunca mais pararam de tocar em rádio.

Por que o Jornal do Brasil ficou dois anos sem publicar o seu nome?
Porque o editor achava que eu era um travesti e eles não publicavam nome de travestis. Eu nunca fui travesti. Quando soube disso, fiz assim: (*puxa a camisa para cima*) Olha se isso é peito de travesti.

Sexo, drogas e rock and roll. O senhor largou os três?
Eu não larguei nenhum dos três, esporadicamente (*risos*). Para mim a droga

nunca foi usada para deixar louco. Eu sempre usei droga para meu autoconhecimento. Há um enfoque muito diferente. Para tomar um ácido eu tomava um banho, ficava cheirosinho, me vestia todo de branco e tomava um ácido. Era uma outra abordagem. A minha relação com droga ainda hoje é assim. Qualquer droga que eu tomo me coloca místico, é algo muito estranho.

Como é isso?
Eu entro em uma viagem mística de uma integração com a natureza arrebatadora. Eu entendo Deus. Entendo Deus presente em tudo. Em nós, na mata, na água, na areia, nas ondas do mar.

Isso é quase uma religião...
É, para mim é assim.

Alguma específica?
De uma maneira geral todas que eu experimentei me colocaram nisso. Menos a cocaína, que odiei. Mas não quero mais nada depois de passar pelo Santo Daime. Isso que eu estou falando é uma vez ao ano, quando estou só na Mata Atlântica vendo beija-flor tomar banho.

O senhor está falando com tranqüilidade sobre assuntos que não falava. O que isso quer dizer?
Estou diferente, mais aberto. Eu tinha a mentalidade aberta mas era muito reservado. Alguma coisa mudou. Olha (*pausa*). Não, não vou falar não, parece piração...

Fale, por favor.
No réveillon de 2000 eu estava com alguns amigos. Quinze minutos antes da meia-noite senti que alguma coisa dentro de mim se partiu. Estou falando de alguma coisa que não é visível. Não tinha tomado droga, nada. Eu tinha a impressão de que alguma coisa havia se libertado e cheguei à conclusão que em minha vida inteira eu vi o "não chega a dois mil (*ao ano 2000*)", "não chega a dois mil". E talvez eu tenha acreditado nisso. Estou falando de uma coisa inconsciente, uma coisa profundamente escondida dentro de mim. Quando chegamos ali, tive a impressão de que algo que representava o medo se rompera. E quando o medo sai de dentro, você se transforma. É tão subjetivo que você vai escrever isso tudo no jornal e vão dizer que sou maluco. Mas, se sou maluco, graças a Deus.

Odair José

"A Igreja me excomungou.
E nada mudou na minha vida"

(10/07/2006)

Excomungado pela Igreja e censurado pela ditadura, Odair José vive sua segunda encarnação. Trinta e seis anos depois de se lançar como artista, é cultuado por jovens classe média e bandas de rock

> **Vi o Carlos Lyra falando em uma entrevista como se a música dele estivesse acima do bem e do mal. Como se fizesse a música suprema, além da perfeição**

> **Colocaram-me com o general Golbery. Perguntei por que censuraram a música sobre a primeira noite de um homem. Ele disse que o problema era a idéia**

> **Quando os Beatles pensaram em gravar algo de música brasileira, não pensaram em bossa nova. Pensaram em *Asa Branca*, do Luiz Gonzaga**

É certo dizer que o senhor também fez canções de protesto?
Tive problemas com a ditadura porque alguns temas incomodavam essa sociedade falsa, hipócrita. Sempre cutuquei coisas que as pessoas não gostavam. O cara aceita que o filho dele transe com a empregada doméstica mas não aceita que ele se case com a empregada. O cara acha bacana sair do serviço e transar com uma prostituta antes de voltar para casa mas não aceita que um cantor diga que vai tirar uma puta de uma boate para se casar com ela. Essa é a sociedade hipócrita.

Afinal, o que acontece? O senhor passa anos fora da mídia como um rejeitado e, de repente, grupos regravam suas músicas, pesquisadores lançam livros sobre sua vida, jornalistas o procuram e o senhor vira garoto-propaganda do Credicard?
Não sei mesmo. Sei lá, penso que em 36 anos de carreira não tinha como me manter na mídia o tempo todo. E eu devo ter feito alguma coisa mesmo que vale a pena ser lembrada. Sinto que os lugares que me chamam para fazer shows são bem mais qualificados, que me dão uma estrutura melhor. Eu tenho notado que para trabalhar está ficando mais fácil. Quanto às propagandas, achei ótimo. De repente, sou convidado a fazer campanha de um produto que até então ninguém imaginava que eu poderia fazer.

O senhor falou em censura. A música *Vou Tirar Você Desse Lugar* não foi uma das censuradas na época da ditadura?
As pessoas não sabem, mas a música *Vou Tirar Você Desse Lugar* foi a primeira obra com a qual a censura implicou. Foi a partir dali, em 1972, que a ditadura passou a olhar meu trabalho de lado. Achavam que a frase se referia aos militares, que era para tirar eles do poder.

Os militares o chamaram?
Não, porque essa música vendeu 1 milhão de compactos na época. E naquela ocasião não existiam tantos toca-discos no Brasil. A música vendeu mais discos do que a existência do aparelho. Fizeram uma reportagem na época perguntando às pessoas por que elas compravam aquele disco se nem tinham o aparelho. E elas respondiam: "Estou comprando porque quando comprar o aparelho vou ter o disco." A partir dessa música a censura se tornou um coprodutor dos meus discos.

Como censuravam tanto alguém que nunca falou de política?
Não era só conteúdo político o que era censurado. A ditadura censurava conteúdo que julgava imoral. Uma vez me colocaram frente a frente com o General Golbery para saber porque censuraram uma música minha que se chama *A Primeira Noite de um Homem*. A música falava da primeira vez de um homem com uma mulher. Eu perguntei: "General, eu queria saber o que é que pode ser mudado?" Ele me disse: "Pelo que estou vendo aqui, o que está proibido é a idéia". Eles proibiam a idéia.

O culto que se faz ao senhor também não pode ser uma mentira? No fundo, quem o chama para shows não quer ridicularizá-lo?
Às vezes sim. Já aconteceu de me convidarem para eventos como a noite do cafona, a noite do brega. A festa, em si, era uma gozação e você está sendo chamado para compor aquela gozação. Por outro lado, canto para jovens. E jovem não tem preconceito. Quem tem preconceito é a pessoa que acha que já tem uma posição na sociedade, que acha que assumir tais gostos pega mal.

Ou seja, a gente vai ficando velho e ficando preconceituoso.
A gente vai ficando velho e ficando babaca.

E qual o seu preconceito?
Não tenho. Sempre ouvi de Herbie Hancock a Luiz Gonzaga. Há discos de jazz bons e ruins. O Tom Jobim tem um disco dele, por exemplo, que é muito ruim. Nem tudo que o Tom Jobim fazia era bom.

Mas há a idéia de que música boa é música difícil.
É muito difícil fazer uma música de três acordes, mais difícil do que fazer uma música cheia de acordes. Vi o Carlos Lyra falando em uma entrevista como se a música dele estivesse acima do bem e do mal, como se fizesse a música suprema, além da perfeição. Não há a coisa do tipo "nós da bossa nova" ou "nós de Ipanema". O músico não pode ter essa visão. "Nós somos especiais, então você que anda de ônibus não cante nossa música". Até porque o cantor-mor da bossa nova, João Gilberto, veio do interior da Bahia e nunca foi garoto de Ipanema.

Há muitos músicos que desprezam música de três acordes.
Manda fazer uma. É a coisa mais difícil que tem. *Parabéns pra Você* tem três acordes, faça outra! O Luiz Gonzaga com *Asa Branca*. Quando os Beatles pensaram em gravar uma música brasileira, não pensaram em bossa nova. Pensaram em *Asa Branca*, do Luiz Gonzaga. Chegaram até a fazer os arranjos, só não saiu no disco. Na hora do vamos ver, mudaram de idéia.

Essa história é verdade mesmo?
Sim, o Luiz Gonzaga já estava contando com a grana que ia receber e com o prestígio que isso iria dar. Essa história aconteceu. Soubemos que os Beatles chegaram a bolar arranjos, mas o projeto não virou.

E é verdade mesmo que o senhor foi excomungado pela Igreja Católica?
Sim, pelo bispo de Campo Grande. A Igreja escolhe uma pessoa para fazer isso. Até tinha me esquecido. O João Gordo me disse: "Ah, esse cara foi excomungado. E eu que fiz tanta merda não consegui ser". Sou cristão e o fato de ser cristão não quer dizer que seja ligado à Igreja Católica. Acredito em tudo o que Jesus falou, mas não acredito em muita coisa que o padre fala. A Igreja deixou de ser Jesus há muito tempo. Não me lembro de Jesus mandar matar, como a Igreja fez na Inquisição. Por eu colocar isso em canções, a Igreja se incomodou.

Quais canções?
A música *Cristo, Cadê Você?*, de 72, diz: "Pra onde você foi?/Cadê a sua cruz?/ Venha me dizer/Quem é você Jesus?" E, em 78, fiz um disco chamado *O Filho de José e Maria*, que me levou a ser excomungado. Eles acharam que estava fazendo uma brincadeira com a vida de Jesus.

Alguém o chamou para avisar que estava excomungado?
Nada. O cara (*religioso*) fala: "Está excomungado o fulano de tal por tal razão". Você só pode ser excomungado se for batizado pela Igreja.

Na prática, um excomungado não pode mais entrar na Igreja.
Nem sabia disso, continuo entrando. Quem vai policiar?

No final dos anos 70 bateu uma crise e o senhor achou que tinha que evoluir. Acha que evoluiu?
Era uma época em que queria crescer como músico. Achava que o ciclo daquele meu trabalho, com músicas como *Pare de Tomar a Pílula*, tinha acabado. Fiquei dez anos fazendo uma coisa só. Não queria fazer aquilo a vida toda.

E o senhor continuou cantando a música da pílula.
Continuei. Confesso que o disco *O Filho de José e Maria* era um projeto único, não uma iniciação de nada. As gravadoras foram contra e perdi muito com aquilo ali, fiquei perdido. Não sabia se fazia a pílula ou outra coisa. Fiquei uns seis anos fazendo discos em cima do muro.

E aí o senhor voltou à pílula.
Você tem que aceitar que está errado, em qualquer situação da vida. Estou lançando meu 31º disco. Na verdade, acho que só uns dez ou 15 são bem-feitos. O resto tem muita coisa ruim. Eles são, às vezes, a tentativa de se fazer uma coisa melhor.

Qual deles é o melhor Odair José?
É o que narra histórias. A nostalgia, a saudade, o amor e a dor-de-cotovelo batem no coração de um pedreiro da mesma forma que batem no coração do intelectual. A dor de ver uma mulher que se ama ir embora é a mesma para todo mundo.

Mas um intelectual de fossa vai ouvir Mozart.
Não importa, a saudade vai ser a mesma. A vontade de chorar vai ser a mesma, a insônia vai ser a mesma. E é nesse tipo de coisa que sou bom.

Paulo Autran

Visitando senhor Paulo Autran

(21/02/2005)

No camarim do Teatro Renaissance, em São Paulo, uma hora antes de se tornar o judeu intolerante e preconceituoso da peça *Visitando Sr. Green*, Paulo Autran fala sem se preocupar em parecer um mito. O ator de 82 anos e quatro pontes de safena celebra um ano de trabalho excepcional e fala como poucas unanimidades ousam falar

> Acreditar em Deus é como acreditar em Papai Noel. As religiões têm provocado guerras horríveis, torturas e mortes

> Estou com muita saudade do Fernando Henrique Cardoso. O Lula pode até ter prática um dia, mas está demorando demais

> A televisão só me deu mais popularidade. Mas até hoje não sei o que fazer com isso. É chato viver sendo interrompido

Em alguns minutos o senhor deixará de ser Paulo Autran para se transformar em um senhor judeu conservador de 86 anos, ranzinza, pão duro, intolerante com homossexuais. Que traço é o mais ingrato de interpretar?
Eu não sei dizer... Qualquer papel é difícil de se fazer bem feito. Quando o ator pensa que tira de letra algum papel, ele repete um clichê que já existe dentro dele. Para atuar bem, a dificuldade, ou a facilidade, é a mesma. É preciso procurar detalhes do personagem que fazem ele ser único.

O senhor, que nunca foi judeu, foi buscar onde informações para interpretar o Sr. Green?
Sabe que até hoje as pessoas me perguntam se eu passei mesmo seis meses freqüentando o clube A Hebraica para ver como é o comportamento de um israelita mais velho? Isso é a maior mentira. Eu estive lá durante duas horas. Fui perguntar onde é que se vendiam alguns materiais. O resto é observação e intuição.

Qual o lado bom de se ter 82 anos?
Quando você chega a uma certa idade, passa a rever seus valores e a dar valor ao que efetivamente acredita ter valor. Isso tira um peso das costas muito grande. Você aprende a dizer o que você quer, o que gosta. Quando eu era jovem, dava uma entrevista pensando em dizer o que achava que o público devia saber sobre mim. A partir do momento em que resolvi dizer o que penso, minhas entrevistas causaram muito mais efeito.

A idade o deixou mais honesto?
É.... talvez.... Não diria essa palavra. Seria mais sincero.

Os jornais de 1956 diziam que o senhor era o maior ator do País. Cinqüenta anos depois, dizem a mesma coisa. É para ficar feliz ou preocupado com isso?
Fico satisfeito, mas sei a importância desses julgamentos. Provavelmente haverá pessoas que me acham um ator muito chato.

O outro lado desta moeda é que, se os jornais estiverem certos, por cinqüenta anos não apareceu um ator nem tão bom quanto Paulo Autran. Isso não é um alerta para o teatro?
Não, nós temos atores maravilhosos. Quando você pensa no Raul Cortez, no Antônio Fagundes, no Juca de Oliveira...

O senhor só fala de gente com mais de 60 anos?
Os novos são Dan Stulbach, Matheus Nachtergaele, Rodrigo Santoro... Esses jovens estão fazendo carreiras brilhantes.

Como é que um homem que só fez três novelas na vida pode ser famoso no Brasil?
Quando fiz minha primeira novela já lotava teatros. Não sei, na verdade, que acréscimo de público a televisão me trouxe. Eu acho que não me trouxe nenhum. Trouxe sim uma maior popularidade, mas até hoje eu não sei o que

fazer com a popularidade. É muito agradável quando alguém na rua me sorri. Mas é muito chato quando você está conversando uma coisa importante e alguém chega e diz: "Eu não queria incomodar, mas...". Essa intromissão é muito chata. E não podemos ser ríspidos com uma pessoa que vem achando que está sendo gentil.

O senhor diz coisas do tipo "o teatro é a arte do ator, o cinema é a arte do diretor e a televisão é a arte do anunciante". Mas o Paulo Autran que está aqui prestes a lotar uma peça seria o mesmo se não tivesse passado pelas produções da Rede Globo?
É claro que sim! Como disse, já lotava peças antes de ir para a TV. Na televisão o ator dá o que tem, faz o que já sabe. No teatro ele aumenta sua capacidade de interpretar.

O senhor tem televisão em casa?
Eu tenho, mas só ligo quando alguma pessoa me telefona e diz: "Liga para ver o que está acontecendo".

Qual foi a última imagem que o senhor viu na TV?
Foi a queda das Torres Gêmeas naquele 11 de setembro (*risos*).

Quem não vê TV não fica alienado?
Eu leio jornal todo o santo dia, minha curiosidade a respeito do mundo e das pessoas não diminuiu em nada. Acho que estou velho. Não gosto de televisão, não vejo televisão e pronto.

O senhor deve passar por apuros quando está em uma roda em que as pessoas discutem sobre a cena da novela.
Sempre passo. Eu já liguei a televisão para ver uns pedacinhos do *Big Brother*. Consegui ver três minutos. Fiquei pasmo de saber que aquilo tem audiência. Não consigo compreender. Como é que aquilo pode interessar a alguém? Umas pessoas medíocres fazendo bobagens, dizendo bobagens... Está fora da minha compreensão. Não vejo televisão e não tenho nem computador. Quer saber? Não tenho nem celular. Ganhei um, fiquei pagando assinatura um ano e, no fim, dei de presente para meu enteado.

Não faz falta?
Nenhuma. Tenho pena das pessoas que ficam escravas daquele aparelhinho. Acho que o tempo em que você precisava mandar alguém ir a cavalo até outra cidade levar um recado deveria ser deslumbrante. Qual é a vantagem das notícias chegarem depressa? O homem considera isso um grande progresso, mas não melhorou a vida em nada.

Que inveja o senhor tem das pessoas ditas "comuns"?
Eu sou uma pessoa comum. Sabe que, ao amadurecer, você percebe que ninguém tem importância nenhuma. Quando pensa nos milhões de anos que

tem a história da humanidade, chega à conclusão de que cada um de nós é um zero à esquerda. E a vida só é maravilhosa porque existe a morte. Só há encanto na vida porque sabemos que vamos morrer. Ela é encantadora porque tem fim, porque vai acabar.

E depois que acaba?
Não acontece nada.

O senhor é um homem sem religião?
Sou. Acreditar em Deus é como acreditar no Papai Noel. As religiões dão conforto espiritual para muitas pessoas mas têm sido causa de guerras terríveis, torturas, mortes. E todas são culpadas. Elas tiram dinheiro de quem tem pouco e alguns donos de religiões ficam milionários.

O que o senhor tem feito para viver mais?
Eu sou muito burro porque fumo demais. Quando engordo faço um regime de dois ou três dias porque, se além de velho ficar muito gordo, limito demais a minha possibilidade de trabalhar. Não faço os exercícios que deveria fazer, não ando o que deveria andar, não tenho hora para dormir e nem para acordar...

Sabe-se muito pouco de sua vida, para que time o senhor torce, que música o senhor ouve...
Sobre política, estou com muita saudade do Fernando Henrique Cardoso. Acho até que um dia o Lula terá mais prática, mais experiência. Mas a gente não pode esperar esse dia chegar. Está demorando demais.

Gilberto Gil, o ministro da Cultura, já foi criticado por não olhar para o teatro. O senhor concorda?
Eu não sei se olha ou não, mas as verbas que a Cultura tem são tão poucas... Se alguém me convidasse para ser ministro eu iria negar na hora porque não sei como administraria uma coisa dessas. O Gilberto Gil tem recebido um bom dinheiro. Em todo o lugar que ele vai, faz o seu espetáculo. É, o que um ministro com pouca verba pode fazer? Só pode dar seus recitais e ganhar seu dinheirinho.

O senhor gosta de futebol?
Não entendo nada. Um dia encontrei o Leão, (*hoje técnico, na época goleiro*), em uma cerimônia. Ele tinha acabado de voltar da Itália, onde havia recebido um título maravilhoso como jogador. Um repórter de televisão veio com a câmera no meu rosto e perguntou: "O que o senhor acha de o Leão estar sentado no banco?" Eu olhei e disse: "Mas ele não está sentado no banco, está sentado no sofá". Só fui saber depois o que significa "estar no banco" no mundo do futebol. A única partida que assisti na vida foi a que inaugurou o Estádio do Pacaembu.

Que música o senhor ouve?
Gosto de MPB. Não suporto rock e acho jazz muito chato. Me lembro de minha avó nos tempos em que eu era um fanático por música americana. Ela dizia:

"Que graça você vê nessas músicas? É tudo you, you, you... you, you, you". Eu achava ela tão atrasada... Hoje em dia sei exatamente o que queria dizer.

O senhor é casado com a atriz Karin Rodrigues. É um casamento bem moderno, cada um mora em sua própria casa...
Nós temos um relacionamento desde 1971. Sempre morei na minha casa e ela na dela. Deu tão certo que a gente achou que era bobagem querer mudar. Ela vai todos os dias almoçar comigo na minha casa. Eu passo na casa dela todas as tardes. E não vemos a menor necessidade de morarmos juntos.

A distância não faz que marido e mulher se tornem só amigos?
Não sei... Em geral, o que estraga a maioria dos casamentos é a convivência. É a escova de dente, o banheiro ocupado... Esses probleminhas não temos. Só temos o lado agradável de marido e mulher.

Filhos nunca fizeram falta?
Eu acreditava no ditado que dizia que para sermos homens deveríamos escrever um livro, plantar uma árvore e ter um filho. Escrevi um livro e plantei muitas árvores, mas graças a Deus não tive filhos. A maioria dos meus amigos que tem filhos, não tem filhos, tem problemas.

Paulo Coelho

Só falta mudar o mundo

(28/03/2005)

Há uma semana estampado nas capas das mais influentes publicações do País, Paulo Coelho não se dá por realizado. Ser uma celebridade não é mais o problema, a questão agora é o que fazer com a fama. Angustiado ao constatar que sua voz não interfere nas grandes questões da humanidade - como a Guerra do Iraque - o escritor se consola com uma certeza: seus livros, um dia, mudarão o mundo. Em entrevista por telefone, de sua casa na cidade francesa de Saint Martin, o homem de 65 milhões de livros vendidos revela que gosta de ser um popstar, que polêmica atrai leitores e que não dá a mínima para erros gramaticais

> O meu texto é vivo e transgressor. Que diferença faz para o mundo uma vírgula separando sujeito de verbo?

> Já era hora de um escritor ser um popstar, de participar da cultura popular. O pop de hoje é o clássico de amanhã

> O mal apareceu vestido de uma sensação de poder muito próxima dos efeitos que a cocaína provoca

O senhor esteve nas capas das principais revistas e jornais por uma semana. Ainda acredita que a crítica não gosta de seus livros?
Nunca houve ressentimentos com relação à crítica. As críticas ruins fazem parte. Se meu trabalho não fosse polêmico, eu não seria lido.

A celebridade Paulo Coelho não está ficando mais conhecida do que os livros de Paulo Coelho?
O leitor não vai comprar meu livro porque eu sou uma celebridade. Tenho uma visibilidade muito grande na mídia, mas que é conseqüência de meus livros.

O fator que foge de seu controle é sua própria história: ex-parceiro de Raul Seixas, torturado pela ditadura, internado em manicômio, ex-integrante de seitas secretas. O senhor teria tantos leitores se não tivesse esse passado?
Boa pergunta (*pausa*). Só fui me tornar uma pessoa pública depois que compraram meus livros. Eu não sei se as pessoas sabiam bem minha história antes de Diário de um Mago ou O Alquimista. No começo eu tive de lutar para mostrar que não era apenas um letrista. Não foi fácil, não é fácil e não será fácil.

O senhor é um personagem?
Eu sempre me pergunto se as pessoas me vêem assim. As celebridades que conheci foram destruídas quando acreditaram que eram mais poderosas do que realmente eram. Elas começaram a viver uma vida que não era a delas. Vi isso em cantores que conheci de perto.

Quais cantores?
Há a possibilidade de você não publicar se eu disser?

Se o senhor preferir...
Ou melhor, pode publicar sim. O Raul Seixas foi um deles. As pessoas esperavam muito dele e a cobrança era muito alta. Eu prometi a mim mesmo que nunca me deixaria levar por isso. Depois que fiz meu Caminho de Santiago, narrei minha experiência em um livro mas jamais passei o limite do razoável.
Você não imagina o que eu recebo de propostas para virar guru. Mas nunca fui fazer isso. Se eu fiz cinco conferências no ano passado foram muitas perto das 500 propostas que recebi. Fiz porque achava que tinha de fazer. Quando lanço um livro, quando dou uma conferência, exponho o homem que está atrás disso tudo. E talvez eu use isso para matar a idéia de que o personagem pode se apropriar da pessoa. Um dos clássicos da literatura universal é Frankstein, onde a criatura fica maior do que o criador.

Quando o senhor vai morar nas montanhas, aparece usando preto com aura de mago e praticando arco e flecha, a criatura já não ficou maior que o criador?
Só se eu fizesse tudo isso para criar um personagem. Agora, puxa, eu sou uma pessoa que medita, estou falando com você e vendo os Pireneus nevados. Escalo as montanhas uma vez por semana, caminho todo dia e sempre fui apaixonado por arco e flecha. Se fosse praticá-lo sem prazer, estragaria minha vida.

O senhor lança um livro como Madonna lança um disco. Fala com todos os jornalistas...
Não, não. Não vou falar com todos os jornalistas. Estou falando com todos no Brasil. Nos outros lugares, só vou dar duas entrevistas por país. Mas continuo achando que sua comparação com o lançamento de um disco é inapropriada. Você não lê muitas entrevistas de artistas. Na verdade, o que interessa a quem vai comprar um disco do U2 ou dos Beatles é a música, não o que eles têm a dizer.

Refiro-me à forma como um lançamento seu é tratado, às estratégias.
Eu vou te contar minha estratégia, é muito simples. Número 1: um livreto com o primeiro capítulo do livro encartado em uma revista. Número 2: um ponto de vendas informando que o livro está nas livrarias. Número 3: anúncios publicitários que nunca vendem livros, só informam que eles estão à venda. Número 4: uma entrevista escolhida para um meio de comunicação. Eu não sou uma pessoa que canibaliza a exposição. Acredito que, por saber gerir meus períodos de silêncio, os de exposição são mais intensos.

Escritores de livros não têm a aprender com os popstars?
Já era hora de um escritor ser um popstar. Já era hora de um escritor participar da cultura popular. O caminho da literatura estava sendo cada vez mais a elitização. Os maiores vendedores de livros junto comigo, a J.K. Rowling (*Harry Potter*) e o Dan Brown (*Código Da Vinci*), não dão entrevistas. A Rowling nunca deu entrevista e parece que isso deu certo para ela. Quando sou chamado de popstar, ouço como um elogio. O pop de hoje é o clássico de amanhã.

O que fazer com a celebridade?
Sinto uma impotência. Sei que tenho várias portas abertas mas não consigo fazer grande diferença com isso. Escrevi um texto contestando o presidente George W. Bush, que foi uma das coisas mais lidas de minha autoria. Este texto não mudou nada e os Estados Unidos invadiram o Iraque.

Ao sentir que sua voz não interfere no mundo...
Eu tenho um consolo. Meus livros, a longo prazo, irão fazer essa diferença.

O senhor acredita que eles poderão mudar algo?
Tenho plena convicção. A geração que está aí leu *O Alquimista* quando tinha 18 anos. Esses jovens têm hoje 36 anos. Eu já começo a ver essas influências em depoimentos de algumas pessoas.

O Alquimista, um de seus clássicos, pode mudar uma pessoa?
Não. Como acho que o escritor Henry Miller não pode me mudar. Mas Henry Miller pode me dar sensações. A partir daí, irei mudar não porque ele diz que eu devo mudar, mas porque ele diz "oh garoto, estou sentindo mais ou menos as coisas que você está sentindo".

Quando o senhor sente o desejo de interferir nas grandes questões huma-

nas, sua busca não passa a ser pela santidade?
Sem dúvida que não. Ninguém é obcecado em se tornar santo. A minha busca é de viver intensamente o dia de hoje como se ele fosse útil.

O senhor nasceu cristão, teve experiências com seitas secretas, conheceu religiões orientais. Aos 57 anos, se declara um católico praticante que reza três vezes por dia. A Igreja Católica, no final das contas, é a melhor?
Não é, isso posso responder com certeza. O fato de tê-la escolhido é porque está no meu sangue. A Igreja Católica tem momentos muito negros. Mas chegou um momento que perguntei o que estava em mim. O mistério da missa é o ritual mais perfeito que conheço. E olha que conheço rituais.

O catolicismo é excludente, não admite outras práticas de seus fiéis. O senhor renega as experiências do passado?
Não, de maneira nenhuma. Mas entendo que, no momento em que você se torna católico, umbandista ou islâmico, não pode querer viver uma nova era, ser um pouco de cada coisa. Na vida, o único poder que qualquer ser humano tem é o de decidir.

O senhor integrou uma seita mística por alguns anos com a qual rompeu depois de presenciar a personificação do mal. Como é o diabo?
Vou responder com uma frase persa: o diabo mora nos detalhes. Esta é a melhor definição possível.

Como é o mal?
Não é nada do que imaginam. As pessoas estão muito acostumadas aos filmes de terror e se esquecem que o mal, às vezes, pode vir vestido de anjo.

Então seu mal era um anjo?
Não, ele veio vestido de uma sensação de poder muito próxima dos efeitos que a cocaína provoca. Não sei se você já cheirou cocaína.

Não, nunca experimentei.
As pessoas que lidam com o mal não são convencidas de que aquilo existe. Quando você percebe que existe, o mínimo de bom senso manda se afastar imediatamente.

O senhor não usa figuras de linguagem sofisticadas, não escreve frases trabalhadas, não se preocupa em atingir um nível de excelência no texto que os autores clássicos historicamente sempre se preocuparam...
Os clássicos sempre escreveram uma linguagem popular para suas épocas. Ao contrário, não teriam sobrevivido. O escritor traduz o seu momento. Olha, eu não estou me comparando não, mas não há nada mais popular do que Shakespeare. As pessoas iam assistir às peças dele porque gostavam das histórias. E o que predomina é a história. O que se vê na literatura brasileira, francesa e mundial de hoje é gente procurando linguagem refinada sem o

conteúdo que qualquer livro deve ter, que é uma boa história.

O senhor escreve como escreve por opção ou porque não sabe escrever de outro jeito?
Eu poderia escrever uma obra complexa por semana. O Manuel Bandeira fez isso depois de ouvir as pessoas dizerem que ele escrevia de uma maneira muito simples. Eu acredito que a beleza da simplicidade se sobrepõe a tudo. Claro que eu sou capaz disso, de usar as grandes figuras de linguagem, frases rebuscadas. Mas seria um tédio tão grande na minha vida. E em nome de quê eu faria isso?

O senhor comete alguns erros gramaticais como separar sujeito de verbo com vírgula.
Ah, você não gosta desta separação da vírgula, né?

Não é isso. O problema é que está errado gramaticalmente.
Ela é incorreta?

Sim.
Se eu fosse considerar o português uma língua morta, jamais ousaria transgredi-la, por respeito. Mas se trata de uma língua viva. Algumas frases ficam muito mais fáceis de ser entendidas com a vírgula do que sem ela. A vírgula ali, separando o sujeito do verbo, é para permitir uma respiração ao leitor. A língua é feita pelos escritores.

A língua portuguesa deve ser transgredida para ser entendida?
Sim, deve ser transgredida. Eu diria isso sobre qualquer atitude na vida. A compreensão dos mistérios da vida só é possível através da transgressão.

Os acadêmicos usam isso às vezes para dizer que o senhor não sabe escrever...
Quem vai escutar isso? Quem escuta eles? Eu garanto - e aqui não faço nenhuma crítica a você não - que as pessoas vão ler sobre seu exemplo de separar sujeito e verbo com vírgula e não vão entender nada do que você quer dizer. Eu acho que isso só me dá a sensação de que, realmente, o meu texto é vivo. E transgressor. E que diferença faz para o mundo uma vírgula separando um sujeito de um verbo?

Raul Cortez

"Sabia que não iria morrer"

(10/10/2005)

Há onze meses um diagnóstico de câncer tirou o chão de Raul Cortez. Ao saber de suas poucas chances, prometeu a si mesmo que só choraria quando estivesse curado. Começaram dias terríveis de um tratamento doloroso. Em setembro soube que estava definitivamente livre do câncer. Foi ao teatro e, pela primeira vez desde que ficou doente, chorou

> **Fiz todo o final de Senhora do Destino pensando: 'Se conseguir fazer meu personagem até o final é porque vou ficar curado'**

> **Personagens que faço na TV não correspondem à minha realidade de ator. São totalmente o contrário do que eu faço no teatro**

> **É chato falar mas não vejo novela. Aquilo deixa a gente escravizado não sei quantas horas por noite. Prefiro ler**

(Esta foi uma das últimas entrevistas de Raul Cortez)

Como o senhor está se sentindo?
Eu estou curado. Estou livre, graças a Deus. Meu médico, depois de fazer os exames todos, telefonou e disse que eu poderia pegar meu passaporte para ir viajar porque estava curado.

O que pensou nessa hora?
É muito estranho. Quando recebi a notícia de que estava doente (*com um câncer no duodeno*), de que tinha pouca possibilidade de vida, meu primeiro impulso foi chorar. Só que na hora disse não, não vou chorar. Só vou chorar quando estiver curado. Será uma luta, uma batalha, mas não vou cair. Quando fiquei sabendo da doença, recusei todas as tentativas de ter pena de mim mesmo. Foi uma batalha muito grande. Ainda não sentei para ver todo o filme que foram esses dez meses, mas foi horrível. E agora, quando fiquei sabendo que não tinha absolutamente mais nada, que só teria que fazer os exames periódicos, aí falei: "Bem, agora eu posso chorar".

Ainda é difícil falar sobre isso?
Eu me emociono até agora. No dia 22 de setembro, um dia depois de saber de minha cura, fui ver uma peça com a Lilian Cabral. No final, ela disse que estava dedicando aquele espetáculo de estréia a mim. Mas os termos que ela usou, a forma que ela foi revelando aos poucos que o homenageado era eu, foi terrível. Me escondi atrás de uma coluna para poder chorar. Era um choro compulsivo. O que achei interessante foi que, nesse tempo todo, só fui chorar quando estava dentro de um teatro.

O senhor nunca se sentiu perto de entregar os pontos?
A maior luta dessa doença é a luta contra a depressão. Contra ela você tem que lidar sempre, a todo momento. A depressão é terrível e vem de repente. Fora isso havia os medicamentos dia sim, dia não. Hoje estou bem mas amanhã não vou estar, era assim. Isso é muito duro, há situações humilhantes, desagradáveis, existe uma perda de eixo.

O que o salvou?
Eu tinha certeza absoluta que iria ficar bom, nunca tive dúvidas. Via no hospital pessoas em situações piores do que a minha e muito desesperançadas. Eu sentia vontade de dar a elas uma alegria, queria fazer com que ficassem melhores. Acho que ter humor foi algo que me ajudou. Nunca caí em depressão. Quando percebia que tinha vontade de ir ao cinema mas que só o fato de ter que me vestir me dava preguiça, aí é que eu ia mesmo. Me forçava a ir. Tudo isso me ajudou. Sou católico, rezei e rezo sempre desde criança. Sempre tive muita fé e fui muito ligado a Nossa Senhora de Aparecida. Essa Senhora me acompanha a vida inteira. Foi engraçado porque perdi minha mãe em março e isso poderia até me desestimular, mas como ela foi uma mulher muito forte que sempre me empurrou para a vida, eu fui para a vida.

Quando descobriu a doença o senhor filmava a novela *Senhora do Destino*. Por que decidiu voltar a gravá-la mesmo estando em tratamento?
Eu pedi licença para meu médico antes de começarem as seções de quimioterapia e fui gravar. Foi uma produção inacreditável. Em uma semana eu fiz não sei quantos capítulos, uma coisa absurda.

E saíram forças de onde?
Não sei, mas foram muitos capítulos. Fui com um enfermeiro para as gravações para terminar, eu tinha que terminar, não podia deixar aquilo pela metade. Fiz todo o final do meu personagem pensando: "Se eu conseguir fazer meu personagem até o final é porque vou ficar curado". O que a gente tem que fazer nessas situações é isso, sempre nos colocar desafios.

O senhor conseguia interpretar naquela situação?
Sim, tudo, perfeito. E para dizer mais, foram os dias em que o estúdio de gravações da Globo fechou mais cedo. Geralmente fecha às 21h. Comigo fechou às 17h.

O que o senhor pensa agora em fazer da vida?
Estou indo viajar. Vou para Nova York e depois Europa. Isso também é para me reenergizar para voltar a trabalhar. Tenho propostas de cinema, televisão e teatro.

Algo de concreto?
Não gosto de falar, mas há um filme que vou fazer. E há outro, uma produção americana. Recebi um convite mas ninguém me comunicou mais nada. Acho até que essa produção, da O2 Filmes, nem saiu. Mandaram um script bem interessante, gostei muito, mas por descuido não colocaram telefone nem endereço. Não sei quem procurar.

O novo cinema brasileiro ainda não o descobriu?
O único filme que fiz foi *O Outro Lado da Rua*. Nunca fui muito procurado pelo cinema. Acredito mesmo que esteja havendo uma produção maior porque estou tendo mais convites agora. Deve ser por causa da idade. Com a idade você passa a ter uma biografia, passa a ter um rosto interessante.

Quando se fala em Raul Cortez na televisão já se sabe o personagem que virá: um homem rico, sedutor e de caráter duvidoso. O estigma não o incomoda?
Claro que me incomoda, muito. Eu compreendo que quando há um personagem assim é mais fácil dar logo para eu fazer. Eu vou ter facilidade de fazer o milionário, o cara meio sacana, elegante, tudo isso. Agora, isso não corresponde à minha realidade de ator. Em primeiro lugar porque com esses personagens é difícil você alçar grandes vôos. E em segundo porque isso é totalmente contrário a tudo o que eu faço no teatro. Sempre peguei os personagens marginais, políticos, transgressores. Nunca me ocorreu fazer um personagem no teatro como os que eu faço na televisão. Acho que até deveria porque ganharia muito dinheiro se aparecesse no teatro como um sedutor.

O senhor é um para o teatro e outro para televisão?
Isso porque me deram esse papel na televisão. Quando fiz Berdinazzi em *O Rei do Gado* me dei bem e conquistei todos os prêmios.

E pagou o preço tendo que fazer depois uma série de personagens italianos.
Mas aí eu acho legal. As pessoas dizem: "Ah, isso é repetir". Não acho que seja. O desafio é repetir não repetindo. O desafio que aceitei foi mostrar que existem vários tipos de italianos. E consegui isso de uma forma muito legal tanto na *Terra Nostra* quanto na *Esperança*. Em *Esperança* foi mais difícil porque eu já estava com os sintomas da doença. Quando fui para Itália rodar a novela estava com dores e mal humorado. Fiz o personagem assim e falei: "Agora ele vai ficar mal-humorado".

O senhor viu mais TV neste tempo em que esteve afastado?
Muito DVD e via todos os jornais, que é o que eu mais gosto.

Ia perguntar se viu novela.
É chato falar mas não vejo. Aquilo te deixa escravizado, você fica seguindo a novela não sei quantas horas por noite. Eu prefiro ler.

O senhor se viu um dia entre jornalismo, direito e teatro. Qual teria sido o caminho mais infeliz?
O direito, sem dúvida. Eu não tinha nada a ver com aquilo. De jornalismo sim, eu gostava.

Artistas em geral passam a detestar jornalismo depois que começam a falar com jornalistas.
Eu li uma entrevista de uma pessoa bem conhecida dizendo que cada vez que se está sendo entrevistado se estabelece uma guerra entre entrevistado e entrevistador. Eu nunca me senti assim. Jornalismo, para resumir, é o seguinte: a melhor maneira de se debruçar sobre o próximo.

A classe artística é muito PT. O senhor deve ter tido problemas por nunca ter sido simpatizante desse partido.
O problema é não ter problema. Eu tenho direito de dizer o que eu acho, o que eu penso. As pessoas têm cada uma seu brilho, bem ou mal. Seja o brilho bom ou mau, belo ou feio, é preciso ter audácia para tê-lo. Isso vai incomodar, mas você é a única pessoa que pensa assim. Vai jogar fora tudo isso?

Antes de se tornar ator o senhor era um homem travado?
Mesmo depois de me tornar era um pouco travado. Engraçado que eu estava pensando nisso hoje. Eu era totalmente travado. Hoje em dia eu faço muita força para não ser mais, acho que depois dessa doença aí eu até melhorei. Mas olha a idade que eu já tenho. É uma coisa muito incrível. O Antunes (*diretor Antunes Filho*) sempre me dizia que no teatro eu estava defendendo minha vida. Hoje estava pensando nisso. Claro, eu era tão travado que quando

ia para o palco, aquela era a minha realidade. Então eu tinha que defender aquele momento. Ali no palco eu estava pleno.

O senhor era travado a ponto de quê? De não querer sair de casa, por exemplo?
Não, não, pelo contrário. Eu saía e aprontava, brigava. Era travado emocionalmente, não me sentia bem. Quando entrava em um restaurante, por exemplo, ficava totalmente acuado.

O senhor é muito diferente hoje do que era antes da doença?
Eu sei que mudei. A consciência de como mudei ainda não tenho, mas sei que mudei. A coisa que ainda não gosto é do meu temperamento. Isso é muito chato. Mas não tenho nada a fazer, é da minha natureza.

O senhor se acha muito chato?
Ah, eu acho. É uma explosão que vem que eu não me contenho. Depois acaba e fica ótimo.

Que sonhos tem hoje?
Sonhos? Ah sim, o último foi ontem. Sonhei que deu porco na cabeça (*risos*).

Raul Gil

O incansável caça-talentos
(28/02/2005)

Filho de pasteleiro, ex-metalúrgico, ex-calouro, gongado 17 vezes em programas de auditório. Raul Gil, 67 anos, faz sucesso sem mudar a fórmula que segue há 32 anos e que lhe deu autoridade para apontar o certo e o errado no mundo do showbizz

> **Eu paguei 'jabá' para divulgar o Robinson e a dupla Rinaldo & Liriel. Não digo para quem, mas paguei**

> **Duvido que alguém assista ao Luciano Huck. Ele coloca um cara jogando golfe e dá 23 pontos! Não entendo o Ibope**

> **Estou sentido com o Gugu. Abri espaço para ele no País e ele nunca me chamou para agradecer**

A televisão vive uma fase de reality shows, de grandes produções, de novelas com audiências históricas. Como o senhor consegue fazer o mesmo programa por 32 anos?
Não é fácil. Mas eu tenho um público que me acompanha até quando eu mudo de canal. Não faço baixarias. Nem na época militar fui chamado pela censura. Meu programa passa a ser diferente porque a concorrência mostra estupro, faz fofocas sobre a vida dos artistas, faz bizarrices.

Seu programa não parou no tempo?
Você já assistiu Zorra Total? É mais antigo que minha avó. O concurso de piadas de Tom Cavalcante... Meu Deus do céu! Eu participei de concurso de piadas com 17 anos. Há quantos anos existe A Praça É Nossa? Novelas existem desde que começou a televisão.

A televisão que dá certo é a que não evolui?
Eu acho que sim. Se analisar a audiência dos programas que seguem fórmulas antigas, acaba constatando isso.

Enquanto o senhor está na Record, o Luciano Huck está na Globo. Quem está ganhando?
O Luciano ganha agora. Mas quem ganha da Globo?

O senhor.
Eu ganhei por dois anos. Quando a Globo descobriu, quis me contratar mas eu não fui. Mas por que vocês da imprensa não fazem uma enquete nas ruas para ver quem dá Ibope? Eu duvido que alguém assista ao Luciano Huck na tarde de sábado. O cara coloca um homem jogando golfe e consegue 23 pontos! Não entendo mais nada.

O Ibope está errado?
Não, quem está errado sou eu.

É melhor não brigar com ele?
Não tenho que brigar com Ibope. Mesmo porque só existe o Ibope para medir a audiência. Se só tivesse o Corinthians no Campeonato Brasileiro ele seria campeão todos os anos. Não tem jeito. O que o Ibope fala, tá falado. Se eles falam "queremos colocar 40 pontos para o Raul Gil", eles colocam os 40 pontos e ninguém pode falar nada. No jogo entre Corinthians e Santos, Globo e Record transmitiam a mesma imagem. A Globo dava 38, a Record 5. A mesma imagem, Luciano do Valle na Record. E mesmo assim a Globo ganhava de 38 a 5. E aí? O que é que você me diz?

Que é estranho?
Muito estranho. Eu respeito o Ibope, porém acho estranho.

Antes de ser apresentador o senhor foi calouro e, como calouro, foi gongado 17 vezes. Os jurados tinham razão?

Claro. Eu cantava em espanhol e errava tudo, desafinava. Uma vez estava no auge de um programa, disputando o primeiro lugar. Eu cantei um arranjo lindo em castelhano. Depois que a orquestra fez o solo, voltei dois tons abaixo. Arrasei com tudo, joguei a orquestra na lata do lixo.

Jurado nunca é injusto?
Claro que é. Muitas vezes eles não ouvem direito. Eu não me meto. Alguns me perguntam o que eu acho de tal rapaz. Eu sempre digo "não sei".

Seus jurados não são muito paternalistas?
Muito. Mas não coloco candidato para esculhambar. Atrás de um candidato tem a esposa e os filhos, a mãe e o pai. O ser humano tem de ser respeitado. E muitas vezes, por ele não cantar bem, as pessoas destróem seu sonho.

O senhor aprendeu isso sendo calouro?
Meu pai era pasteleiro. Quando eu era gongado as pessoas passavam pela barraca dele e gritavam: "Pô, seu Pepe, o seu filho é uma porcaria, hein?", "Ô, seu Pepe, esse menino não tem nada que cantar. Coloca ele para fazer pastel".

Programa de calouro é o lugar certo para se revelar cantores?
Certíssimo.

O candidato tem uma única chance. Ele vai cantar apenas uma música. Está nervoso e não tem experiência de televisão. É ali que tem de provar seu talento?
Você não foi garoto? Se lembra de como ficou nervoso no seu primeiro dia de aula? E de como se acostumou no segundo, no terceiro? É assim que se ganha experiência, é a vida. Muitas vezes eu páro a gravação e deixo um calouro cantar de novo. Já fiz um voltar a cantar cinco vezes.

Isso não é ludibriar o telespectador?
Não, isso é dar chances. Se todas as pessoas dessem a segunda chance e a terceira chance, seriam mais humanas.

Sua principal revelação nos últimos dez anos foi o cantor Robinson. O que houve com ele?
O Robinson pisou na bola feio com a gente. Ninguém sabe disso até hoje. Quando fomos gravar um DVD, ele exigiu que colocássemos um coral formado por evangélicos da igreja dele. Dizia que eram os irmãozinhos de fé dele, que estava tudo certo, que não dariam problemas. Assim que saiu o DVD, os irmãozinhos de fé dele me meteram um processo por uso de imagem. Eu respondo esse processo até hoje e o Robinson jamais veio até aqui para se retratar.

Grupos como Titãs, Ultraje a Rigor e Kid Abelha passaram por seu programa. Por que os calouros de hoje não chegam mais aonde eles chegaram?
Nós abrimos a porteira e eles vão entrando. Mas chegam a um certo quilômetro e param. Não posso lutar por eles. Ajudo muitos, mas não posso arcar com as despesas de todos.

Quem passou por seu programa que valeu a pena?
Eu vou contar outro caso que nunca contei. Eu tinha um programa no SBT em 1983. Andava pela rua Dona Veridiana quando, de repente, fui cercado por seis caras e duas mulheres. Pensei até que fosse um assalto. Três deles se ajoelharam na minha frente dizendo: "Pelo amor de Deus, ajude-nos. Se a gente aparecer no seu programa a gente tem certeza de que as coisas vão melhorar. O senhor quer que a gente beije o seu pé?". Eram todos da Bahia. Dei um dinheiro para pagarem a condução e mandei irem ao programa no dia seguinte. Meu filho ficou assustado e me disse: "Que pessoal feinho, hein, pai?" Era tudo ao vivo. Ficaram 20 minutos para ligar a aparelhagem, uma bagunça. Quando li o nome da banda em um papel, falei: "Meu Deus, isso aqui não vai passar na censura. Camisa de Vênus?"

E, por acaso, foi o Marcelo Nova quem ajoelhou?
Isso, não sei. Foram uns três caras que gritavam "ajude a gente".

O senhor deu o primeiro terno que o Gugu teve na vida. Se arrependeu?
Não. Minha filha falou para eu colocar o Augusto Liberato no júri. Então ele me disse que não tinha roupa para fazer programa de televisão. Levei-o nas Lojas Garbo da Mooca e ele pegou dez ternos, dez camisas e dez gravatas. Só meia e cueca que não pegou. No programa, eu anunciei: "Senhores telespectadores, quem é honesto veste Garbo. E está aqui o Gugu, vestido pela Garbo, nosso novo jurado".

Ele não fala sobre isso.
Estou sentido com ele. Ele nunca me convidou nem para ir a seu programa me dar uma medalha de lata. Eu abri o espaço no País para o Gugu. Quando era meu jurado, ele me chamou no intervalo de um programa e me disse: "Sabe o que é, seu Raul? Eu queria que o senhor não me chamasse mais de Gugu. Gugu é meio esquisito, não é legal". Falei que iria chamá-lo de Gugu mais ainda porque aquele era um nome pequeno, fácil. E que iria pegar.

O senhor bateu na porta do Silvio Santos por dez anos e ele nunca abriu. Foi um erro dele?
Foi um grande erro. Outro dia eu falei: "Puxa, Silvio, fiquei dez anos batendo na porta do senhor e o senhor nunca abriu". Sabe o que ele falou para mim? "Puxa, ninguém nunca me falou nada." Claro que ele sabia.

A Globo quis levá-lo por um salário de R$ 1,8 milhão por mês. Não valia a pena ir mesmo se fosse para ficar na geladeira?
Deus me livre! Eles iam fazer comigo o que fizeram com o Serginho Groisman. Aquilo é que é uma geladeira. Tenho até pena dele. O povo não assiste àquele programa. Um cara com o talento do Serginho aparecendo às 3h da manhã? É um pecado. Prefiro ganhar R$ 600 mil durante dez anos do que R$ 1,8 milhão por mês e ficar na geladeira.

O senhor pode sair da Record um dia?
Sim, posso. Meu contrato vence no dia 17 de novembro e não tenho nenhuma proposta para renová-lo até agora. Se os diretores me chamarem para renovar, eu renovo. Se não...

Colocar crianças no palco o tempo todo não deixa de ser generosidade para virar exploração?
Eu pago as crianças. Elas recebem um ordenado para estudar, comprar roupas. Os pais recebem um cachê de R$ 300 por programa. Pago os estudos de muitas crianças, dou presentes.

Não há uma pressão dos pais que precisam do dinheiro para que seus filhos ganhem os concursos?
Elas querem fazer o programa. Se não as chamamos, elas ficam tristes. Exploração é criança no farol.

Quem é que paga para cantar no programa do senhor?
Meu filho, se alguém cobra de algum artista, eu não sei. Se eu souber, vai para a rua sem direito nenhum. Isso é roubo.

O senhor não cobra jabá? Até o Zezé di Camargo disse que cobra.
Ele falou em um ato de nervosismo. Ficou nervoso porque eu brinquei com ele um dia. Gosto muito dele e do irmão dele. Agora me diz uma coisa: como é que você coloca um disco para tocar na rádio?

Pagando jabá.
Não é jabá, é verba de promoção. Eu não cobro nada. Se alguém cobrou, eu não estou sabendo.

E nem quer saber.
Nem quero saber. Mas, veja bem: quando eu pego um produto do tipo Purificador de Água Europa, a empresa paga para a emissora e paga um cachê para eu falar. Eu estou dando meu testemunho a favor do produto. Agora veja: vem um cidadão para divulgar seu disco no programa. Pagou o maestro, pagou o estúdio, pagou a impressão dos discos, o arranjador. Eu, como apresentador, falo: "Olha, este é o disco do fulano. Está muito bom, vale a pena ser comprado". Pô, eu estou vendendo o seu disco. Não mereço ganhar?

E o senhor ganha?
Não ganho.

Finalmente parecia que o senhor iria dizer que ganha. Qual seria o problema de ganhar?
É um direito meu, mas não ganho. Eu acho que quem faz isso está lesando a emissora. Ganho muito bem na Record e muito bem com minhas propagandas. Não preciso. Eu coloco grupos de forró, por exemplo, que pagam horrores para outros apresentadores. Não sei para quem, mas pagam. Tem apresenta-

dor por aí que fica meia hora com uma banda desconhecida do Norte. Aquilo não é de graça.

O senhor nunca pagou jabá para ninguém?
Paguei. Não vou dizer para quem, mas paguei para divulgar o Robinson e a dupla Rinaldo e Liriel. Se uma rádio disser para mim que estoura de tocar uma música que eu gravei se eu der R$ 300 mil, eu pago.

Rita Cadillac

"Deveriam me levar para negociar com o Marcola"

(26/06/2006)

Quando parece estar no fim, a história da ex-chacrete e rainha dos presidiários de 52 anos sempre começa de novo. Apesar dos traumas de seu primeiro filme pornô, Rita lança o segundo. E anuncia que vai se casar

> **As autoridades deveriam me levar para negociar com os criminosos. Eu iria acalmá-los, tenho certeza. Deveriam me levar para conversar com o Marcola**

> **Não adianta só comprar coisas, o difícil é mantê-las. É duro, o governo tira pra caramba de imposto... Eu quero matar o Lula, quero enforcar aquele desgranheiro**

> **Uma cena com Alexandre Frota em um filme erótico pode rolar, mas profissionalmente. Nem de longe ele é meu tipo. Nem físico, nem pessoal, nada**

Seu primeiro filme erótico foi traumático, você disse.
Super traumático.

E o que a leva a fazer um novo?
O pavor foi superado. Um filme desses não era o que eu imaginava. O primeiro é bem traumático mesmo. Aquilo foi muito pesado. Mas para este segundo me preparei mais, mentalmente e fisicamente.

Fisicamente?
Sim, coloquei 200 ml de silicone em cada seio e fiz lipo para tirar um pouquinho da barriguinha.

Colocou silicone no bumbum?
Não, menino! Quando fui fazer lipo, o médico iria começar a injetar gordura na bunda porque isso enche mais, levanta, não sei o quê. O assistente dele gritou: "Não faça isso doutor, não mexa no patrimônio nacional".

E a preparação mental?
Olha, encarei que não tinha de pensar da mesma forma que pensei quando fiz o primeiro. Eu estava realmente necessitando daquela grana. No primeiro achava que o meio de filme pornô era pornô o tempo inteiro. Que era uma sacanagem o tempo todo. Quando vi que não era isso, que no set há respeito, falei: "Pô, não tem baixaria, é um trabalho". Sim, encaro como um trabalho de atriz.
Queira ou não, tem que ser muito atriz pra fazer um filme desses.

Você se relaciona com outra mulher neste novo filme. Como foi?
Não é minha praia, deixa eu explicar bem. É um trabalho de atriz. Nos shows que faço em casas GLS as meninas viviam enchendo minha paciência para eu fazer cenas com outras mulheres. Quando o pessoal do filme propôs, falei: "É, se eu faço com homem, por que não vou fazer com mulher?" Eu nunca tinha tido uma experiência como essa. Não vai ser minha praia, porém foi natural.

Natural?
Foi bem mais leve do que com homem. A mulher é mais sensível. O tempo inteiro a Lana (*atriz pornô que contracenou com Rita*) me sacaneava. Ela só falava assim: "Solta a vagabunda que existe em você". E eu ria. Passamos o tempo todo rindo.

Não foi difícil para uma mulher que é heterossexual?
Ah, eu tomei um pilequinho antes.

Pilequinho?
Ah, eu tomei um Prosecco antes. E aí foi mais tranqüilo.

O quanto de interpretação tem que se ter em um filme como esse?
Prazer se sente quando se está com a pessoa que você ama. No filme é só a interpretação mesmo.

E virá um terceiro filme pornô?
Sim. Como vou me casar, resolvi que este ano vou aproveitar tudo o que posso (*risos*).

Vai se casar?
Sim, no ano que vem.

Mas você não estava solteira no ano passado?
Faz um ano que estou com ele, mas o conheço há seis. Ele, por acaso, é meu vizinho.

A Rita Cadillac parece não ter muito a ver com a Rita de Cássia.
Eu estava me maquiando para dar esta entrevista e falava exatamente isso com o pessoal. Tenho que me maquiar porque a entrevista é com a Rita Cadillac, não com a Rita de Cássia. Se fosse com a de Cássia você ia me ver de camiseta, sandalinha...

Seria outra entrevista se fosse a Rita de Cássia?
Seria. Quando dei entrevistas depois daquele primeiro filme era como Rita de Cássia porque eu estava chocada. A Cadillac é a poderosa, gostosa. E a de Cássia é a dona de casa, tranquila, pudica. Aquilo era totalmente fora da minha estrutura de vida.

Qual era seu maior medo?
Eu tinha uma imagem de que iria acordar, abrir a janela e ver todas as janelinhas dos meus vizinhos se fechando. Pensei que teria de mudar de mala e cuia porque não teria mais clima de morar nessa rua. Mas as pessoas me respeitaram porque me conhecem, sabem que não sou vulgar. Nada mudou, as crianças me chamam de tia. As pessoas passaram a me respeitar bem mais. Entenderam que sou mesmo uma personagem.

Seu primeiro filme foi feito pelo dinheiro, não foi?
Sim, só pelo lado financeiro.

A imprensa disse que você ganhou R$ 500 mil por aquele filme.
(*Risos*) Não, não foi isso. Se eu for juntar os dois filmes, claro que já passou disso. Eu digo que ganhei o meu *Big Brother* porque ganhei o que eu precisava para respirar. Para ter a tranquilidade de pensar, saber o que vou fazer da minha vida, de saber que ninguém vai me tirar essa casa, que meu filho tem a casa dele, que estou com uma casa na praia que é um sonho.

O cachê do segundo filme, então, vale para quê?
Ah, tem tanta coisa... Eu tenho um sonho de viajar para a Itália. E preciso ter uma conta bancária, né? Não adianta só comprar coisas, difícil é mantê-las. Manter é duro, o governo tira pra caramba. Nêgo, só de imposto... Eu quero matar o Lula, quero enforcar aquele desgranheiro.

Imposto de renda?
Eu estou ferrada e mal paga, nêgo. Só de imposto de renda do primeiro filme me veio R$ 50 mil para pagar.

O preço de uma casinha.
Mas eu cheguei para o cara (*do imposto*) e falei: "Se você quiser, eu te dou o apartamento que comprei e você me dá o troco".

No primeiro filme você pediu para o ator sussurrar no seu ouvido algo como "olha a conta bancária". O que pediu para sussurrarem desta vez?
Pensei em falar para a atriz que contracena comigo dizer "olha a viagem" (*risos*). Mas aí seria ridículo.

Você e Alexandre Frota fazem filmes para a mesma empresa. Pensa em trabalhar com ele em alguma produção erótica?
Pode rolar.

É seu tipo de homem?
Mas nem de longe. Nem de longe. Em todos os sentidos. Não é o tipo físico, pessoal, nada.

Sexo nunca foi traumático pra você?
Quando me casei. Eu tinha 15 anos, havia sido criada sem esse negócio de se falar claramente o que era o sexo. Fiquei uma semana pra transar com meu marido e só transei bêbada, porque ele me embebedou. Não lembro como foi minha primeira noite. Ele era uma pessoa grossa. Demorei a conseguir orgasmo, a gostar do negócio. Mas hoje sou uma macaquinha, adoro uma sacanagem.

Bumbum é um negócio lucrativo?
Ah, sempre foi. E não adianta colocar peito e não ter bunda porque ninguém quer.

É certo que seja?
Sobrevivi a vida inteira do bumbum, mas não acho certo. Em primeiro lugar está o trabalho, a pessoa. É aquele negócio de colocar um ator bonitinho que como ator é uma merda. Tirar uma boa cantora de cena para colocar uma outra bonitinha. Sei que é contraditório. Vivi de bumbum a vida toda, mas sou contra isso.

Nunca ficou mal por isso?
Ah, eu sempre digo que todo mundo me conhece pela bunda. É por isso que digo que quando morrer, quero ser velada de bunda pra cima. As pessoas, para me reconhecerem, olham primeiro para meu traseiro. É como se meu rosto estivesse lá atrás.

Ficou mais difícil fazer shows em presídios mesmo para a mulher considerada a musa dos detentos, após os ataques do PCC?
Ah, ficou. Eu não tenho medo dos internos. Tenho certeza que eles não fariam

nada comigo e sempre fui muito bem tratada. Fui recentemente aqui em uma prisão de Guarulhos, onde quem manda é o PCC. Eles chegaram pra mim e disseram: "Rita, fica tranqüila. Vamos tratar bem de você". Fico lá no meio deles sem segurança, sem policial, nada. Batendo papo, tocando violão.

Nas ruas eles te reconhecem?
A primeira coisa que me dizem é "oi madrinha". E aí já sei de onde são. A única coisa que pergunto pra eles é "tá limpo ou tá sujo?". Se tá limpo é porque foram soltos numa boa. Se tá sujo é porque fugiram.

Você era a pessoa mais segura no dia daquela megarebelião em São Paulo.
As autoridades deveriam ter me levado para negociar com os criminosos. Eu iria acalmá-los, tenho certeza. Deveriam me levar para conversar com o Marcola.

Que deve ter visto muito show seu.
Que já deve ter me visto muito (*risos*).

Continua sendo a rainha deles?
Esse é um título que ninguém quis me tirar. Já fui rainha dos caminhoneiros, pegaram. Fui rainha dos garçons, pegaram. Fui rainha dos mecânicos, pegaram. O único que ninguém quer pegar de mim é esse de rainha dos presidiários. Sou desde 1984 e ninguém quer. Não tem jeito, vou morrer sendo.

Rodolfo Abrantes

"Eu era usado pelo diabo. Agora sou usado por Deus"

(04/09/2006)

Ex-vocalista dos Raimundos, uma das bandas de letras mais sujas e pesadas dos anos 90, Rodolfo radicaliza sua adoração por Deus e olha para o passado como quem quer arrancá-lo da história

"As músicas mais bobas são as mais perigosas. Mamonas Assassinas pareciam uma banda inocente. Mas entrou na criançada, aquilo marca"

"Música fala muito das pessoas. Imagina um cara com jeito de bonzinho falando 'ah, eu ouço Racionais e Facção Central'"

"A maioria dos meus ídolos morreu. Cara, eu gostava tanto dos Ramones e os caras morreram. Se tivessem aceitado Jesus... bando de otários"

Suas músicas até aqui, mesmo depois de sua conversão, nunca pregaram o cristianismo de forma tão direta. O que o fez radicalizar?
Eu não saberia fazer uma música que não tivesse a ver com o que eu estou vivendo. Na época do Raimundos eu cantava aquelas loucuras porque eu vivia aquilo tudo. E quanto mais eu cantava, mais vivia aquela loucura toda. Quando me entreguei para Jesus, fui sendo transformado. De repente eu não cabia mais no grupo, não conseguia mais cantar aquelas músicas. Aí formei o Rodox (*com músicos não-crentes*), mas foi imaturo, não tinha entendimento de como uma obra de Deus precisava ser santa. O músico cristão, o levita, como diz na Bíblia, ele era um sacerdote. Ele precisava viver aquilo que estava cantando. O pessoal do Rodox era gente maravilhosa, mas não tinha o mesmo alvo que eu, de pregar a palavra. Não são criminosos, mas queriam só tocar. Eu não. Artista já tinha sido, fama já tinha conseguido, grana já tinha ganhado, viagens já tinha feito. Não queria mais nada, só pregar a palavra.

Você ficou um tempo no Raimundos depois de aceitar Jesus. Como foi esta época?
O que me tirava a paz era ter de subir no palco e cantar aquele monte de coisa. Não vou dizer que o Raimundos é a banda do inferno. Mas eu já não tinha nada a ver com aquilo ali. O grande problema ali era eu mesmo. As letras que cantava fui eu que escrevi. Eu achava a guitarra excepcional, baixo maneiro, bateria muito boa, mas chegava na minha parte e me sentia muito mal em ter de conviver com aquilo.

E por quê?
A maconha que fumei a vida inteira me fez um mal lascado. Quando estava livre dela, feliz da vida por não precisar de maconha para nada, tinha de subir ao palco para cantar uma música sobre maconha para um pirralho de 12 anos. Meu, virou um conflito muito grande. Era uma banda que falava de sexo o tempo inteiro, sexo, sexo, sexo. De repente eu estava noivo, feliz da vida, dando o maior valor para a minha mulher, a mulher que sempre amei, e tendo que cantar um monte de sexo para umas menininhas de 13 anos. Nunca soube ser duas coisas ao mesmo tempo. Ou sou uma, ou outra.

Como você se converteu?
Tentei evitar até o fim, fugi três vezes dos encontros religiosos que as irmãs queriam me levar. Não queria nem saber de crente, tá doido, ia surfar. Na quarta vez eu fui. Era em casa mesmo. Passei a ir a todas as igrejas que as irmãs me levavam. Levou um tempo para entender aquilo. Creio que o melhor milagre de todos, cara, que eu posso falar, é a transformação. De me sentir sendo transformado a cada dia, de ouvir das pessoas que eu estava diferente. Então pensei: "Meu, não pode ser viagem da minha cabeça, eu estou mesmo ficando diferente". E isso acontece dia após dia, hoje, semana que vem. É um processo diário, muito gostoso mesmo.

Você liga o rádio e ainda deve ouvir os Raimundos com você cantando, por exemplo, *Esporrei na Manivela*. O que sente nessa hora?
Eu não tenho hábito de ligar rádio, só ouço música gospel. Nao é que não possa ouvir as outras, simplesmente não faz minha cabeça.

Mas você sabe que músicas dos Raimundos como essa tocam por aí. Não tem vontade de mandar recolher os discos?
Nem Deus faz isso, temos o livre arbítrio. Quem sou eu para proibir alguém de ouvir aquilo. Se eu tivesse o poder de voltar no tempo, não teria feito. Música é uma das maiores armas de influência. Se quer saber como é uma pessoa, se vai empregar alguém na sua empresa, pergunte primeiro que tipo de som ela ouve. Música fala muito a respeito das pessoas em geral. Imagina um cara com jeito de bonzinho falando "ah, eu ouço Racionais, Facção Central" (*risos*).

Você deve ter influenciado muitas pessoas.
Sem dúvida. A pessoa que vivesse o que eu cantava naquela época deve estar ou morta ou na cadeia, ou em alguma clínica de recuperação.

Quais músicas foram as piores?
Todas. As mais bobas são as mais perigosas, porque passam despercebidas. Os Mamonas Assassinas pareciam uma banda inocente, engraçadinha. Mas entrou na criançada e aquilo ali marca. O cara começa a falar igual, a se vestir igual, a ter as mesmas atitudes. Não igual ao cara que está cantando, mas igual às músicas que o cara está cantando. Mas, se eu estive nos Raimundos por quase 10 anos, tenho agora até o resto dos meus dias para pregar a palavra de Deus, que é antídoto. Se o diabo me usou para influenciar mal uma geração, Deus pode me usar para influenciar bem.

Falar de Deus não cria barreiras a quem não é crente?
Se meu alvo fosse vender CD para ficar rico, seria um erro de marketing terrível. Mas eu não queria nem virar produto nas mãos de gravadoras gospel, porque isso acontece. Há gente que fala em "artista gospel". Sinceramente, acho que isso nem existe, não sei como um cara que dá glória a Deus pode querer glória para ele.

Esquecendo o marketing, não é mais fácil tocar uma pessoa sem pregar diretamente o nome de Deus para não criar resistência?
A palavra é viva, acredito no poder da palavra. A cada dia ela se renova na vida de cada um e quem estiver precisando, ao ouvir isso, não vai nem entender o que está acontecendo. O cara vai chorar e se perguntar o que está acontecendo. A presença de Deus convence, toca.

O que você sente?
Cara, sinto que estou em um lugar... Que quero fechar os olhos e falar "Deus, não deixa esse momento passar. Quero minha eternidade aqui". Não dá para explicar, tem que experimentar.

Os grandes shows de música gospel não são um erro? A pregação não tem que ser feita para quem não acredita?
O melhor esquema é tocar fora do meio gospel, tocar no campeonato de skate, na praia também. O cara está lá, não tem que pagar nenhum centavo para te ver. Não custa nada ele ficar ouvindo. Eu gosto muito de fazer isso. Toco dentro de igrejas e uso a exposição que tive no passado para atrair as pessoas. O tempo inteiro vêm falar comigo. E isso é só o começo, estou convertido há apenas cinco anos. O CD saiu agora, dá para fazer muito. Esse CD é o seguinte: é uma arma para levar o evangelho. Quando se quer anunciar alguma coisa, temos de dar o grito mais alto que temos. E o grito mais alto que tenho é a música.

Essas suas tatuagens não assustaram o meio gospel?
Uma coisa que o cristão verdadeiro foge é da religiosidade. Isso é uma droga, ninguém agüenta. Nem Jesus agüentava. Os religiosos só pegavam no pé de Jesus. Ficavam o dia inteiro clamando pelo Messias. Religiosidade cega as pessoas. Muitos crentes tradicionais me viam com esse visual e falavam "Que é isso? Esse cara está louco!". O que a gente tem que entender é que Jesus veio para os doentes, para os toscos, para os cobradores de impostos. Não faço mais tatuagens, meus brincos já tirei há um tempo. Não tive mais vontade de fazer, tem um monte de tatuagem que tenho aqui no braço que ficaram no traço. Não sei nem quantas, fiz inúmeras sessões. Não faço mais, não aconselho ninguém a fazer. Aquilo foi sofrimento demais. Isso acaba virando até uma arma porque muita gente ouviu dizer que iria para o inferno se fizesse tatuagens. Que estaria marcado pelo diabo para o resto da vida. Aí vêem aquele maluco pregando a palavra e dizem: "Se esse cara pode, eu também posso".

Rock and roll que se preze não vai ter sempre um pé no inferno?
Essa música vai ser de Deus ou não dependendo de quem influenciar sua vida. Vai da inspiração. O rock é do diabo? A atitude, sim, de sexo, drogas e rock and roll. Mas música é música. Um cara bêbado tocando uma valsa pode estar fazendo música do diabo. Um tocando guitarra pode fazer a música de Deus.

Que fim levaram seus ídolos?
A maioria morreu. Cara, eu gostava tanto dos Ramones e os caras morreram. Se tivessem aceitado Jesus... bando de otários!

Ronnie Von

Sempre na contramão

(29/08/2005)

Excluído pela jovem guarda, rejeitado pela família, desenganado pelos médicos, desprezado pelos críticos e traído pelas mulheres. A história só não fica trágica porque seu personagem, o carioca Ronnie Von, sabe enganar o destino. Aos 60 anos, ganha prestígio e radicaliza ao assumir de vez a visão feminina que aprendeu a ter nos anos em que criou, sozinho, dois filhos pequenos. "Visão não. Eu tenho é alma feminina mesmo." A mesma coragem usa aqui para dizer que não foi um ídolo criado em laboratório, que não gosta do machão brasileiro e que, pasmem, nunca foi pai

" Fui brutalmente traído pelas mulheres. Pergunte à minha se deixo brechas para passar por isso "

" Eu jamais tive um elogio discreto da mídia impressa. Essa é uma ferida, se cabe aqui o neologismo, 'incicatrizável' "

" Eu sabia que iria morrer. As dores eram tão absurdas que pedi várias vezes um ato de caridade aos enfermeiros "

O que o senhor achou do Corinthians contratar o Passarella?
A minha ligação com futebol é discutível. Meu avô foi um dos fundadores do Botafogo, no Rio de Janeiro, e este acabou sendo o meu time. Não sou uma pessoa que tenha informações corretas para passar sobre um esporte que eu não acompanho.

Assuntos de boteco não têm espaço na vida de um homem de alma feminina?
Ao receber os amigos em casa na época em que eu criava sozinho meus dois filhos, havia a história dos homens ficarem de um lado e as mulheres de outro. Os assuntos dos homens eram sempre futebol, negócios e mulher. Gosto de tudo, mas não precisava daquilo. Uma vez meus amigos trouxeram uma revista *Playboy*, se me lembro bem, com a Sonia Braga na capa. E vieram os papos: "Aí Ronnie, viu quem está na capa?". E eu disse: "Essa mulher é espetacular. Mas olha só. Eu vou mostrar a você uma toalha de mesa que comprei anteontem que você não vai acreditar". Sofri um preconceito monumental com isso. Mas o que os assuntos de machões poderiam me acrescentar naquela época? Eu procurava as mulheres porque elas é que vinham dizer o que fazer para passar uma camisa, cozinhar um prato e se deveria ou não procurar um nutricionista para fazer meu filho comer direito. Então eu vejo o mundo com olhos de mulher e meu universo passou a ser feminino.

Qual o limite entre o homem de alma feminina e o gay?
A opção sexual. Gosto de sexo, só que o meu é com mulher.

O homem de alma feminina entende de mulher e o gay quer ser uma?
Isso. Fui a um programa de meu amigo João Gordo e ele disse que eu era um metrossexual. Um oftalmologista, amigo meu, disse a mesma coisa. E, na mesma semana, fui a uma banca de revista e vi a foto do David Beckham ao lado da minha como referências do metrossexualismo. Os caras da revista se perguntavam se eu era gay ou não. O metrossexual é um rótulo para enquadrar o homem que tem um pouco mais de delicadeza com a mulher. Se você me vir um dia deixar uma mulher botar a mão em uma maçaneta para abrir a porta de um automóvel, manda me internar. Minha mulher não compra uma peça de roupa para ela. Eu compro tudo, do sapato à lingerie. E aconselho que todos os homens comprem a lingerie de suas mulheres. Quem vai tirá-la somos nós.

O senhor sofre muito assédio de homossexuais?
Foi mais nos anos 60. Estava eu no Teatro Guaíra, em Curitiba, quando vi uma loirinha mandando beijos para mim. Me empolguei e pedi a um segurança para chamá-la. Ele voltou e disse: "Cai fora, o nome dela é Waldemar". O assédio dos gays com relação a mim caiu muito. Há um nível de respeito muito grande. Mas quero dizer que não sou um homem plural. Até tentei, mas sou homem de uma mulher só.

O senhor tentou o quê?
Ter duas mulheres ao mesmo tempo, mas não consegui.

Deu muito trabalho?
Não é isso. Eu entro em um processo de culpa, uma coisa séria.

Sempre foi assim?
Sempre, desde garoto. E isso já era uma atitude feminina. Se eu for obrigado a dar um beijo na boca de uma mulher desconhecida, vou ter um desconforto muito grande. Se eu não conheço a mulher, tenho nojo. Acredita nisso? Acredita que um cara pode ver uma mulher na rua, dizer mentalmente "que bonitinha, que gostosa" e sair correndo se ela se aproximar?

A não ser que seja por timidez.
É mais comportamental. Eu não gosto de machão. Acho o macho brasileiro uma coisa grosseira. Ele é bruto, bate no peito, fala grosso, palita os dentes. Funciona assim: se um machão dá um beijo na testa da menina, diz que deu um beijo na boca. Se dá no rosto, diz que transou a noite inteira mas que ela não é lá essas coisas. A mulher dele já andou com o bairro e nem a melhor amiga dela fica sabendo.

A mulher se veste para competir com outras mulheres, quer estar cada vez mais magra para se mostrar para outras mulheres e diz que cozinhar é coisa do passado. O que as mulheres têm contra os homens?
É preciso entender que ela sempre quer quebrar conceitos. A mulher precisa ter essas posições, que seriam o inverso do que sempre foi. Mas é aparente, não quer dizer que ela seja contra o homem. Quase todo o dia eu digo: "Minha bonitinha: unha preta não gostamos. Nós preferimos sapatos que não sejam aquela plataforma do tamanho de um bonde e que nos faz ter a impressão de que você vai destroncar o seu tornozelinho. Não se vista mais para a concorrência feminina, se vista para nós homens. Entenda que, para nós, tanto faz ter celulite ou não, é a mesma coisa. Mulher sem celulite não existe e, logo, se ela não tiver celulite, não é mulher. Queremos falar é com uma cabeça que tem o corpo de mulher. Então pára com essa bobagem, essa anorexia coletiva." Homem não gosta de mulher magra e ponto. A não ser que você seja um cão e que goste de roer alguma coisa.

O senhor se separou, conseguiu a guarda dos seus dois filhos pequenos e os criou sozinho como se fosse a mãe deles. Seus filhos não se tornaram órfãos de pai?
Seguramente. Eu não dei espaço para o pai, sufoquei o pai. Eu nunca fui pai. Não cabe nem o encontro de pai e mãe que o Erasmo Carlos criou para mim dizendo que eu era "pãe". Eu fui só mãe. A mãe que bota a mão na testa, se joga no sofá e diz: "Vocês não valorizam o meu sacrifício. Eu quero sumir daqui". Fui a mãe boazinha, a repressora, a chata, a educadora. Fui tudo, mas só mãe.

Foi um erro?
Não porque foi um processo natural. A atitude da mãe é uma clássica que você, como pai solteiro, acaba assumindo.

O que mais o atormenta quando o assunto é anos 60?
Os rótulos. Eu nunca participei da jovem guarda, para o meu desespero. A jovem guarda foi, na verdade, um programa de televisão com um nome muito forte. Minha vida de garoto sempre foi de um burguês de esquerda e eu não tinha espaço na minha própria família. Ela não aceitava que eu tomasse esse tipo de atitude. Nós tínhamos uma organização financeira de bom porte e eu fui escolhido, pelo meu perfilzinho de menino comportado. Eles pensaram: "Vamos pegar o educadinho e colocá-lo para tomar conta dos nossos negócios." Quando fui ser músico perdi o suporte familiar porque eles diziam que haviam criado uma cobra para morder eles próprios. "Esse moleque vai jogar o nome da nossa família na lama. Esse ambiente promíscuo. Ele vai conviver com marginais."

Não entendiam o rebelde Ronnie Von?
Foi um tempo de muita revolta e muita mágoa por parte de todo mundo, família, amigos e principalmente da mídia impressa. Eu jamais tive um elogio discreto sequer. Essa foi uma ferida, se cabe aqui o neologismo, "incicatrizável". O jornal que eu lia falava que minha música era de segunda classe, que meu gosto musical era duvidoso. Mas eu tinha consciência de que fazia parte de um movimento revolucionário de mudança de comportamento social do mundo. Nós mudamos o comportamento do mundo sem um tiro, só com música. Ninguém entendia.

E hoje, entendem?
Sim. Hoje existem descobertas que são: "Olha só, o Ronnie tem um disco louco da década de 60 que é um cult, que custa US$ 500 no mercado negro, olha o que ele fazia!" Há outros que descobrem que eu participei da Tropicália. Outro se lembra que fui eu quem deu o nome aos Mutantes. Esse cara tem algo, não pode ser aquela coisa menor que a mídia impressa rotulou durante muito tempo.

Seu programa *O Pequeno Mundo de Ronnie Von* foi criado para rivalizar com o *Programa Jovem Guarda*, de Roberto Carlos. O senhor tinha noção de que isso era, na verdade, uma fogueira que armaram para o senhor?
Só descobri isso depois. Fui contratado para ser anulado, ser colocado em uma geladeira.

Qual a sua reação ao descobrir esta história?
Senti-me usado e fiquei muito triste. Havia um envolvimento com pessoas que mentiram para mim. Mas, na época, eu sofria um pouco de burrice crônica, eu acho. Estava empanado. O sucesso te cega de tal forma que você fica míope.

O Roberto Carlos achou que o senhor não gostava dele?
Achei que ele não gostava de mim.

E ele não gostava?
Hoje nos damos muito bem, mas no começo foi muito difícil. O Roberto se cerca muito de profissionais. Eu jamais tive um produtor, um assessor de imprensa, um empresário. Nunca tive ninguém que me dissesse "fale assim", "vista tal roupa", "cante tal música". Eu fazia minhas músicas e diziam: "Olha, isso é bobagem, é coisa para intelectualóide, isso não vende". E o ignorante entrava. O que não acontecia com o Roberto, que tinha empresários ferozes, uma gravadora que cuidava dele como se fosse um brilhante lapidadíssimo guardado em uma caixa de veludo. Essa animosidade pode ter partido das pessoas que cercavam o Roberto.

O exílio da MPB facilitou o sucesso da jovem guarda?
Não. Fatos como a participação de Caetano Veloso ou dos Mutantes em meus trabalhos fizeram com que entendessem que a história do exílio da MPB não facilitou o meu caso. E, como disse, eu não era integrante da jovem guarda. O curioso é que a própria gravadora usava a censura e esse pseudo-exílio para vender mais discos. Eu vi coisas do tipo "censurado o disco de fulano". Era tudo papo furado. Não havia nem repertório ainda. E de repente diziam: "conseguimos liberar" e era aquela correria para comprar o disco. Estratégia mercadológica, pura e simples.

O senhor foi um produto feito em laboratório?
Uma pessoa que tem um nível universitário jamais poderia se deixar levar por uma idiotice dessas. O Brasil fantasia muito as coisas ligadas aos Estados Unidos. Lá existem artistas feitos em laboratório e prontos para o consumo. Agora, no Brasil, não existe gente que tenha competência, inteligência e recurso financeiro para pegar um desconhecido e transformar em um semideus.

Não houve inclusive o envolvimento de uma agência de publicidade que fez o perfil do ídolo perfeito para aquele momento? O homem educado, bonito e culto que deveria rivalizar com Roberto, teriam concluído, era o senhor.
Quanta bobagem. A minha ligação com agência de propaganda ocorreu sim, mas logo depois que eu estourei. Essa agência, a Magaldo, Maia, Prosperi, que era extremamente criativa e que queria lançar produtos ligados aos artistas da juventude. A história de que fui feito em laboratório é uma fantasia de uma mente absolutamente fértil mas também pueril. Ídolo pré-fabricado. Ouvi esse rótulo a vida inteira. Isso me incomodou muito.

Medicina, fé ou acaso. O que o salvou da morte quando foi desenganado pelos médicos nos anos 80 com uma doença neurológica rara?
Um homem sem fé é um homem pela metade. E eu não tinha fé. Não sou um homem religioso, mas um homem de fé. Eu tenho um mestre pelo qual sinto extrema simpatia. Foi um grande revolucionário, talvez um anarquista, mas que peitou o império mais poderoso que o planeta conheceu e, sem mídia nenhuma, conseguiu ficar na memória de milhares de pessoas. Esse cara se chama Jesus de Nazaré.

A cura foi uma surpresa?
Eu sabia que iria morrer. As dores eram tão absurdas que eu cheguei a pedir várias vezes um ato de caridade para os enfermeiros.

O senhor pediu para morrer?
Inúmeras vezes. Uma embolia, uma coisa qualquer para me tirarem daquele sofrimento. E então eu decidi que iria viver.

O senhor foi muito traído?
O tempo inteiro. Fui brutalmente traído pela maioria das minhas mulheres. E você pode perguntar à minha mulher se eu deixo alguma brecha para isso acontecer.

Não seria porque é bonzinho demais? Mulheres, dizem as estimativas, traem homens bons...
(*Longa pausa*) Será? Aquela história de abrir a maçaneta, comprar a roupa para ela? Será? Eu tive um problema sério com uma namorada, há alguns anos, que conseguiu sair com todos os meus amigos. Fui saber porque um dia três amigos me contaram. O texto foi o seguinte: "Você está envolvido com a maior vagabunda da humanidade". Aí eu pedi uma mulher honesta para Deus. Mas Deus, quando quer castigar seus filhos, atende seus pedidos. Ele mandou então, naquela época, uma mulher muito honesta. Mas era só honesta. Que tristeza meu Deus...

Sérgio Reis

"Como virei cantor sertanejo? Mistério não se discute"

(31/07/2006)

Aos 66 anos, o homem da metrópole que inverteu a lógica e deixou a música transformá-lo em sertanejo vira moda de novo

"Em 1950, quando eu tinha 10 anos de idade, já era fã de Tonico & Tinoco. Não me pergunte como. Em casa ninguém ouvia música sertaneja, só eu"

"Wilson Simonal era um gênio. Certa vez, durante um show meu com vários artistas, o público começou a gritar o nome dele. Paramos para ele fazer o show sozinho"

"Clara Nunes? Não era sambista. Luiz Ayrão? Também não. Beth Carvalho? Cantava boleros. Eu não era sertanejo, mas talvez tudo já estivesse escrito"

Em geral são os homens do campo que criam músicas sertanejas. No seu caso (rapaz da cidade grande, ex-cantor da jovem guarda, fã de Elvis Presley) foi a música sertaneja que criou o homem do campo?
Foi. O caipira foi feito pela música sertaneja, é verdade. Mas atenção, cuidado. Muita gente acha que eu caí de pára-quedas no sertanejo. Então eu vou mostrar uma coisa a você. (*Pede à assessora: "Vai no fim do corredor, lá no fundo, tem aquela violinha vermelha. Pega ela".*). Agora você vai ver o que acontece. Tenho 66 anos, sou de 1940. Em 1950, quando tinha 10, eu era fã de Tonico & Tinoco. Eles tinham o programa *Na Beira da Tuia*, na Rádio Bandeirantes. Minha mãe era carioca de Laranjeiras, meu pai era de Osasco e eu nasci em Santana. Mas meu pai me deu esta violinha aqui de presente de tanto eu falar em Tonico & Tinoco. Isso é um troféu pra mim.

É, mas quando pensou em ser músico, o senhor não pensou em música sertaneja. Pensou em rock.
As coisas foram acontecendo devagar. Nem pensei que seria cantor profissional. Eu queria ser neurocirurgião, mas não tinha dinheiro para a faculdade. O que fiz foi ir cantar na noite para ajudar em casa.

Quando foi que o senhor virou o cantor Johnny Johnson?
Johnny Johnson foi o nome que me deram na época em que participei da jovem guarda. Como Johnny, gravei um bolero que se chamava *Enganadora*. Cantei depois bolero, rock, músicas de Roy Orbison, isso tudo em 78 rotações.

E quando Johnny Johnson virou Sérgio Reis?
Falando com Palmeira e Ted Vieira, dois homens da gravadora a quem devo minha carreira. Falei que cantava como Johnny e aí começou a discussão: "Johnny Johnson, ah, isso não é nome." "Então posso usar Sérgio Bavini, que é meu nome mesmo?" "Não, Bavini não dá." "Ah, então tem o Reis, que é da minha mãe, Clara Reis." E aí ficaram repetindo aquilo: "Sérgio Reis, Sérgio Reis, Sérgio Reis..." E fiquei Sérgio Reis.

A jovem guarda é um episódio obscuro em sua carreira. Por que as coisas não deram certo, apesar do sucesso de *Coração de Papel*?
Errei. Em vez de guardar minhas músicas pra mim eu dava para os outros gravarem. Um erro. E outra coisa: na jovem guarda, se você agradava muito, o Roberto Carlos te tirava, viu Roberto Carlos? Ele era muito inteligente mesmo.

É isso mesmo?
(*Muda o tom de voz e engasga*) Não, brincadeira. É que ele tinha o grupo dele na Record e nós tínhamos o nosso na TV Excelsior. Quem cantava no nosso programa não cantava no dele e vice-versa. E a mais forte era a Record nessa briga.

E a TV Excelsior ficava com a segunda divisão.
Ficava. Mas os bons estavam do lado de cá. Sérgio Reis, Eduardo Araújo, Silvinha. Ninguém canta como Silvinha. Aconteceu muita coisa que as pessoas

podem não saber. Wilson Simonal, por exemplo, era um cara genial. Fizemos um show juntos em uma terça-feira de Carnaval, em Santos. Maestro Peruzzi, orquestra, eu, Deni e Dino, Vips, Wilson Simonal e Eduardo Araújo. Aconteceu nesta noite algo que nunca vi na vida. As pessoas começaram a gritar "Si-mo-nal, Si-mo-nal!" Tivemos que parar o show para o Simonal fazer o show dele, sendo que ele seria o último. Já viu alguém ir para um baile de Carnaval só para ouvir um artista? Aprendi com ele a ir colocando músicas novas nos shows para depois as lançar em disco. Mas aí o tempo passou e cada um procurou seu caminho. Como iria saber que daria certo como cantor sertanejo? E veja você: Clara Nunes? Não era sambista, gravou bolero no começo. Luiz Ayrão? Nunca foi sambista. Benito di Paula? Nunca foi sambista. Beth Carvalho? Nunca foi sambista. Eram boleristas. Eles eram sambistas? Não. Eu era sertanejo? Não. Mas talvez tudo já estivesse escrito.

O sertanejo era mesmo a verdade do menino de Santana, que colecionava discos de Elvis Presley?
Então vou te contar uma história: tenho fotos antigas de quando era menino, em 1962. Estava na Praia Grande de bermuda, chinelo e chapéu de boiadeiro desses de palha. E eu não usava outro chapéu a não ser esse. Não tinha vergonha nenhuma. Já estava dentro de mim.

Se tivesse ficado na jovem guarda, como Eduardo Araújo e outros do time da Excelsior, estaria hoje dando entrevistas?
Quem sabe? Não sei. Poderia não ter sucesso, não ter tido gravadora, estar cantando na noite cinco horas seguidas e ganhando R$ 50. Fiz isso por muito tempo e sabe quem era meu violonista? O Toquinho.

O senhor homenageia muitas cidades em suas músicas.
Me lembro até hoje. O Tony Campello, que era meu produtor, sugeriu gravarmos uma música para cada estado do Brasil. E comecei a fazer. Gravei *Chico Mineiro* para Minas Gerais, *O Rio de Piracicaba* para São Paulo, *Assum Preto* para o Nordeste, *Gaúcho de Passo Fundo* para o Sul, *Chalana* para a fronteira, *Pé de Cedro* para Matogrosso...

As gravações foram então uma estratégia de marketing?
Foi uma estratégia, mas veja como as estratégias dão errado. Eu pensei que *O Rio de Piracicaba* fosse fazer sucesso em São Paulo e acabou fazendo sucesso no Rio Grande do Sul porque o ritmo era um vanerão. *Gaúcho de Passo Fundo*, que pensei que faria sucesso no Sul do País, fez sucesso da Bahia para cima.

Ou seja, o senhor não cantava porque tinha uma relação afetiva com as cidades, mas por estratégia.
Sim, mas veja bem. Depois de cantar, acabei indo a todas essas cidades e é impressionante como tenho amigos nesses lugares por causa das músicas. O povo julga que você é deles. Eu gostava das músicas e depois passei a gostar

do povo, porque fui para lá aprender a cultura in loco. Você viu quantas cuias de chimarrão têm ali? Me pergunta se eu tomo chimarrão.

O senhor gravou *Menino da Porteira* há 33 anos. Dá para cantar esta canção com a mesma emoção?
É difícil explicar. Fiz um show em Guarulhos há alguns dias para os caminhoneiros. No final, todo mundo veio para uma cerca para pedir autógrafo. Tinha um caminhoneiro baixinho que me pediu o autógrafo em um disco. Quando dei, o homem começou a pular como uma criança que ganha uma bicicleta no Natal. Ele passava a mão no cabelo, gritava, ficou louco. E aí veio outro, apertou minha mão com força e disse: "Sérgio Reis, você é patrimônio nosso. Ouço *Menino da Porteira* e choro porque meu avô ouvia e meu pai tocava. Só não gosto de ouvir no caminhão porque choro e posso até perder a direção". Aí você vê o que é a força de uma música.

Há uma turma de sertanejos muito famosos e prósperos hoje. Leonardo, Zezé & Luciano, Chitão & Xororó. O fato de o senhor não estar com eles não é uma injustiça?
Mas não quero estar nesse grupo. Já fui desse grupo. O que eles fazem agora, cantar romântico, eu já fiz. O que eles cantam em dupla, Miguelzinho e Mariazinha já faziam. Isso já teve. Eles são chamados de sertanejos não pela música, mas porque são sertanejos. São homens do sertão, do chão, pegaram em enxadas. Isso é sério. Eles são de raiz, mas cantam o romântico em dupla.

Haverá ainda alguém tocando moda de viola daqui a dez anos?
Você vai se surpreender. Há pouco tempo um amigo levou um menino de 13 anos a um programa que eu tinha na Bandeirantes. A gente estava em um pátio, garoando, era 1h da manhã. Esse amigo falou: "Que pena, trouxe esse menino pra você ouvir tocar viola". E eu disse: "Então toca. Quero ver agora se sabe mesmo". Rapaz, o menino me deixou de queixo caído, solou uma viola de arrepiar. Coloquei ele no programa no ato. Então não se preocupe, a música de raiz vai existir sim.

Sidney Magal

"Muito medo de ficar ridículo"

(18/04/2005)

A imagem que mostra Elvis Presley gordo e enfiado em um macacão é o alerta vermelho para Sidney Magal. O cigano espalhafatoso e sedutor, recolocado em cena como cult pela mesma mídia que o teve como o supra-sumo da cafonice, diz que seu palco o permite até ser gay, mas não ser ridículo

> É impossível artista viver sem marketing. Fico satisfeito se eu conseguir ser 50% marketing, 50% essência

> Falam que o público é frio na alta sociedade. Quando canto a segunda música do show, as mulheres viram umas pombagiras

> No palco, me insinuo para mulheres e para homens da mesma forma. É um ser humano que está ali pensando seja o que for comigo

O senhor está com roupas bem discretas. O gosto do Sidney Magalhães é diferente do gosto do Sidney Magal?
Eu não teria coragem de ser o Magal nas ruas.

E por que não?
O palco é o local sagrado que me permite não ser homem, ser gay, mostrar meu lado feminino, ser imoral. Nas ruas, sou o pai de família, o marido. Seria ridículo se eu quisesse impor minha realidade artística no dia-a-dia. Iria constranger as pessoas que convivem comigo.

O senhor disse que o palco lhe permite ser gay.
Sim, até isso.

As pessoas não podem achar que o senhor é gay o tempo todo?
Isso sempre acharam. No início da minha carreira era o que mais se discutia. Diziam que eu era uma bichona desvairada. Os machistas ficavam loucos porque viam que as mulheres enlouqueciam comigo. Diziam: "Não é possível, esse cara rebola sem pudor, faz carinhas, boquinhas, beicinhos. Isso aí é uma bichona".

O senhor leva a uma confusão mental. Como pode um mesmo homem ser o machão conquistador e o homossexual libertário?
No palco, me insinuo para as mulheres assim como me insinuo para os homens. Estou me insinuando para um ser humano que está ali pensando seja o que for comigo. Ou ele me idolatra, ou quer me levar para cama, ou me acha um anjo que baixou na Terra. Não me interessa. Eu vou dar toda chance de ele pensar o que quiser de mim. É um ser humano no qual estou deixando coisas e que está me fazendo voltar para casa com o ego lá em cima.

O senhor vive no limite dos sexos. O outro lado nunca o seduziu?
É lógico. Só um extraterrestre conseguiria dizer: "Eu não me envolvo". Sou casado há 25 anos com a mesma pessoa, tenho três filhos que são tudo na minha vida. Qualquer pensamento de que há alguém que mereça ir para a cama comigo, vou até o limite que posso. Se todo mundo me vê como um pai de família louco pela mulher, não posso me dar o direito de sair comendo o mundo. Sei que vai me perguntar agora se eu não me sinto um pouco escravo disso.

O senhor se sente escravo disso?
Claro, a gente tem que se escravizar um pouco na vida. Não podemos viver libertinamente.

Sendo mais objetivo: o senhor já se envolveu com homens?
Não, mas já cheguei bem perto. Houve um bailarino argentino. Fizemos viagens juntos, ele me apresentou a Argentina, fui viajar para vê-lo patinar no Holiday On Ice. A amizade era tão profunda e a atração física ficou tão forte que tivemos consciência de que algo poderia acontecer. Eu tinha os meus tabus, ele não tinha tantos, mas nunca passou de admiração. Durante o tempo

em que ficamos neste clima, eu me sentia super bem. Mas todo ser humano é mesmo um bissexual. A gente nasce bissexual. Nascemos com desejo pelo sexo, independente de ser feminino ou masculino. De repente uma pessoa olha para você e você diz: "Caramba, que olhar foi esse? Me arrepiei todo". Aí vai ver, é um homem. Sim, mas agora é tarde. Só que aí entram os freios da sociedade e você chega à conclusão de que aquilo vai te dar tantos problemas, sua família, sua vida, por um desejo que você pode frear. Na minha época, por exemplo, era muito comum garotos brincarem de roçar um no outro. É algo que nos excita quando somos adolescentes. E, caramba, isso para mim nunca foi um problema. Se encontro uma pessoa maravilhosa, sensual, que me deseja, é impossível dizer: "Estou imune a isso". Não existe. A não ser que você seja um bosta.

As pessoas reagem com um riso quando ouvem seu nome. "Vou a um show do Magal", alguém ri. "Vi o Magal na rua", outro ri. Este riso é de carinho ou de escárnio?
É de muita coisa. Eu costumo definir assim: no início de minha carreira, o público infantil me idolatrava. Essas crianças viraram adolescentes e então tiveram que me renegar. "Aquele cara é uma libélula deslumbrada", diziam os amigos. Agora, estes adolescentes são homens de 30 anos, formadores de opinião, que assumem gostarem de mim. Então, já passei por todos estes tipos de riso e sei que vão sempre existir.

Sua volta vale para quê?
Minha maior preocupação agora é não ficar parado. Quero começar a mostrar trabalhos novos. Quero sobreviver pelo menos por mais uns cinco ou seis anos. Não quero ficar como estou hoje, só indo na TV cantar *Sandra Rosa Madalena*. Haja saco.

Será que as pessoas querem novidades?
Não.

O senhor então está condenado à *Sandra Rosa Madalena*.
Aí é que está. Chego nos shows hoje e as pessoas me perguntam: "Aí, por que você não vem com aquelas camisas coloridas?" Eu digo: "Gente, tenho pavor de coisa ridícula". Morreria de tristeza se botasse um salto desse tamanho com o peso que tenho hoje em dia, com uma calça tentando apertar o meu pneuzinho e eu suando e me matando para tentar ser o Magal da década de 70. Eu acho que morreria quando chegasse em casa. Cairia em prantos. É muito triste a história do Elvis Presley porque o vimos como um bujão dentro do mesmo macacão que ele usava nos tempos em que era lindo e maravilhoso. Aquela imagem me choca, tenho muito medo disso.

O quanto o senhor deve a Paulo Coelho?
É bom que tenha me perguntado isso porque falam que o Paulo Coelho anda dizendo que me lançou, que criou minha imagem. Isso não é verdade. Ele era

um cara que trabalhava na área de marketing da gravadora. Foi o Robert Livi, um empresário argentino, que me deu todos os toques, quem fez tudo. Tenho mais de dez versões de músicas feitas por Paulo Coelho. Ele também chegou a escrever o roteiro de meu filme, *Amante Latino*, de 1979.

O senhor quase não tinha falas neste filme. Paulo Coelho diz que escreveu o roteiro assim para preservá-lo.
É, mas foi um exagero. Era tipo assim: a Monique Lafond falava um monte de coisas e eu dizia: "É". Será que achavam que eu era incapaz de falar mais do que isso? Eles poderiam ter tirado mais de mim.

Há ciganos em sua família?
Há um tataravô húngaro que eu nunca vi. O que acontece é que, aos meus shows, vão grupos de ciganos que garantem que eu sou um cigano. Dizem para mim que essa história que eu conheço sobre mim mesmo não é verdadeira. Que minha mãe não é minha mãe, que fui largado na porta de minha casa por uma cigana que eles sabem até quem é.

Artistas nunca assumem o quanto têm de marketing.
Nunca tive problemas com isso.

Quanto o senhor tem de marketing?
É humanamente impossível viver sem marketing. Não dá para dizer que o artista de hoje, que ganha milhões como uma Ivete Sangalo ou Chitãozinho & Xororó, não seja um produto mais do que qualquer coisa. É impossível. Para mim, penso o seguinte: se ficar 50% marketing, 50% essência, estou satisfeito. Muitos são 80% marketing.

O senhor já disse que Sidney Magal era um Ney Matogrosso com outra embalagem.
É verdade, sempre fui fã dele.

Latino é um Sidney Magal com outra embalagem?
Não posso concordar. Falta muito para o Latino ter minha descontração, minha garra. Tudo o que eu tenho muito, falta muito para ele. Sem contar o repertório, que não gosto. A pessoa que me substituiria teria de ter a minha personalidade, a minha voz, só que preparada para os dias de hoje. O Latino não é essa pessoa.

As pessoas amadurecem em 30 anos de carreira. Evoluem, lêem livros, se envolvem com outros princípios, mudam de religião. Cantar *Sandra Rosa Madalena* enquanto tudo isso acontece não se torna uma angústia?
Nunca é uma angústia. Adoro subir no palco e ouvir "tesão, minha vida". Eu vou fazer show na alta sociedade e os produtores falam: "Olha, o público é meio frio, não repara". Eu dou um risinho e digo que não tem problema. Na segunda música as mulheres estão levantando a saia e virando todas um

monte de pombagiras. Esse é o meu desafio. Quero continuar sendo respeitado como artista. Em que nível? Não me preocupo.

O senhor tem alguma influência musical de um primo seu chamado Vinícius de Morais?
Uma vez minha mãe disse: "Filho, vá falar com o Vinícius, de repente uma música dele poderia lançar sua carreira". Eu tomei coragem e fui. Cheguei e disse: "Oh! Vina..." - porque a gente chamava ele de Vina - "Oh! Vina, será que não dá para, sei lá, eu gravar uma música sua? Essa nova que você fez ou outra. Sei lá". Ele disse: "Oh primo, não faz isso não. Você tem um estilo tão seu, uma coisa tão... A sua tendência, pelo que estou vendo, é ser o galã das multidões, é ser o cara popular. O meu trabalho é de bossa nova, de MPB, que eu não sei se seria a sua praia." Isso foi importante para mim.

O senhor ainda encontra mulheres no armário?
Houve uma garota que roçou na minha perna até ter um orgasmo. Fui receber fãs no camarim quando essa moça entrou, trançou as pernas na minha coxa e começou a tremer. Minha mulher estava lá, a Dudu das Frenéticas também, todas perplexas. Eu dizia: "O que faço?". E minha mulher: "Não faz nada... Vai que alguém tira essa mulher daí e ela morre. Deixa ela em paz." Ela teve o orgasmo e, logo depois, desmaiou.

Zeca Camargo

A espinhosa arte de fazer a pergunta certa

O Palavra Cruzada fez dois anos e convidou Zeca Camargo para abrir o baú das entrevistas que fez pelos campos minados do meio artístico. De Madonna a U2, de Mick Jagger a Nirvana, um jogo que nem sempre acaba bem

> Perguntei a Madonna sobre a gravidez do filme e a entrevista foi interrompida. A assessora disse que eu estava infringindo as regras

> Não bebi vinho no mesmo copo de Cazuza para conquistar confiança. Foi natural. E ele revelou sua doença a mim pela primeira vez

> Fiz uma pergunta a Mike Stipes e fiquei olhando para ele e pensando 'nossa, estou aqui com o meu ídolo'. Ele sacou, encerrou a entrevista na hora e foi embora

Qual é uma boa primeira pergunta?
Cada caso é um caso. O desafio é algo que chame a atenção do artista. Às vezes funciona, às vezes não. Não funcionou com Madonna. Me lembrei que eu tinha o mesmo nome do pai do filho dela, Carlos. Meu nome é José Carlos. Falei "ótimo, vou falar que meu nome é Carlos, ela vai associar com o pai da filha dela e vai ficar super contente". E aí falei: "Olá, meu nome é Carlos". E a Madonna: "Ok, primeira pergunta". Não rolou. Com o Elton John era uma entrevista super difícil porque seria logo depois da morte da princesa Diana. E ele não falaria sobre esse assunto de jeito nenhum. Eu falei que tinha lido uma crítica elogiosa sobre o disco dele na revista Rolling Stone e foi um sucesso. Ele ficou iluminado: "Você leu?". E acabou falando da Diana.

Já que falamos de Madonna: uma pergunta errada pode derrubar uma entrevista?
Quase derrubei. A entrevista com a Madonna era por causa de um filme, que em português chamou-se *Sobrou pra Você*. Ironicamente havia rumores de que ela estava grávida do segundo filho, mas não podíamos tocar no assunto. E no filme ela ficava grávida. Fiz uma pergunta sobre a gravidez do filme, e a entrevista foi imediatamente interrompida. "Eu disse que não era para falar sobre gravidez, você está infringindo as regras!", disse a assessora. E eu perdi um minuto e meio dos meus seis minutos só para explicar tudo.

Não é difícil reconquistar um entrevistado depois de perdê-lo?
Quase sempre ele não volta. Já passei por isso. Com Mike Stipes, cantor da banda R.E.M., eu viajei de fã. Fiz uma pergunta, deixei ele responder, e fiquei olhando para ele e pensando "nossa, olha quem eu estou entrevistando...". Ele sacou, encerrou a entrevista na mesma hora e foi embora. A grande lição que eu tirei foi: fã é uma coisa, jornalista é outra.

Glória Maria, sua companheira de Fantástico, presenteou Madonna com um colar depois de uma entrevista. Isso não coloca o jornalista muito na condição de tiete?
Acho que sim e prefiro não fazer isso. É possível ganhar os artistas com conversa, por mais difícil que eles sejam. Olha, tive casos de gente que dobrei no laço, como o Noel Gallagher, do Oasis, que é extremamente antipático. Pô, ele falava comigo de costas. Imagina eu assim conversando com você (*se vira de costas e começa a falar em inglês*). Mas tinha que dobrar aquele cara e o truque foi falar de futebol. Aí ele se iluminou.

Você leva perguntas escritas?
Não.

Não?
Não, é até difícil explicar, mas raras são as pessoas desta área das quais eu não conheça o trabalho. Se o Bono entrar em casa agora eu o chamo para conversar-

mos porque já conheço o trabalho do U2. Acho que assim fica mais natural.

Não é aí que se cai em todos os lugares comuns do mundo que caem os jornalistas que dizem conhecer o trabalho dos artistas?
Não. Eu assisti a um filme muito importante chamado Meeting People is Easy, do Radiohead, e aprendi ali que o maior perigo que há é cair no lugar comum com os artistas. Mas como vou me preparar? Vendo a entrevista que ele já deu? Ver o que ele respondeu? Isso vai aborrecer o artista. "Lá vem o cara que leu a entrevista da revista tal e agora quer repercutir aquela pergunta".

Que pergunta você nunca faz?
Nunca faço uma pergunta pessoal de forma direta, mesmo que o artista esteja envolvido em escândalo. George Michael me deu uma entrevista logo depois do escândalo que estourou por ele ter sido preso em um banheiro público por obscenidade. Senti que se começasse por isso, não seria bom.

Cazuza, que revelou a você pela primeira vez que tinha AIDS, parece aquele exemplo de como os segundos iniciais definem tudo.
O entrevistado está te sacando desde o momento em que você entra na sala. No caso do Cazuza, que tinha AIDS mas que ainda não havia falado sobre isso, era especial. A entrevista não tinha começado ainda e eu sabia que ele era um entrevistado difícil, arredio, fama de rebelde, não gostava de falar sobre o assunto. E fui muito preparado para o pior. E então aconteceu a cena do copo de vinho muito informalmente.

Você bebeu vinho no copo dele.
Sim, mas isso não significava nada, depois que escrevi as pessoas se pegam a isso. Mas não fiz aquilo pensando "vou tomar vinho no mesmo copo que o dele para ganhar a confiança". Fiz como uma cortesia, como bebi o champanhe oferecida pelo Lenny Kravitz.

Existe pergunta proibida?
Há dois tipos de artistas: o que realmente é músico e encara a celebridade como um efeito colateral é um cara que adora falar de música. E há o que é um artista fabricado que está interessado na imagem que ele vai fazer. Para esse artista, o jogo da pergunta proibida é jogado com maestria. Ele quer revelar alguma coisa pessoal, mas aos poucos. Então ele conta até lá, depois recua, depois conta mais um pouco. O que interessa para promover este artista é muito menos a música do que a vida dele. Paris Hilton lançou um CD recentemente. Alguém está interessado nas inspirações musicais dela?

Não é frustrante sair da entrevista sem ter feito a pergunta proibida?
É. Entrevistei a Courtney Love cinco ou seis anos depois da morte de Kurt Cobain (*vocalista do Nirvana*). Ela estava lá para falar da banda dela, mas sempre fui muito fã do Nirvana e achei que todo mundo fosse assistir a essa entrevista interessada na relação dela com o Cobain. Ela não falava sobre isso, era

assunto proibido. Depois de dar voltas e voltas, consegui alguma coisa sobre o Cobain, mas não o que eu queria saber, que era "como foram os últimos dias de Kurt Cobain".

Mick Jagger não fala do filho brasileiro, Elton John não fala da princesa Diana, Madonna não fala de gravidez, Courtney não fala de Nirvana, Mariah Carey não fala do divórcio...
E o Sting, a maior ironia de todas, tinha como o assunto proibido a música! Chego lá, tudo certo, descobri que ele só topava falar sobre a questão indígena. Eu lá, diante do Sting, só podia falar de índio. Todos têm um assunto proibido. Até música pode ser proibido.

Seu assessor disse que você só falaria sobre o livro. É sua vingança?
(Risos) Não, aí que está. Eu só posso falar sobre o livro mesmo. Meu trabalho na Globo tem uma megaoperação de comunicação para que eu possa falar sobre a emissora. Então me comprometi com eles a dar entrevistas só sobre o livro.

Bem, você passou para o outro lado.
É, engraçado. Mas não é uma vingança, só uma troca de papéis.

É na espera que o jornalista passa a odiar alguns artistas?
(Risos) Você fica com muita raiva, realmente. Courtney Love foi meu recorde de espera, nove horas. A entrevista que estava marcada para as 4h da tarde só aconteceu à 1h da manhã. Depende. Lenny Kravitz nos fez esperar na casa dele por duas horas, mas aí mandou um champanhe. Tudo depende de como você administra esta espera.

Você esperou Kurt Cobain dormir?
Resumindo bem aquela noite maluca, chegamos e ele estava tocando no estúdio com a banda da mulher dele. Acabou o ensaio, vem a Courtney Love dizendo que o Kurt estava dormindo. Quando ele acordou, veio com aquele olhão azul, aquela roupa toda amassada, um lixo humano, mas era um baita cara carismático. Ele pediu desculpas por ter dormido, tinha gastrites horrorosas, tomava um bombardeio de remédio. Ainda brinquei se era alguma coisa que ele tinha comido no Brasil. O primeiro assunto foi a saúde, da qual ele reclamou muito.

A entrevista tem que agradar o entrevistado?
Tem. Tem que fazer ele se sentir confortável e recompensado. Eu coleciono uma série de elogios, quando o cara fala "olha, sua entrevista foi muito boa, obrigado". Muitos artistas pedem ao empresário que, se aquela entrevista foi boa, marque com o mesmo jornalista uma próxima.

Não há o risco aí de pensar assim e se fazer entrevistas brancas, só com perguntas boazinhas?
Não é a entrevista branca que deixa o artista contente, mas o clima que você cria. A entrevista boa é desafiadora, não desconfortável.

Visite nosso site:

www.seoman.com.br

Outros títulos da Editora Seoman:

ABC do Sexo
Sue Johanson

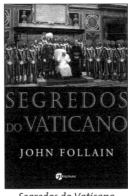
Segredos do Vaticano
John Follain

Sem Pauta
Luiz Pimentel

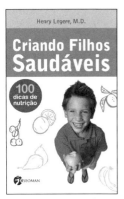
Criando Filhos Saudáveis
Henry Legere, M.D.

Superbabá
Jo Frost

Depois do Escorpião
Samantha Moraes